역사의 **오른편 옳은편**

역사의

오른편
옳은편

이성과 도덕적 목적은
어떻게 서구를 위대하게 만들었는가

벤 샤피로 저 | 노태정 옮김

기파랑

삶에는 이유가 있다는 걸 가르쳐 준 나의 부모님에게,
삶에는 의미가 있다는 걸 가르쳐 준 나의 아내에게,
삶에는 목적이 있다는 걸 가르쳐 준 나의 아이들에게,
이 책을 바칩니다.

*The Right Side of History*가 한국어로 번역된다는 소식을 듣고 저는 깊은 감동을 받았습니다. 대한민국은 서구 문명에 생기를 불어넣은 원칙들이 오늘날도 여전히 작동한다는 걸 보여 주는 완벽에 가까운 사례입니다. 영원하고 진실된 원칙에는 국경과 인종의 경계가 없다는 걸 보여 주기 때문입니다. 대한민국이 역동적이고 경쟁력 있으면서 인권을 강조하는 세계 강국이 되었다는 사실은 서구 가치관이 가지는 힘을 입증하는 동시에, 인간 이성의 문화와 결합된 유대 기독교적 가치관이 가져다줄 수 있는 통합성의 위력을 입증하고 있기도 합니다.

　대한민국은 예루살렘으로부터 약 8천 킬로미터, 아테네로부터는 약 8,500킬로미터 떨어져 있습니다. 하지만 대한민국을 번영하는 자유민주 국가로 만들어 놓은 위대한 전통은 서구 문명의 출발점으로부터 멀리 떨어진 한국이란 토양에 운반된 후 그곳에 심어져 새롭고 매력적이며 흥미진진한 방식으로 성장하고 있는 유대 기독교적 가치관과 그리스적 이성에 뿌리를 두고 있습니다. 예루살렘과 아테네가 없었더라면 대한민국은 자유와 인권에 기반한 위대한 문명을 전진시키는 전 지구적 임무에 핵심 일원으로 참여하지 못했을 것입니다.

예루살렘과 아테네는 개인 속에 목적과 능력이 담겨져 있다는 것을 선언했습니다. 인간은 사명을 가지고 있으며 또 그 사명을 성취할 능력 역시 갖고 있다는 사실 말입니다. 예루살렘과 아테네는 집단 속에 개인 차원과는 또 다른 목적과 능력이 담겨져 있다는 것을 선언했습니다. 우리는 개인의 권리를 보장하는 동시에 당면하고 있는 중대한 위협에 맞서 함께 싸울 수 있다고 말입니다. 대한민국은 바로 이 전통 가운데 존재하고 있습니다. 비록 그 전통의 뿌리가 현대적 삶이란 표면 아래 깊숙이 감춰져 있다고 할지라도요.

대한민국의 북쪽으로 눈을 돌리면 우리는 서구 문명의 근본 전제 자체를 거부하는 한 나라를 발견하게 됩니다. 유대 기독교적 도덕과 그리스적 이성의 가치를 모두 거부한 나라를 발견하게 되는 것이죠. 지옥 같은 공산주의 국가인 북한은 지난 반세기 이상 동안 한 독재자 가문에 의해 통치되었습니다. 북한 주민들은 죄악에 가득 찬 인간의 뒤틀린 심성이 만들어 낼 수 있는 최악의 독재 체제 가운데서 신음해 왔습니다. 세계관의 비교에서 대한민국과 북한처럼 극명한 대조를 드러내 주는 사례는 지구상 어디에도 없을 것입니다. 대한민국은 자국민의 인권을 보장하는 동시에 세계 강대국들 사이에서 확고한 지위를 유지하며 활력 있게 성장하고 발전하는 나라입니다. 반면 북한은 자칭 메시아라고 하는 인물에 의해 하향식으로 통치되는 국가 차원의 강제수용소이고, 자유보다 평등을 앞세운다는 미명 하에 실제로는 자국민들을 비참한 현실 가운데 가둬 놓는 곳입니다.

문제는 최근 서구 진영에서 자유를 우선하는 사상이 과연 인간의 행복을 유지시켜 줄 수 있는가에 대해 심각한 의문이 제기되고 있다는 사실입니다. 개인의 권리에 기반한 서구 문명에 대한 확신은 점점 자취를 감추고 있습니다. 그리고 그 자리는 소심한 도덕적 상대주의와 문명적 규범을 전면적으로 부정하는 목소리들로 대체되고 있는 실정입니다. 이 불행의 근원은 무엇일까요? 왜 우리는 함께 누리는 문명의 뿌리를 지키기 위해 분투하는 것이 아니라 오히려 그 뿌리를 파괴하고 있는 것일까요?

이 책에서 저는 민주주의와 권리, 그리고 자유 등을 구성하는 핵심 뿌리를 분석하고, 현재 우리는 그 뿌리로부터 멀어지고 있다는 결론을 이야기합니다. 지구상에 존재했던 다른 문명들과 달리 서구 문명은 인간의 행복을 위해 필수적인 다음 네 가지 요소를 사람들에게 선물해 주었습니다. 첫째는 **개인의 목적**individual purpose으로, 이 개인의 목적을 통해 우리는 인생이 소중하며 우주 가운데 우리는 각자 고유의 임무를 타고났다는 인식을 갖게 됩니다. 둘째는 **개인의 역량**individual capacity으로, 우리 각자는 그 임무를 수행할 역량을 갖고 있음을 뜻합니다. 세 번째는 **공동체의 목적**communal purpose인데, 이것은 우리가 필요할 때 함께 행동하며 의미 있는 방향으로 세상을 변화시켜 나갈 수 있음을 의미합니다. 그리고 마지막 개념인 **공동체의 역량**communal capacity은 우리의 시스템이 개인을 보호할 수 있으며 필요할 때 우리는 하나로 연대할 수 있다는 이해를 바탕으로 하고 있습니다.

　제가 언급한 네 가지 요소들은 예루살렘과 아테네가 유기적인 결합을 이루고 있는 장소에서 가장 최상의 형태로 구현될 수 있습니다. 종교적 가치에만 지나치게 의존한다면 우리는 신정국가theocracy를 맞이하게 될 것입니다. 반면에 이성만을 신봉의 대상으로 삼는다면 유물론에 기반한 독재국가materialism-based tyranny가 탄생할 수 있습니다. 종교로부터 비롯된 사회철학적 가치와 그로 인해 파생되는 핵심 전제들을 이해하기 위해 꼭 개인 차원에서 종교를 가져야 하는 건 아닙니다. 단지 종교에 기반한 핵심 사상들이 근대성과 번영을 이룩하는 데 근원적인 역할을 감당했다는 걸 인정할 수 있다면 그것으로 족합니다. 비슷한 원리로, 인간에게 정신적이고 물질적인 번영을 가져다준 인간 이성을 이해하기 위해 꼭 논리학자가 되어야 하는 건 아닙니다. 서구 문명은 현수교suspension bridge와 같습니다. 넓은 강을 가로지르는 현수교의 한쪽 끝에는 '계시revelation'가 있고, 다른 한쪽 끝에는 '이성reason'이 있습니다. 이성과 계시는 서구 문명이라는 거대한 다리를 지탱하는 서로 다른 두 기반입니다.

이 기반이 지금 흔들리고 있습니다. 우리가 건설한, 또 우리 조상들과 선조들이 수대에 걸쳐 쌓아 올려 우리에게 물려준 이 구조물을 온전히 보호하는 유일한 방법은, 개인과 집단 차원에서 그 구조물을 존재하게 만든 근원적인 기반에 다시 천착하는 것입니다. 그렇게 한다면 우리는 북한이 아니라 보다 대한민국 같은 미래를 기대할 수 있습니다. 하지만 그러지 못한다면, 어둠이 우리를 기다리고 있을 것입니다.

2019년 12월

벤 샤피로

○ 차례

한국어판 서문 · **7**

들어가며 서구 문화의 두 원류 · **15**

1 행복의 추구 · **43**

행복은 도덕적 목적이다 · **50** | 개인의 도덕 목적 · **58** | 개인의 역량 · **61** | 공동체의 도덕 목적 · **64** | 공동체의 역량 · **67** | 행복을 위한 준비물 · **70**

2 산 위에서 · **73**

신적 질서에 따른 우주 · **77** | 인간을 향한 하나님의 계획 · **84** | 진보 뒤에 숨겨진 힘의 근원, 하나님 · **88** | 인류 역사상 가장 중요한 구절 · **93** | 예루살렘이 말해 주는 것, 말해 주지 않는 것 · **96**

3 흙으로부터 · **105**

자연에서 목적을 찾는다는 것 · **111** | 과학의 탄생 · **117** | 이성에 기반한 정부 만들기 · **119** | 아테네가 말해 주는 것, 말해 주지 않는 것 · **123**

4 예루살렘과 아테네를 하나로 · **129**

기독교의 탄생 · **133** | 기독교의 승리 · **139** | 조화 속의 결함 · **151**

5 창조주로부터 부여받은 것 · **155**

과학의 힘 · **157** | 계속되는 과학의 진보 · **160** | 고전적 자유주의의 대두 · **164** | 개인의 탄생 · **169** | 미국의 승리 · **175** | 절정 · **181**

6 목적을 죽이고, 역량을 파괴하기 · **189**

덕에서 도덕적 상대주의로 · **194** | '오직 이성'으로 건설하기 · **202** | 역량의 죽음 · **211** | 경고 · **217** | 의지의 승리 · **220**

7 다시 만들어지는 세계 · **225**

민족주의라는 유토피아 · **236** | 평등 사회라는 유토피아 · **243** | 관료제라는 유토피아 · **250** | 대재앙 · **259** | 잿더미에 파묻힌 세계 · **278**

8 불의 연단鍊鍛 · **281**

새로운 '자연법' · **289** | 신계몽주의 · **297** | 신계몽주의는 지속 가능한가 · **313**

9 원시종교로의 회귀 · **319**

배빗Babbitt이라는 이름의 덫 · **325** | "나는 올바른 길을 가고 있어" · **337** | 교차성의 탄생 · **342** | 피해자 서사의 승리 · **349** | 진보의 종언 · **360**

나가며 어떻게 다시 세울까 · **365**

감사의 말 · **380**
옮긴이의 말 · **383**

서구 문화의 두 원류

이 책은 두 가지 미스터리에 대한 나의 답변을 다루고 있다. 첫 번째 미스터리는 '왜 오늘날은 이처럼 살기 좋아졌는가?'이다. 두 번째 미스터리는 '왜 이렇게 살기 좋은 세상이 망가지고 있는가?'에 관한 것이다

인류는 지난 수천 년의 세월 동안 끔찍한 빈곤, 최저 생활 수준, 그리고 자연 또는 타인과의 갈등에서 끊임없이 파생되는 신변의 위협을 안고 살아왔다. 인류 역사 대부분의 세월 동안 인간의 삶은 형편없었으며 야만적이었고 무엇보다 사람들의 수명은 짧았다. 1900년만 하더라도 미국에서 약 10퍼센트의 신생아가 돌을 넘기기 전에 사망했다. 다른 나라들에서 신생아 사망률은 훨씬 높았다. 대략적으로 언급하자면 100명의 산모 가운데 한 명은 출

산 과정 중 사망했다.

하지만 오늘날 우리는 여성들이 임신과 출산 과정에서 생명의 위협을 느끼지 않아도 되는 시대에 살아가고 있다. 참고로 미국 만 하더라도 임신 중인 여성의 사망률은 과거에 비해 99퍼센트 감소했다. 신생아들은 유아기를 무사히 지나 80년쯤은 생존할 것을 기대할 수 있다. 현재 미국인 대부분은 기후 및 환경으로 인한 생존의 위협을 받지 않는다. 또 충분한 음식을 섭취하며 살아간다. 사람들은 자가용 자동차를 보유하고 있다. 집집마다 적어도 텔레비전 한 대 정도는 놓고 사는 것이 일반적이다. 우리는 수천 킬로미터 떨어져 있는 사람들과 원할 때 언제든 즉시 대화할 수 있으며, 키보드를 몇 번 두드려서 정보를 수집 및 분석할 수 있고, 전 세계 어디로든 돈을 송금할 수 있다. 또 외출하지 않아도 집 안에서 쇼핑을 즐길 수 있다. 이 제품들은 수십 곳의 각기 다른 장소에서 만들어진 것들이다.

자유에 관해서도 이야기해 보자. 우리는 미국에서 태어난 신생아가 절대 타인의 노예가 되거나 살해 또는 고문을 당하지 않을 것이라고 예상할 수 있다. 미국 성인의 경우 직장에서 업무를 하다가 인기 없는 의견을 이야기하더라도, 또 특정 종교관이나 무신론을 옹호한다고 하더라도 그로 인해 체포되는 일은 없을 것이라고 기대할 수 있다. 특정 인종 또는 성별을 기준으로 업무에서 의도적으로 배제하는 일은 없으며, 정부가 특정 인종 또는 종교 집단에게 특혜를 제공하고 여타 소외된 집단을 탄압하는 일 또한 발생하지 않는다. 누구든 원하는 사람끼리는 함께 살 수 있고, 원하는 만큼 자식을 가질 수 있으며, 마음만 먹으면 어떤 사업이든 시작할 수 있다. 우리는 태어날 때보다 더 부유한 환경 속에서 죽음을 맞이할 것이라 기대할 수 있다.

물론 우리가 완벽한 세상에 살고 있다는 건 아니다. 하지만 현재 시점이 역대 최고의 시기란 건 분명하다. 그렇다면 다음과 같은 부분을 생각해 봐야 한다. 어떻게 이처럼 좋은 세상이 펼쳐지게 되었을까? 지난 세월 동안 도대체 무슨 변화가 있었던 것일까?

이런 부분도 한번 생각해 보자. 최근 10년 동안 그 어느 때보다 많은 사람들이 스스로 목숨을 끊었다. 우울증 역시 급증했다. 미국에서는 마약 복용 및 약물 남용으로 사망하는 사람들의 숫자가 교통사고 사망자 수를 앞질렀다. 혼인율은 감소하고 있고, 출산율 역시 급격한 감소 추세다. 사람들은 사치품을 소비하는 데 막대한 비용을 지불하면서도 삶의 다른 요소들로부터는 관심을 거두고 있다. 음모론이 이성을, 주관적 감상이 객관적 관찰을 대체한 지 오래다. 분출되는 감정의 홍수는 사실을 뒤덮어 버렸고 자의식 과잉의 사회 속에서 논리는 실종되었다.

우리가 살아가는 사회는 과거 그 어느 때보다 분열되어 있다. 2016년 미국 대통령선거 출구조사에 따르면 전체 유권자 중 43퍼센트만이 힐러리 클린턴에게 우호적인 것으로 나타났다. 도널드

트럼프에게 호의적인 태도를 가진 유권자는 38퍼센트에 불과했다. 투표자들 가운데 36퍼센트는 힐러리가 정직하고 믿음직하다고 응답했고, 트럼프에 대해 그와 같이 응답한 유권자는 33퍼센트였다. 자그마치 53퍼센트의 미국인들이 힐러리가 낭선되면 염려 또는 두려움을 느낄 것이라고 말했고, 57퍼센트는 트럼프가 당선되면 동일한 감정을 느낄 것이라고 응답했다. 미국 대선 역사에서 이처럼 대중에게 인기 없는 두 후보가 선거를 치른 적은 없었다.

물론 트럼프와 힐러리 모두 지지자들로부터는 수백만 표를 얻었다. 그런데 문제가 있었다. 트럼프와 힐러리의 지지자들은 자신이 싫어하는 후보에게 투표한 사람들을 표독스럽게 공격하기 시작했다는 것이다. 상대방이 자신의 마음에 들지 않는 후보를 지지했다는 이유 하나만으로 친구 사이 우정을 깨뜨리는 일도 다반사였다. 2017년 7월 퓨리서치Pew Research 여론조사에 따르면 스스로를 민주당 지지자라고 응답한 사람들 가운데 47퍼센트가 트럼프에게 투표한 친구들과의 관계에 상당한 불편함을 느끼는 것으로 드러났다. 비슷한 질문에 대해 보수 지지층의 응답률은 13퍼센트 수준에 머물렀다. 만약 트럼프가 선거에서 패배했다면 정반대의 응답이 도출되었을 수도 있다. 주목할 것이 또 하나 있다. 힐러리 지지자들 가운데 47퍼센트는 자신의 주변에 트럼프에게 투표를 한 친구가 단 한 명도 없다고 말했다. 더 놀라운 사실은 민주당 지지자 중 68퍼센트는 자신과 정치적 관점을 달리하는 사람들과 대화하는 것 자체가 "스트레스 받고 짜증나는" 일이라고 응답했다는 것이다. 공화당 지지자의 52퍼센트도 비슷한 응답을 내놓았다.

여기서 우리는 단순한 정치적 견해 차이를 넘어서 뭔가 훨씬 더 심각한 일이 미국 사회에서 진행되고 있음을 알 수 있다. 국가 핵심 기관들에 대한 신뢰는 사실상 소멸되었다. 갤럽 조사에 따르면 미국에 있는 14개 핵심 국가 기관에 대한 국민들의 신뢰도는 32퍼센트에 불과했다. 미국인들의 27퍼센트만이 은행을 신뢰한다고 답했다. 신문사에 대한 신뢰도는 20퍼센트를 밑돌았다. 41퍼센트만이 종교를 신뢰한다고 답했으며, 연방정부에 대한 신뢰도는 19퍼센트에 불과했다. 의료보험에 대한 신뢰도는 39퍼센트였다. 30퍼센트의 미국인들만이 공교육을 신뢰한다고 했으며, 대기업에 대한 신뢰도는 18퍼센트에 머물렀다. 최악의 평가는 의회의 몫이었는데, 국민들로부터 9퍼센트의 지지를 받았다. 미국인들은 경찰 조직을 신뢰하는 것으로 드러났다. 하지만 그 신뢰도는 지난 10년 전과 비교하면 급락을 거듭해 왔다. 특별히 민주당 지지자들 가운데서 하락세는 더욱 두드러졌다. 미국인들이 유일하게 신뢰하고 있는 집단은 군 조직이었는데 이 부분은 어느 정도 이해가 된다. 군인들은 국방을 제공하기 때문이다.

우리는 더 이상 서로 신뢰하지 않는다. 2015년을 기준으로 봤을 때 미국인들 가운데 52퍼센트만이 이웃을 신뢰한다고 답했다. 흑인 중에서는 31퍼센트만이, 그리고 히스패닉은 27퍼센트만이 주변 이웃을 신뢰할 수 있다고 말했다. 미국인들 중 46퍼센트 정도만 한 달에 겨우 한 번 이웃들과 저녁식사 시간을 갖는다고 답했는데, 이는 동일한 질문에 대해 61퍼센트의 응답률을 보였던 1974년과 비교하자면 현저하게 낮아진 수치였다. 2016년에 진행된 또 다른 설문조사에 따르면 불과 31퍼센트의 미국인들만이 "타인을 신뢰할 수 있다"고 답한 것으로 알려졌다.

미국에서 민주주의의 인기는 점점 감소하고 있다. 2016년 10월에 있었던 조사에 따르면 40퍼센트의 시민들은 미국식 민주주의에 대해 "신뢰를 잃었다"고 응답했다. 심지어 6퍼센트의 사람들은 애초에 미국 시스템에 대한 신뢰를 갖지 않았다는 충격적인 답변을 내놓았다. 상황이 이럴진대 2016년 대선 종료 후 그 결과를 수용할 수 있겠느냐는 질문에 대해 31퍼센트의 사람들만이 "그렇다"라고 답했던 건 그리 놀라운 일이 아니다. 약 80퍼센트의 미국인들은 미국이 역사상 그 어느 때보다 분열되어 있다고 생각하는 걸로 나타났다. **역사상 그 어느 때보다** 말이다. 기억해야 할 것이 하나 있다. 미국은 과거 참혹한 내전을 경험했고, 짐 크로Jim Crow법[1]처럼 극악무도한 법을 보유했던 동시에, 1960년대에는 내부적인 테러리즘에 시달렸던 나라라는 사실 말이다.

잔혹하리만큼 심각한 분열이 우리 사회 곳곳에 스며들었다. 심지어 오늘날 미국인들은 미식축구를 관람할 때조차 일부 선수들이 국가에 대한 항의를 표하는 것[2]이 옳은지 그른지 논란을 벌여야 하는 상황을 맞이하고 있다. 여성 인권에 관한 논쟁을 하지 않고는 텔레비전 쇼를 시청할 수 없다. 심지어 교회에서조차 누구에게 투표를 할 것인지를 놓고 옆 사람과 말다툼을 해야 한다. 우리는 사소한 문제들로 인해 그 어느 때보다 공격적인 싸움을 하고 있다. 싸움의 주제가 사소할수록 싸움 그 자체는 더욱 격렬해진다. 도대체 무슨 문제가 발생한 것일까?

이 질문에 대해서 사실 트렌드에 맞는 간단한 답변을 내놓을 수도 있다.

어떤 사람들은 양극화의 심화에 따른 정치사회적 분열을 언급하기도 한다. 다수의 정치인과 평론가들은 소득 불평등이 전례 없는 갈등의 원인이라고 지목한다. 그들의 설명에 따르면 다수의 미국인들이 새롭게 부상한 글로벌 경제 시스템 속에서 뒤처져 있으며, 이 같은 상황을 타개하기 위해선 적당한 수준의 보호주의 또

---

1 1876~1965년 미국 각 주에서 시행된 인종차별법. 공공기관에서 인종 분리와 차별을 합법화했으며, 이를 "분리되었지만 평등하다(separate but equal)"고 강변했다. 이하, 모든 각주는 번역자의 것이다.
2 미 풋볼리그(NFL) 경기 전 미국 국가가 연주될 때 무릎을 꿇으며 항의를 표시하는 행위. 샌프란시스코 포티나이너스(49ers) 팀의 콜린 캐퍼닉(Colin Kaepernick)이 "미국 사회에 만연한 인종 차별에 항의하는 뜻으로" 시작했다.

는 재분배 정책이 실시되어야 한다고 입을 모은다. 정치인과 평론가들은 1퍼센트의 부자들이 99퍼센트의 평범한 사람들보다 더 많은 부를 갖고 있다고 역설하면서, 도시 사람들이 농촌 사람들을 앞질렀으며 화이트칼라 사무직들이 블루칼라 직종을 완전히 앞질러 버렸다고 말하고 있다.

하지만 경제적 환원론economic reductionism[3]에 입각한 위와 같은 설명은 부적절해 보인다. 현실을 있는 그대로 보자면 미국에서 전체 인구 대비 중상위 계층은 1979년 12퍼센트에서 2014년 30퍼센트로 확대됐다. 1970년대 이후 미국에서 소득 계층 간 이동은 급진적으로 변화하지 않았다. 과거 미국은 훨씬 더 심각한 경제 위기를 경험했었다. 이 글을 쓰고 있는 현재 시점을 기준으로 미국의 실업률은 4퍼센트이며 주식시장은 그 어느 때보다 호황을 누리고 있다. 과거 대공황 때조차 미국인들은 지금처럼 분열되진 않았다. 무엇보다 2009년 이후 경제는 꾸준하게 성장을 거듭해 왔다는 점에 주목하자. 경제 성장은 미국인들에게 있어서 일종의 상수constant와 같은 것이었다. 인종과 지역을 막론하고 지난 수십 년 동안 미국인들은 완연한 경제적 성장을 경험해 왔다. 하지만 우리의 지갑 사정이 좋아진 것과는 별개로 사회적 갈등은 증가했다는 것이 엄연한 현실이다.

---

3   다양한 사회 현상을 맨 아래 단 하나의 경제적 원인으로 설명하려는 태도.

인종 문제는 어떨까? 혹자는 최근 미국인들이 경험하고 있는 정치적 갈등이 인종 문제로부터 파생된 깊은 상처가 최근 들어 새롭게 불거진 것이라고 설명하기도 한다. 인종 갈등이 본질이고 정치 갈등은 대리현상proxy일 뿐이라는 논리다. 이와 같은 주장은 타네히시 코츠Ta-Nehisi Coates 같은 사람들로부터 열렬한 지지를 받았다. 코츠는 오바마가 "흑인의 미국black America"의 "최선이자 최후의 희망best and final hope"이며, 트럼프의 당선은 "백인의 미국white America"의 복수에 따른 현상이라는 의견을 피력한 바 있다. 코츠는 2017년 『디 애틀랜틱』 잡지에 기고한 글에서 "트럼프에게 있어 백인으로서 정체성은 관념이나 상징이 아니라 실제 그의 권력의 핵심 요소에 해당하는 것이다"라는 말을 하기도 했다. 여기서 나아가 코츠는 "이 문제는 트럼프에게만 국한된 것이 아니며 트럼프의 위 세대들은 백인으로서 정체성을 조상 대대로 물려받아 주머니 속에 고이 간직하는 부적 같은 개념으로 생각한 반면, 트럼프는 그 부적을 밖으로 당당히 꺼내 거기서 뿜어져 나오는 마력을 실제로 사용하고 있다"고 말했다. 이어서 코츠는 "미국의 흑인들은 불공평한 레이스에 내던져졌다. 그 레이스에서 우리는 맞바람을 맞고 있으며 사냥개들은 우리 뒤를 바짝 쫓아오고 있다. 미국에서 공고하게 자리 잡은 흑인들에 대한 약탈은 영유아 시절부터 진행되었고 이 흐름은 역사가 진행됨에 따라 강화되었다. 미국 흑인들에게 있어 약탈이란 요소는 마치 가보와 같으며 언젠가 우리 삶의 끝자락에서 다시 회귀해야 할 기본값default setting과 같은 것이다"라고 쓰며 글을 마무리했다.

반면 미국의 대안우파alt-right[4]는 코츠와 전혀 다른 시각으로 미국 사회를 바라본다. 코츠가 분석한 미국 정지의 특성을 받아들이지만 이를 정반대로 해석하는 것이다. 대안우파는 소수인종 주도로 이뤄지는 정체성 정치identity politics가 많은 부작용을 초래하고 있다고 주장한다. 대안우파들은 역설적이게도 미국 사회를 '백인의 미국'이라고 단정 지은 코츠의 분석에 열광한다. 대안우파의 대표 인물 격인 리처드 스펜서는 『뉴욕타임스 매거진』 칼럼니스트인 토마스 윌리엄스에게 "(코츠 유형의) 좌파들은 자신의 입장을 바꿔 언제든 내가 말하는 의견에 동의할 수도 있을 것이다. 그렇기 때문에 나는 현재 내가 추진하는 어젠다에 대한 확신을 가질 수 있다"는 발언을 하기도 했다. 대안우파 세력은 인종 전쟁의 관점에서 세상을 바라본다. 그리고 종국에는 그 전쟁에서 자신들이 승리할 것으로 굳게 믿고 있다.

그러나 인종 문제에 따른 사회 분열 하나만으로 현재 우리가 당면하고 있는 위기 상황을 모두 설명할 수는 없다. 미국에서 인종 갈등을 조장하는 세력들은 어느 시기나 존재해 왔다. 미국은 노

---

4 'alternative right'의 준말로, 백인우월주의 성향의 정치 집단. 인종차별적인 주장, 반(反) 이민 정책 등을 옹호한다. 이름은 '대안' 우파이지만 실제 행동은 극우에 가깝다.

예제의 폐해와 짐크로법을 경험하고도 지금까지 버텨 온 나라다. 인종 문제는 실제 과거보다 더 악화되었을까?

실상을 말하자면 우리는 역사상 과거 어느 때보다 인종적으로 평등한 사회에서 살아가고 있다. 인종 문제에 국한해서 말하자면 인류 역사상 그 어느 때보다 평등하다고 해도 과언이 아닐 것이다. 1958년에는 오직 4퍼센트의 미국인들만이 흑인과 백인 사이의 결혼에 찬성했었다. 2013년의 통계에 따르면 현재 그 수치는 87퍼센트이다. 같은 조사에서 72퍼센트의 미국인들은 현재 인종 관계가 좋다고 말했으며, 특별히 흑인들 가운데 62퍼센트가 긍정적인 응답을 내놓았다. 이와 같은 여론은 2001~13년 기간 비교적 큰 변동 없이 유지되었다. 하지만 현재 미국에서 인종 간 갈등은 참혹하다 싶을 정도로 심각한데, 특별히 인종을 기반으로 한 종족주의tribalism가 새롭게 기승을 부리고 있다. 2016년 7월을 기준으로 미국인들 중 53퍼센트만이 인종 간 관계가 좋다고 답했다. 같은 질문에 대해 무려 46퍼센트의 사람들은 부정적 응답을 내놓았다. 뭔가 심각한 문제가 발생하고 있는 것이다. 하지만 이 같은 현상이 인종 차별 감정의 재발현에 따른 것이라고 단순하게 치부하긴 힘들다.

세 번째로, 어떤 이들은 **기술의 발전**이 현재 우리가 경험하는 반목의 주요 원인이라고 주장하기도 한다. 소셜미디어SNS가 과거 어느 때보다 우리를 분열시키고 있다는 것이다. 소셜미디어 시대에 진입한 이후부터 사람들은 핸드폰을 들고 쪼그려 앉아 자신과 같은 생각을 공유하는 사람들끼리만 이야기를 나누고 싶어 한다. 소셜미디어 상에서 호감 있는 사람들의 이야기에만 귀를 기울이고, 오프라인에서 사교 활동은 줄여 나가는 추세가 두드러지고 있다. 만약 우리가 거실 소파에 앉아 자신의 선입관을 이야기하며 옆 사람과 대화를 기피한다면 나와 다른 생각을 갖고 있는 사람들을 형제 또는 자매로 인식하기는 힘들 것이다. 와이어드닷컴 wired.com이라는 웹사이트에 기고하는 모스타파 엘버모위는 "페이스북 피드로부터 구글 검색에 이르기까지 우리의 온라인 경험이 개인화될수록 인터넷이라는 섬은 우리를 더욱 분열시킬 것이다. 그리고 그와 같은 현실을 깨닫지 못한 채 우리는 점차 터널과 같이 좁은 시야를 갖게 된다"고 현 상황을 분석하기도 했다.

현대 사회에서 나타나는 분열이 기술 발전 때문이라는 설명은 일견 매력적으로 들리기도 한다. 하지만 전문가들에 따르면 그와 같은 주장을 뒷받침하는 근거는 희박하다고 한다. 스탠퍼드 대학과 브라운 대학의 경제학과 교수들은 정치적 양극화가 "인터넷과 소셜미디어를 가장 적게 사용하는 인구 집단"에서 더욱 빈번하게 발생하고 있다는 사실을 지적했다. 기술의 발달과는 별개로 양극화는 인종의 경계선을 넘나들고 있는 것처럼 보인다.

마지막으로, 우리가 당면하고 있는 현실을 설명할 때 가장 기초적인 원리를 참고할 수도 있다. 어떤 이유 때문인지는 모르겠지만 우리가 원래 되돌아가야 하는 인간 본성의 단계로 회귀하기 시작했다는 것이다. 인류는 원래부터 부족 중심적이고, 소유욕이 강하며, 화가 나 있는 상태라는 논리다. 잠깐의 시간 동안 우리는 이런 본능을 억눌러 왔고, 인류는 그 짧은 기간을 '계몽시대Enlightenment'라고 명명했을 뿐이라는 설명이다. 조나 골드버그는 『서구의 자살Suicide of the West』(2018)에서, 19세기 이후 잠깐 동안 인류가 스스로의 본능을 억제한 건 그 자체로 '기적'이라고 평했다. 『오늘의 계몽주의Enlightenment Now』(2018)의 저자인 스티븐 핑커 역시 비슷한 입장을 내놓는다. 핑커는 계몽주의가 과학과 인문주의, 이성과 진보를 만들어 냄으로써 우리 삶의 모든 영역을 획기적으로 변화시켰다고 주장했다. 계몽주의적 사고는 비이성을 이성으로 대체했으며 그 결과 근대적 세계가 탄생했다는 것이 핑커의 설명이다. 골드버그는 계몽주의적 이상이 애초부터 인류에게 어색한 개념이었다는 점을 지적하면서, 현재 우리가 경험하는 분열과 반목이 과거 인류가 경험해 왔던 부족적이고 반동적인 본능으로 회귀하고 있는 것일 뿐이라는 주장을 펼쳤다.

하지만 이 같은 설명은 왜 근대가 탄생하게 되었는가에 관한 질문에 적절한 답을 제공하지 못한다. 만약 인간의 본성이 자유주의와 자본주의, 인문주의와 과학을 거스른다면 애초에 어떻게 그와 같은 사상들이 꽃피울 수 있었을까? 더 중요한 건, 앞서 언급된 설명들을 통해선 왜 하필 지금에야 우리가 과거 200년 동안 쌓아 올린 문명을 허무는 데 그토록 혈안이 되어 있는지에 관해 명쾌한 해답을 얻을 수 없다는 것이다.

나는 위에서 제기된 질문들이 서로 긴밀하게 연관되어 있다고 생각한다. 이 책의 논지는 다음과 같다. 근대적 가치와 이성, 그리고 과학 등을 포괄하는 서구 문명은 깊이 있는 기반 위에 설립되었다는 것이다. 우리는 지금껏 그 같은 기반이 존재했다는 사실 자체를 망각해 왔다. 또 문명을 누리고 보존하는 데 필수불가결한 요소들을 내팽개쳐 버렸다. 내가 이 책에서 다루려고 하는 건 바로 이 주제이다.

그렇다면 이 책은 어떻게 탄생하게 되었는가? 나는 오랜 기간 고민을 거듭한 결과 우리가 서로의 존재 기반을 무너뜨리고 있다는 사실을 깨닫게 되었다. 내가 이 깨달음을 얻었던 건 2016년 2월 25일이었다. 심지어 날짜도 정확하게 기억한다.

2015년 하반기에 나는 대학 캠퍼스 투어를 시작했다. 첫 번째 투어 장소는 미주리 대학이었다. 내가 방문한다는 소식이 알려지자 캠퍼스에서 흑인 인권운동 단체 '블랙 라이브스 매터Black Lives Matter'[5]가 행정처에 항의를 했고 이 사실을 언론이 대대적으로 보

---

5   '흑인의 삶은 중요하다'. 흑인들에 대한 경찰의 과잉 단속에 반대하는 의미에서 시작됐다.

도하면서 큰 기사거리가 되었다. 인종차별적이라는 낙인이 있었지만 별다른 증거 없이 유언비어만 난무했던 사건에 대해서 학교 행정처가 평소보다 과도한 대응을 했다. 또 미주리대 풋볼팀은 내가 학교를 방문한다는 소식을 듣고 예정된 경기를 보이코트했다. 일부 학생들은 단식 시위를 결의하고 캠퍼스에 텐트를 치고 상주하며 기자들의 출입을 금지했다. 심지어 멜리사 클릭이라는 교수는 학생 시위대에게 현장을 취재하려 했던 학생 기자를 손으로 밀치라는 황당한 지시를 하기도 했다.

나는 미주리 대학에서 예정대로 강연을 했다. 강연이 끝나고 일주일이 채 되기 전 100만 명 이상이 온라인으로 내 강연을 시청했다. 그 강연에서 나는 선한 의도를 갖고 있는 대다수의 미국인들이 인종 차별에 대항해서 싸우기 원하지만 "구조적 인종 차별institutional racism"과 "백인 특혜white privilege"라는 모호한 주장들이 개인 단위로 이뤄지는 악행의 본질을 가리는 역효과를 초래하고 있으며, 결과적으로 미국 사회를 더욱 분열시키고 있다는 점을 지적했다. 강연이 시작될 때 별다른 안전요원은 없었다. 몇몇 학생들이 고의적으로 화재경보기를 울리려 했던 것만 빼면 전반적으로 분위기는 괜찮았다. 강연이 끝난 다음 학생들은 질의응답 시간을 갖기 위해 연단 앞으로 나와 줄을 섰다.

황당한 일은 3개월 뒤에 발생했다. 나는 영아메리카재단 주최로 UCLA에서 강연을 할 예정이었다. 예정된 강연 2주 전 우리 팀은 내 강연에 반대하는 학생들의 시위가 있을 것이란 이야기를 들었다. 강연이 있기 일주일 전 UCLA 총장은 일방적으로 행사가 취소되었다고 나에게 통보했다. 나는 표현의 자유를 보장한 수정 헌법 제1조[6]를 명백히 침해하는 총상의 결정에 수긍할 수 없었다. 캘리포니아 주립대학은 내가 납부하는 세금을 통해 운영되기 때문에[7] 나는 총장의 일방적인 행사 취소에 맞서 강연을 강행하겠다고 통보했다.

나의 사업 파트너인 제러미 보링은 나에게 안전요원을 대동하라고 조언을 했다. 하지만 나는 꼭 그럴 필요가 있나 하고 대수롭지 않게 생각했다. 과거 내가 대학 강연을 할 때 보통 행사장에 안전요원이 필요하진 않았다. 내가 강연을 할 곳은 LA이지 팔루자Fallujah[8]가 아니었다. 나는 그저 내 고향에 있는 한 대학에 강연을 하러 가는 것일 뿐이었다. 그래도 혹시 하는 마음에서 제러미는 안전요원을 고용했다. 돌이켜보면 그때 제러미의 조언을 따른 것이 천만다행이었다.

강연 당일 우리가 고용한 경호팀은 학내에서 폭력 사태가 있을 것이란 소문을 듣기 시작했다. 행사 한 시간 전 대학 총장은 자

---

6   '종교, 언론 및 출판의 자유와 집회 및 청원의 권리'.
7   저자는 캘리포니아주 LA에 거주하고 있다.
8   이라크 중부에 있는 도시. 2003년 이라크 전쟁 중 미군을 비롯한 외국인에 대한 저항, 납치, 살해, 테러 등으로 악명 높았다.

신의 입장을 철회하고 경찰의 보호 아래 강연이 예정대로 진행될 것임을 공지했다. 캠퍼스에 도착했을 때 헬리콥터가 날아다니는 소리를 들을 수 있었다. 차를 주차하자마자 수십 명의 무장 경찰들이 폴리스라인을 형성한 다음 곧장 나를 강의실로 인도했다. 그 누구보다 당황했던 건 나 자신이었다. 경찰의 보호는 거기서 그치지 않았다. 강당의 연단 위에는 또 다른 수십 명의 경찰관들이 대기하고 있었다. 수백 명의 학생 시위대가 강연장 밖의 복도를 메우고 건물의 모든 입구를 틀어막고 있었다. 몇몇 시위자들은 강연을 듣기 위해 건물 안으로 들어가는 학생들에게 물리적 위협을 가하기도 했다. 경찰이 뒷문 쪽으로 길을 확보하긴 했지만 그 길을 통해서도 한 번에 두 명씩만 간신히 출입할 수 있었다. 나는 강연장 문에 가만히 귀를 대 보았다. 밖에서는 마치 좀비 영화에서나 나올 법한 웅성거리는 소리가 들렸다. 경찰 관계자들은 학교 행정처로부터 시위대 진압을 최대한 자제하고 그들이 원하는 게 무엇이든 요구를 들어주라는 귀띔을 받았다고 우리에게 알려줬다.

경찰관들은 나에게 선택지를 제시했다. 강연에 참석하는 학생들이 자리를 채울 때까지 앞으로 두 시간을 기다리거나, 아니면 인원이 다 차지 않은 상태에서도 원한다면 강연을 시작할 수 있다고 말했다. 나는 강당의 자리가 대부분 비어 있었지만 곧바로 강연을 시작하기로 마음먹었다.

강연이 진행되는 도중 시위대가 화재경보기를 작동시켰다. 그 즉시 강당은 정전이 되었고 화재경보기는 시끄러운 소리를 내며 건물 전체에 울려 퍼졌다. 시위 학생들은 강당 밖에서 쉬지 않고 문을 두드려 댔다. 난장판 속에서 진행된 깅연에서 나는 시위대가 아무리 훼방을 놓는다 하더라도 그들이 우리가 누리는 표현의 자유를 빼앗을 수 없다는 점을 분명히 했다.

강연을 끝낸 후 약간 흥분한 상태에서 나는 강연에 참석했던 사람들에게 밖으로 나가서 시위대들과 한번 대화를 해볼 생각이 있냐고 질문을 했다. 청중들은 그렇게 하고 싶다고 말했다. 바로 그 찰나에 경호팀과 경찰들이 나를 무대 뒤로 데려갔다. 경찰관 한 명이 경고했다. "만약 지금 밖으로 나간다고 칩시다. 우리는 당신을 때리려 하는 한두 사람 정도는 막을 수 있을지 모릅니다. 하지만 세 번째부터는 장담할 수 없습니다. 그리고 여기 강당에 있는 학생들이 모두 밖으로 나간다면 우리는 그들 모두를 보호할 수 없습니다. 당신은 이제 캠퍼스를 떠나야 합니다. 밖의 시위대가 완전히 해산할 때까지 우리는 여기서 강당 안에 있는 학생들을 지키고 있겠습니다."

일리 있는 권유여서, 나는 경찰관들의 경호를 받으며 캠퍼스를 빠져나갔다. 경찰들이 앞서서 길을 뚫으며 복도를 지나 주방을 통과한 후 검은 색으로 선팅된 차량까지 나를 인도해 주었다. 그리고 경광등을 번쩍이는 경찰차의 에스코트를 받으며 나는 유유히 캠퍼스를 빠져나갔다.

자, 그렇다면 무엇이 잘못됐던 걸까? 시간이 좀 지나고 난 다음에야 나는 상황을 파악할 수 있었다. UCLA의 한 교수가 학생들에게 내가 백인우월주의자이며 KKK[9] 멤버와 친분을 갖고 있고 나치와 같은 수준이라는 황당한 말을 하고 다녔던 것이다. 시위에 참여했던 학생들은 그 교수가 한 말을 철석같이 믿고서 그들 나름으로 정의감에 충만한 행동을 했던 것이었다. 표현의 자유라는 핵심 가치는 사실과 전혀 관계없는 주관적 분노에 의해 이미 상당 부분 훼손되어 있었다.

물론 이건 시작에 불과했다. 위스콘신 대학에서는 연단으로 난입한 시위대로 인해서 내 강연이 중간에 끊어지기도 했다. 펜실베이니아 주립대학에서 강연을 했을 때 시위대는 강의실 밖에 모여서 끊임없이 강연장 문을 두드려 댔다. 드폴 대학을 방문했을 때는 학교 행정처가, 오기만 하면 나를 체포할 것이라 경고하며 진짜로 현지 경찰을 불렀다. UC버클리 강연 때는 학교 행정처가 참가한 학생들을 보호하기 위해 수백 명의 경찰 병력 추가 지원을 요청해야 했다.

하지만 2016년에 일어난 사건들은 이게 끝이 아니었다. 2016년 미국 대선 기간 동안 나는 트럼프와 힐러리를 지지하는 두 그룹

---

9   Ku Klux Klan, 백인우월주의 테러리스트 단체.

모두로부터 엄청난 비난을 받았다. 보수주의자로서 나는 거의 평생 동안 힐러리를 비판해 왔다. 하지만 내 기준에선 트럼프 역시 좋은 후보로 보이진 않았다. 트럼프를 싫어한다는 사실 때문에, 그리고 때마침 친 트럼프 성향 매체인 브레이드바트 뉴스Breitbart News[10]와 결별했기 때문에 나는 트럼프를 옹호하는 과격 분자들의 주요 타깃이 되었다. 3월 말경, 평소 엉뚱한 소리를 하곤 하던 마일로 이아노풀로스가 브레이트바트에 대안우파를 칭송하는 글을 하나 기고했다. 그 글에는 명백한 인종주의자인 리처드 스펜서[11]를 예찬하는 내용이 포함되어 있었다. 자신을 추종하는 극우 세력들과 난잡한 대화를 이어 가던 와중에 마일로는 그해 5월 내 아들이 태어난 그날, 나에게 흑인 아기의 사진을 보냈다. 내가 음탕한 아내를 둔 남편cuck이라고 조롱한 것이다.

2016년 미국 대선 유세 기간 동안 유대계 언론인들 가운데 온라인 상에서 나처럼 끔찍한 반유대적Anti-Semitic 인종 차별을 경험한 사람은 없었을 것이다. 그것도 2, 3위권 사람들과 현격한 차이를 두고 나는 압도적으로 심각한 인종 차별과 비하에 시달렸다. 반명예훼손연대Anti-Defamation League에 따르면 2015년 8월부터

---

10 온라인 플랫폼을 기반으로 한 보수 매체. 대안우파 및 친 트럼프 색채가 강하다. 저자는 이곳에서 기자 생활을 하다가 2016년 미국 대선 기간 도중 퇴사했다.
11 'alt-right'라는 단어를 만든 사람. 백인들의 인종적 연대를 강조하는 백인우월주의자이다.

2016년 7월까지 1년 동안 트위터 상에서 언론인을 대상으로 쓰인 반유대적 트윗은 약 1만 9,253개였다. 그런데 그중에서 나를 특정해서 올라온 트윗이 7,400개였다. 전체 반유대 트윗 가운데 38퍼센트가 나를 타깃으로 했던 것이다.

나는 성인이 되고 공적 영역에서 정치적 발언을 주고받을 때 실제적인 폭력의 위협을 느끼거나 인종차별적 발언을 경험한 적이 거의 없었다. 하지만 이제는 내가 대학 캠퍼스에서 강연을 할 때 수백 명의 경찰관들이 보안을 제공해 줘야 한다. 나의 트위터 피드는 『데어 슈튀르머Der Stürmer』[12]에서 곧장 퍼 온 것처럼 보이는 저급한 이미지로 가득 차 있는 게 다반사다.

뭔가 분명 변화가 일어난 것이다. 변화가 일어났다. 우리는 무언가를 상실하고 말았다. 이 책에서 나는 우리가 어떤 걸 잃어버렸으며 어떻게 하면 그것을 다시 찾을 수 있을지를 설명하려 한다. 우리가 상실한 것을 되찾기 위해서 우리는 지금까지 밟아 온 과거의 흔적을 다시 한번 돌이켜볼 필요가 있다.

이 책은 꽤 오래 된 가치관들에 대한 이야기로 채워져 있다. 우리가 고등학교, 대학교, 그리고 교회학교 시절 아주 잠깐 스치고 지나갔던 바로 그 사람들이 만들어 낸 가치 체계에 관한 이야기라고 할 수 있다. 안타까운 점은 우리가 그 인물들의 중요성을 아

---

12 노골적인 반유대 성향의 독일 타블로이드 잡지. 제호는 독일어로 '돌격대'라는 뜻.

주 오래 전 망각해 버리고 말았다는 것이다. 나는 이 책에서 바로 그 개념들이 매우 중요하다는 사실을 언급하려고 한다. 우리는 그 이념들을 다시 새롭게 공부해야 한다. 철학자들이 세상을 변화시켰다고 말하는 건 아니다. 나는 임마누엘 칸트가 도덕을 개발하지 않은 것처럼 애덤 스미스가 자본주의 그 자체를 개발했다고 생각하지 않는다.

하지만 위대한 철학자와 사상가들은 그들 시대에 존재했던 가장 중요한 이념의 창window으로 우리를 인도해 준다. 톨스토이는 『전쟁과 평화』에서 '무엇이 역사를 움직이는가?'라는 중요한 화두를 던진다. 그리고 질문에 대해 "역사란 특정 시기에 행동으로 옮겨진 다양한 힘들이 우주 가운데 합작한 진보의 결과물일 뿐"이라는 답을 제시한다. 물론 이 답변은 유의미하다. 하지만 이념은 분명 중요하며, 특별히 위대한 사상가들에 의해 탁월하게 정리된 이념들은 인류가 나아가는 여정에 있어 중요한 동기를 부여해 준다. 우리는 믿기 때문에 행동한다. 우리는 스스로를 바로잡기 위해서 우리가 무엇을 믿고 있는가를 다시 한번 철저하게 점검해 봐야 한다.

인간은 하나님의 형상에 따라 창조되었고 그 인간은 이성을 통해 하나님이 만드신 세계를 탐험하고 연구할 수 있다는 두 가지 중요한 원칙, 우리는 바로 이 근원적 기반 위에 자유의 개념이 설립되었다는 사실을 믿는다. 그 두 가지 기반 중 하나는 예루살렘으로부터, 그리고 또 하나는 아테네로부터 각각 파생되었다.

이 두 가지 기반이 서구 문명과 개인으로서 우리를 존재하게 만든 것이다. 만약 우리의 삶이 단순히 물질적인 쾌락을 추구하고 고통을 회피하는 것 이상의 무언가를 의미한다고 믿는다면, 당신은 예루살렘과 아테네적 사고의 영향을 받았다고 볼 수 있다. 만약 정부가 개인의 권리 행사에 관한 자유를 침해할 수 없다고 판단한다면, 또 개인은 각자에게 부여된 도덕적 의무에 따라 덕virtue을 추구해야 한다고 생각한다면, 당신은 예루살렘과 아테네의 영향 아래 있는 것이다. 만약 인류가 이성을 통해 세상을 진보시킬 수 있고 인간은 보다 높은 목적에 따라 진보에 참여하게 된다는 사실을 믿는다면, 당신은 스스로 원하든 원치 않든 예루살렘과 아테네적 사고의 결과로 나타난 존재물인 것이다.

예루살렘과 아테네는 과학을 만들어 냈다. 인권은 유대 기독교적 가치와 고대 그리스적 자연법 사상이라는 두 가지 이상에 기반하여 설립되었다. 번영과 평화, 그리고 미적 아름다움 역시 예루살렘과 아테네적 사상에 기반을 두고 있다. 예루살렘과 아테네는 미국을 건국했고, 노예제를 철폐했으며, 나치와 공산주의를 종식시켰고, 수십억의 사람들을 빈곤으로부터 구출해 냈으며, 셀 수 없이 많은 사람들의 삶에 목적을 부여해 주었다. 마그나 카르타Magna Carta[13]와 베스트팔렌 조약,[14] 미국 독립선언서, 링컨의 노예해방 선언문, 그리고 마틴 루터 킹의 버밍햄 감옥으로부터의 편지[15]에 이르기까지, 인류가 진보를 경험한 분기점마다 예루살렘과 아테네는 사상적 기반을 마련해 주었다.

예루살렘과 아테네, 그리고 그 둘 사이 팽팽한 긴장으로부터 파생되는 효과를 거부한 문명은 먼지가 되어 역사에서 사라졌다. 옛소련은 유대 기독교적 가치와 그리스적 자연법을 거부하고 '사회 정의'라는 이름의 집단주의적 유토피아 사상으로 이를 대체하려고 했다. 주지하다시피 그 결과는 굶주림과 수천만 인민의 죽음이었다. 나치 독일 역시 유대 기독교 사상과 그리스의 자연법을 거부했다. 그들은 어린아이들을 죽음의 가스실로 몰아넣었다. 베네수엘라 또한 유대 기독교 사상과 그리스의 자연법을 거부했다. 그 결과 부유한 산유국 국민이었던 베네수엘라 사람들은 현재 길거리에 돌아다니는 개를 잡아먹으며 끼니를 때우고 있다.

특별히 미국은 독특한 역사와 성공 스토리를 갖고 있다. 미국인들은 미국 시민으로 태어났다는 출생의 권리로 인해 지금껏 진보와 번영을 누려 왔다. 미국 사람들은 다른 나라는 몰라도 미국에

---

13 왕의 절대권력에 대항하여 시민들의 자유와 권리를 보장한 문서. 1215년에 영국 존 왕이 서명하면서 입헌주의의 탄생을 알렸다.

14 유럽의 30년 전쟁(1618~1648) 종식으로 체결된 평화조약. 개별 국가의 주권을 확립하고 종교와 국가를 분리함으로써, 신성로마제국 붕괴 후 유럽 여러 나라들이 근대국가로 전환하는 계기를 마련했다.

15 1963년 킹 목사가 버밍햄 감옥에서 쓴 편지로, 미국 민권운동을 상징하는 중요한 문서다.

서만큼은 국가를 분열시킬 정도의 분쟁은 발생하지 않을 것이라는 믿음을 갖고 있다. 적어도 미국은 혁명이나 몰락을 경험하지 않을 것이라는 낙관적 태도를 견지하는 것이다. 미국인들 사이에는 "미국이기 때문에 우리는 뭔가 다를 거야"라는 자신감이 팽배해 있다.

하지만 그와 같은 낙관론은 철저하게 잘못되었다. 무질서로 회귀하려는 관성과의 싸움은 아직 끝나지 않았다. 우리가 현재 누리는 삶의 양식은 한 세대 안에 언제든 벼랑 끝으로 내몰릴 수 있다. 우리 주변을 돌아보면 이미 수없이 많은 미국인들이 표현의 자유와 민주주의, 경제적 자유, 그리고 미국 사회가 공유하는 도덕과 가치관에 대해 회의를 느끼고 있다는 사실을 발견할 수 있다. 우리가 소중히 여겨 온 가치관을 내팽개치기 시작한 시점과 우리를 여기까지 도달할 수 있게 만들어 준 방법에 대한 믿음을 상실하기 시작한 시기는 놀라울 정도로 정확하게 일치한다.

우리는 유대 기독교적 가치관과 그리스적 자연법 사상을 버리는 한편 그 자리를 도덕적 주관주의와 감정 규범으로 대체하고 있다. 그 결과 뿌리 깊은 종족주의, 이기적 향락주의, 그리고 도덕적 주관주의가 문명 그 자체를 몰락시키는 걸 우리의 두 눈으로 목도하고 있다. 잊지 말자. 우리는 현재 예루살렘과 아테네의 기반 위에 설립된 번영을 누리며 살아가고 있다. 사람들은 유대 기독교적 가치와 그리스 자연법 사상이 없이도 교차성intersectionality[16]

과 과학적 물질만능주의, 진보적 정치 참여, 권위주의적 통치, 또는 민족적 단결 등을 통해 나름대로 만족스러운 삶을 살아갈 수 있을 것이고 착각한다. 하지만 실상은 그렇지 않다. 지난 두 세기 동안 우리는 스스로를 서구 문명의 뿌리로부터 단절시키려고 노력해 왔다. 물론 잠깐 동안은 나름 긍정적인 효과를 맛보기도 했다. 하지만 얼마 지나지 않아 우리의 문명은 내부로부터 붕괴되기 시작했다. 지금껏 우리가 누려 왔던 문명은 내적 모순과 가치를 상실한 공동체, 그리고 개인으로서 스스로의 의미를 상실한 사람들로 인해 엉망진창이 되고 말았다.

물론 서구 세계가 누리는 경제적 번영이 하루아침에 소멸되지는 않을 것이다. 자본주의적 인프라 위에 사회주의적 정책 몇 가지를 추가한다고 하더라도 그 때문에 서방이 한순간에 붕괴될 것이라고 생각하진 않는다. 문제는 우리가 과거부터 소중하게 생각해 온 가치관을 짓밟고 난 후에도 여전히 지금같이 풍요로운 삶을 영위할 수 있다는 착각을 하고 있다는 사실이다. 철학적인 측면에서도 서방 세계는 지난 몇 세기 동안 심각한 위험 징후를 나

---

16 인종, 신분, 성별, 사회적 계급, 장애 여부 등에 따라 사회 내에서 계층적 위계질서가 발생한다는 이론. 이 위계질서 상에서 전통적으로 더 억압을 받은 계층일수록 더 많은 사회적 발언권을 부여받는다. 예를 들면 '백인 남성 이성애자'보다 '흑인 여성 동성애자'가 사회적 권위에서 우위를 갖게 되는 식이다. 개인의 특성이 아니라 어느 계층에 속하느냐가 판단의 기준이 되기에 '정체성 정치(identity politics)'와도 밀접하게 연관되어 있다.

타내고 있다. 서구 여러 나라에서 출산율은 감소하는 반면 정부 지출은 급격히 증가하고 있다. 동시에 기존 서구 사회에서 통용되었던 가치관과는 전혀 다른 생각을 가진 이민자들이 급격히 유입되었는데 이로 인해 극심한 사회적 양극화가 발생하고 있다. 최근 유럽의 정치는 유토피아를 약속하는 극좌 사회주의자들과 민족의 회복을 외치는 극우 민족주의자들 사이의 갈등으로 퇴화했다. 결국 두 세력 모두 실패하고 말 것이다. 유럽보다 속도가 더디긴 하지만 미국 역시 유럽의 길을 따라가고 있다. 우리를 하나 되게 만들었던 결속은 점점 소멸되고 있다.

우리를 하나 되게 했던 결속은 물과 불, 그리고 이성과 기도로부터 비롯된 것이다. 근대를 향한 여정은 머나먼 길이었다. 그 여정이 항상 아름다움으로만 충만했던 것은 아니다. 때때로 격렬함과 폭력을 동반하기도 했다. 예루살렘과 아테네 사이의 긴장은 실제적인 것이다. 하지만 예루살렘과 아테네 중 어느 하나를 무너뜨림으로써 둘 사이의 긴장 그 자체를 없애 버린다면 그 두 지지대 사이에 건설된 서구 문명이라는 다리 역시 붕괴되고 말 것이다.

서구 문명을 보전하기 위해서 우리는 애초에 어떻게 그와 같은 다리가 건설되었는지 살펴볼 필요가 있다. 서구 문명이 여기까지 발전하는 데는 3천 년의 시간이 걸렸다. 하지만 만약 그 문명을 떠받치는 기반을 다시금 강화시키지 않는다면 우리가 누리는 문명은 한 세대 안에 소멸될 수 있다. 문명을 파괴하는 행위를 멈추고 다시 그 기반을 강화시켜야 한다. 이를 위해 우리는 문명의 기반을 이루는 벽돌 하나하나를 다시 한번 점검해 볼 필요가 있다.

지금부터 우리는 문명의 기반을 점검하는 작업을 실시할 것이다. 이 책에서 나는 수천 년의 세월에 걸쳐 형성된 역사와 철학 사이를 넘나들 것이다. 안타깝게도 이 말은 위대한 철학자 한 명 한 명에 충분한 시간을 할애할 수 없다는 사실을 뜻하기도 한다. 이슈와 논점은 최대한 단순화하여 설명했다. 이 책 한 권을 통해 서구 문명의 이론적 기반을 제공한 철학자들과 그들의 주장을 모두 공부할 수 있는 건 아니다. 그러기엔 책의 내용이 터무니없이 부족하다. 따라서 책을 읽은 후 여러분이 관심이 가는 세부 주제에 대해서는 스스로 심도 있는 공부를 해보길 추천한다. 각 주제에 대해 나보다 뛰어난 전문 지식을 가진 분들의 의견을 참고하면 좋을 것이다. 참고로 이 책에 내가 포함한 철학적 주제 및 개념들은 일반적으로 통용되는 이론 정도를 기준으로 쓰여졌다. 확실히 말할 수 있는 건, 이 책에서 나는 서구 문명에 대한 핵심 질문들과 연관 지식을 설명하면서 최대한 독자 친화적인 방법을 쓰고자 했다는 것이다.

자, 그럼 이제 함께 여행을 시작해 보자.

행복의 추구

"당신은 행복해?"

몇 년 전 어느 날 아내가 나에게 물었다.

당시 우리는 엄청난 스트레스를 받고 있었다. 내 아내는 의사다. 당시 아내는 잔인할 정도로 강도 높은 업무를 감당하고 있었다. 막내아들 가브리엘은 매일 밤마다 잠을 뒤척였고, 딸 리야는 아주 사소한 상황에서도 울음을 터뜨리며 민감하게 반응하곤 했다. 직장에서 내 삶도 별로 좋지 않았다. 나는 사업 파트너 제러미와 〈데일리 와이어The Daily Wire〉[1] 창간을 준비하고 있었고 준비 작업은 막바지 단계였다. 우리는 팟캐스트 채널을 구축하고 있었

---

[1]   벤 샤피로가 2015년 창간한 보수 성향의 미디어 회사.

다. 당시 나는 여러 캠퍼스를 돌아다니며 강연을 했는데 가는 곳곳마다 신변 안전 문제와 격렬히 저항하는 학생들, 그리고 비협조적인 학교 행정으로 인해 번번이 애를 먹었다.

"물론이지." 나는 말했다. "난 행복해."

이런 질문을 하는 배우자에게 답을 해야 하는 대부분의 사람들이 그러하듯 나는 정답이 무엇인지 알고 있었다. 만약 배우자가 뭔가 잘못한 게 아니라면 이런 상황에서 "난 행복하지 않아"라고 답할 순 없는 노릇이다.

그런데 사실 내 아내가 물어본 건 우리 인생에서 가장 중요한 질문이다.

그래서, 나는 행복했는가? 아니, 좀 더 구체적으로 말해 보자. 나는 언제 가장 행복했던 것일까?

이렇게 질문의 형태를 바꿔 나가다 보면 답변은 훨씬 수월해진다. 나는 안식일Sabbath[2]에 가장 큰 행복을 느낀다. 매주 한 번, 토요일 24시간 동안 나는 모든 것을 내려놓는다. 정통파 유대인으로서 나는 안식일을 거룩하게 지킨다. 안식일에는 핸드폰과 텔레비전을 꺼 놓는다. 일도 하지 않는다. 컴퓨터 역시 사용하지 않는다. 뉴스도 보지 않고 정치에도 관심을 갖지 않는다. 토요일에는 아내와 아이들, 부모님, 그리고 내가 소속된 공동체의 사람들과

---

2   유대인에게는 토요일이다.

하루 종일 시간을 보낸다. 외부 세계는 사라진다. 내 삶에서 가장 행복한 시간이다. 아내와 함께 소파에 앉아서, 무릎 위에 책을 한 권 올려놓고, 아이들이 즐겁게 뛰어노는(가끔 싸우기도 하지만) 모습을 지켜보는 것보다 나를 더 행복하게 만드는 일은 없다.

나만 이런 생각을 하는 게 아니다. 많은 유대인들은 안식일에 가장 큰 행복을 느낀다. 유대인 커뮤니티에서 통용되는 격언이 하나 있다. "유대인들이 안식일을 지키는 것이 아니라, 안식일이 유대인들을 지키는 것"이라고. 안식일로 인해 우리 유대인들은 <u>스스로</u>를 온전히 지켜 낼 수 있었다.

나는 정치 관련 일을 다루는 걸 업으로 한다. 일을 할 때 나는 행복을 느낀다. 나에게 일은 중요하고 의미가 있다. 특별히 다양한 가치관ideas을 이해하고 그 의미를 설명하기 위해 노력하는 건 정말 멋진 일이다. 하지만 정치가 내 행복의 원천은 아니다. 정치는 행복을 추구하는 데 필요한 틀을 만드는 작업이지, 그 자체로 행복의 근원은 아니다. 정치는 우리의 행복을 위해서 필수적인 선결 조건을 만들어 가는 것일 뿐, 그 자체로서 우리에게 행복을 제공해 주지 못한다. 미국 건국의 아버지들Founding Fathers은 이 사실을 잘 알고 있었다. 그렇기 때문에 토머스 제퍼슨은 "정부가 우리에게 행복을 부여할 권한을 갖고 있지 않다"고 말한 것이다. '행복 추구pursuit of Happiness'라는 구절은 우리가 태어날 때부터 이미 부여받은 행복추구권을 보호하기 위해서 쓰여졌다.[3] 정부는 우리의 권리를 보호하고 그 권리가 타인에 의해 침해받지 않도록 만들기 위한 목적으로 존재해 왔다. 누군가 우리의 말을 훔치거나 잠자는 중에 생명을 해하는 것, 또 타인이 소유한 가축이 우리의 땅에서 풀을 뜯어먹는 등의 행위를 방지하기 위해 정부가 존재해 온 것이다.

제퍼슨은 단 한 번도 정부가 행복을 가져다줄 수 있다고 말한 적이 없다. 건국의 아버지들 가운데 누구도 그런 생각을 하지 않았다.

그런데 점점 더 많은 미국인들이 정치로부터 행복을 얻으려고 한다. 내면을 들여다보고 삶을 개선할 방법을 찾는 대신 많은 사람들은 행복을 얻는 데 방해를 놓는 가장 큰 장애물이 외부에 존재한다고 믿기 시작했다. 심지어 미국처럼 인류 역사상 가장 자유롭고 번영한 나라에서조차 말이다. 자신과 다른 견해를 가진 사람의 의견은 기어코 침묵시키고 말겠다는 흐름은 이제 새롭고 무시무시한 국면을 맞이하게 되었다.

작은 예시를 하나 들어 보겠다. 2017년 9월 공화당과 민주당은 정확하게 같은 정책을 놓고 서로 격렬하게 대립했다. 오바마 대통령이 '드리머DREAMers'⁴라고 알려진 불법체류자 자녀 몇 명에게 행

---

3   미국 독립선언서는 '양도할 수 없는 권리(unalienable Rights)'로 맨 먼저 "생명권, 자유권, 행복추구권(Life, Liberty and the pursuit of Happiness)"을 들고 있다.

정 사면을 허가해 준 것이 사건의 발단이 됐다. 트럼프 대통령은 당선 직후 그 행정 사면을 무효화시켰고, 그 대신 드리머들을 보호할 수 있는 실질적인 법안을 만들어 달라고 하면서 의회에 공을 넘겼다. 민주당 의원들은 공화당이 잔인하며 비인도적이라고 비판했다. 민주당의 어떤 의원은 트럼프를 본디오 빌라도[5]에 비유하기도 했다. 그 와중에 공화당 의원들은 민주당이 무법적이고 무책임하다고 비난했다.

정확하게 같은 정책에 대해 양당에서 이처럼 극명한 대조를 이루는 반응이 도출된 것이다.

상황은 더 심각해지고 있다. 사람들은 만약 정치적 지형을 바꿀 수만 있다면, 아니면 적어도 정적들에게 악의적인 프레임만 덧씌울 수 있다면, 자신이 갈망하는 행복을 얻을 수 있다는 착각에 단단히 사로잡혀 있다. 서로를 자유롭게 내버려 두는 대신 우리는 서로를 통제하려 한다. "만약 밥Bob이 내가 원하는 대로 하면 나는 행복할 거야"라든지, "저 사람을 당선시키면 그 정치인은 밥Bob이 내가 원하는 대로 하도록 만들어 줄 거야"라는 식의 생각을

---

4   DREAM은 'Development, Relief, and Education for Alien Minors'의 약자. 불법체류자의 미성년 자녀들에게 임시거주권을 허가해 주는 것을 골자로 하는 조치다. 2012년 오바마의 행정명령을 2017년 트럼프 행정부가 폐기했다. 2019년 정식 법안이 하원을 통과했으나 상원에서 처리되지 않고 있다.

5   Pontius Pilatus, 예수에게 십자가형을 선고한 로마의 유대 총독.

하는 것이다.

정치인들은 우리가 그들을 통해 행복을 추구한다는 사실을 잘 알고 있다. 그래서 그들은 우리의 약점을 활용해서 자신들의 이익을 추구한다. 2008년 미셸 오바마는 남편을 위한 유세를 하면서 미국인들이 오바마에게 투표하면 오바마가 "당신들의 영혼을 고쳐줄 것"이라고 말했다. 아니, 정치인이 어떻게 영혼을 고쳐 준단 말인가? 미셸 오바마는 설명을 이어 갔다.

"버락 오바마는 여러분들에게 냉소주의를 떨쳐 버리라고 요구할 거예요. 분열을 멈추라는 뜻이죠. 여러분들이 더 나은 사람이 되도록 노력하라고 요구할 것입니다. 그리고 사회 참여를 요청할 거예요. 버락은 여러분들이 예전처럼 평범하고, 방관적이며, 무지한 삶을 살도록 결코 내버려 두지 않을 것입니다."

2016년 5월, 당시 대선 후보였던 트럼프는 공공연히 다음과 같이 말했다.

"저는 여러분에게 모든 것을 줄 것입니다. 여러분이 지난 50년 동안 찾아 왔던 걸 준다는 뜻입니다. 저는 그걸 이뤄 낼 수 있는 유일한 사람입니다."

이런 말을 곧이곧대로 믿는다면 당신은 바보다. 그런데 미국인들은 이런 말을 하는 정치인들을 믿을 정도로 바보가 **되어** 버렸다. 여론조사에 따르면 우리는 더 이상 정치인을 신뢰하지 않는다. 우리는 정치인들이 우리에게 거짓말을 하고 있다고 생각한다. 그 판단이 전적으로 옳다. 정치인들은 대중에게 영합할 뿐이다. 그들은 거짓을 말하고 있다. 정치인들은 표를 받기 위해서 약속을 남발하고는, 핑계를 대며 그 약속을 깨뜨려 버린다. 하지만 우리는 여전히 그들에게 더욱 큰 권위를 부여하려 하고, 자신이 좋아하는 정치인을 비판하는 사람들에게는 협박에 가까운 발언을 일삼는다.

왜 우리는 사소한 정치적 문제에 이처럼 많은 의미를 부여하며 시간과 노력을 쏟아붓고 있는 걸까? 그와 같은 것들은 우리를 행복의 변두리로조차 이끌어 주지 못하는데 말이다. 왜 다수의 미국인들이 점점 더 비관적으로 변하고 있을까? 왜 75퍼센트가 넘는 미국인들이 자녀 세대의 삶이 자기 세대의 삶보다 좋지 않을 거라는 부정적 전망을 갖고 있을까? 여론조사에 따르면 이 수치는 지난 수십 년간 진행된 조사 가운데 최악의 수준인 걸로 나타났다. 미국의 젊은이들은 왜 희망찬 미래를 꿈꾸지 못하고 두려움에 빠져 있는 것일까? 왜 물질적으로 풍요로운 계층에 속하는 사람들의 자살률이 급등하고 있는 것일까? 그것도 지난 30년에 비춰 봤을 때 그 유례를 찾아볼 수 없을 정도로 말이다.

아마 다음과 같은 결론을 도출할 수 있을 것 같다. 우리가 현재 추구하고 있는 건 더 이상 행복이 아니라고 말이다. 우리는 행복 말고 다른 우선순위를 좇으며 살아가고 있다. 육체적인 쾌락, 감정적 카타르시스, 금전적 안정성 등이 그것이다. 물론 이런 요소들은 중요하다. 하지만 이것들이 우리에게 지속성 있는 행복을 가져다주진 못한다. 이런 요소들은 기껏해야 행복을 추구하는 데 필요한 수단에 불과할 뿐이다. 하지만 우리는 이미 목적과 수단을 전도시켜 버렸다. 우리의 영혼은 영혼의 양식을 갈망하고 있다.

행복은 도덕적 목적이다

우리는 다양한 활동을 통해 기쁨을 얻는다. 골프, 낚시, 아이들과 시간 보내기 등이 당장 떠오른다. 물론 섹스도 그중 하나가 될 수 있다. 가끔은 부도덕한 행위가 우리에게 기쁨을 가져다주기도 한다. 마약을 복용하고 환각 증상을 느낄 때 근심걱정을 잊을 수 있다. 하지만 그와 같은 기쁨은 결코 충분하지 않다. 지속성 있는 행복은 정신과 영혼의 수양을 통해서만 이뤄질 수 있다. 그리고 정신과 영혼을 수양하기 원한다면 우리는 도덕적 목적을 갖고 살아가야 한다.

　이것은 서구 문명의 발생 초기부터 명백한 사실이었다. 사실 '행복'이란 단어 속에는 유대 기독교와 고대 그리스적 가치가 내포되어 있다. 히브리 성경[6]에서 '행복'은 '심하simcha'라고 한다. 아리스토텔레스는 행복을 '에우다이모니아eudaimonia'라고 불렀다. 성경에서 심하가 뜻하는 바는 무엇일까? 성경의 심하는 하나님의 뜻에 따라 올바른 행동을 하는 걸 의미한다. 「전도서」에서 솔로몬 왕은 이렇게 한탄한다. "나는 내 마음에 이르기를 자, 내가 시험 삼아 너를 즐겁게 하리니 너는 낙을 누리라 하였으나 보라 이것도 헛되도다"(2:1).[7]

성경은 우리가 무엇을 원하는지에 대해 별로 관심이 없는 듯하다. 그 대신 성경의 하나님은 우리에게 심하 안에서 살아가라고 **명령**하고 있다. 아니, 어떻게 하나님께서 우리에게 행복이라는 특정 감정을 가지라고 명령할 수 있을까? 물론 하나님이라고 해도 그러실 순 없다. 하나님은 단지 그분께서 우리의 삶에 제시해 놓으신 이상ideal을 열정적으로 좇아가라고 말씀하시는 것뿐이다. 목적을 따라 살아가지 않으면 우리는 그 값을 치러야 한다. 성경적 맥락으로 보면 일종의 '우상'을 추구하는 것인데, 그 같은 삶의 태도는 우리에게 진실된 만족감을 가져다줄 수 없다.

> 네가 모든 것이 풍족하여도 기쁨과 즐거운 마음으로 네 하나님 여호와를 섬기지 아니함으로 말미암아 네가 주리고 목마르고 헐벗고 모든 것이 부족한 중에서 여호와께서 보내사 너를 치게 하실 적군을 섬기게 될 것이니 그가 철 멍에를 네 목에 메워 마침내

---

6   유대교 성경. 기독교의 구약성경과 내용상 동일하며, 24권으로 편장되어 있다(기독교 구약은 39권). 유대교는 예수의 탄생 이후 쓰여진 신약성경을 인정하지 않는다.

7   이하, 기독교 성경 구절의 번역은 주로 '개역개정 4판'을 따른다.

너를 멸할 것이라. (신명기 28: 47-48)

우리 중 누구도 〈기묘한 이야기Stranger Things〉 같은 드라마를 가벼운 마음으로 정주행하는 걸 놓고 "철 멍에를 목에 멘다"고 말하지 않는다. 하지만 만약 텔레비전을 보는 것이 삶의 최고 목적인 사람이 있다면, 그 사람은 제대로 된 삶을 살아가고 있다고 보기 힘들다. 하나님께서 우리 삶에 허락하신 목적 가운데 즐거워하자. 다시 솔로몬의 글을 인용하면, "그러므로 나는 사람이 자기 일에 즐거워하는 것보다 더 나은 것이 없음을 보았나니 이는 그것이 그의 몫이기 때문이라"(전도서 3:22). 여기서 솔로몬은 소프트웨어 벤처사업에서 통용되는 그런 분위기를 말하고 있는 것이 아니다. 이 구절에서 솔로몬은 하나님을 섬기고 그분의 뜻을 따라가는 것을 '일work'이라고 하고 있다. 랍비 타르폰[8]은 「아버지들의 윤리학」에서 "하루는 짧고, 일거리는 많으며, 일하는 사람들은 게으르고, 보상은 위대하니, 집의 주인이 당신의 문을 두드리고 있다"고 말했다. 만약 당신이 일을 하기 싫다면 어떻게 될까? 꽤 어려운 질문이다. 타르폰은 "일을 끝내는 건 여러분에게 달려 있지 않지만 그렇다고 여러분들 마음대로 일을 그만둘 수도 없다"고 말한다.

---

8   Tarfon, 1세기에 활동한 유대 랍비.

유대적 개념뿐 아니라 아리스토텔레스적 시각에서 살펴봐도 맥락은 비슷하다. 아리스토텔레스의 에우다이모니아는 도덕적 목적을 충실하게 이행하는 삶과 밀접하게 연결되어 있다. 성경의 메시지처럼 아리스토텔레스 역시 일시적인 기쁨이 행복이라고 정의하지 않았다. 아리스토텔레스는 성실하게 살아가는 삶 속에 행복이 깃들 수 있음을 간파했다. 그렇다면 우리는 어떻게 좋은 삶을 살 수 있을까? 좋은 삶을 살려면 먼저 '선good', 즉 좋음의 의미를 정의해야 한다. 그리고 그 '선'을 추구해야 한다. 아리스토텔레스에게 '선'이란 우리 재량껏 그 뜻을 규정할 수 있는 주관적 단어가 아니었다. 아리스토텔레스에게는 '선'의 분명한 기준이 있었다. 그에게 있어 '선'은 객관적 사실에 관한 표현이었다.

무언가가 '선하려면(좋으려면)' 그것은 스스로의 존재 목적을 충족시켜야 한다. 예를 들면 이런 식이다. 좋은 시계는 시간을 알려 준다. 좋은 강아지는 주인을 지켜 준다. 그렇다면 좋은 인간이란 무엇일까? 바로 올바른 이성을 가지고 행동하는 사람이다. 아리스토텔레스는 인간과 다른 존재들을 구분 짓는 건 인간 속에 내재된, 생각할 수 있는 역량이라고 말했다. 인간은 이성을 통해 세상 만물의 본질과 존재 목적을 탐구할 수 있다. 『니코마코스 윤리학』에서 아리스토텔레스는 다음과 같이 말한다.

잠깐이 아니라 인생을 살아가는 동안 완전한 덕virtue을 따라 행동

하며 외적 선external goods을 충분히 갖추고 있는 사람을 그 누가 행
복하지 않다고 말할 수 있을까?

이성적인 존새로서 바람직한 가치를 따라 성실히 사고하고 행
동한다면 당신은 행복해질 것이다. 이성을 가꾸는 과정에서 우리
는 도덕적 목적을 발견한다. 그리고 이성을 활용함으로써 우리는
고결한 행동을 할 수 있게 된다. 도덕적 목적을 좇는 삶은 우리의
영혼을 위대하게 만든다.

결국 성경과 그리스 철학자들은 모두 동일한 결론에 도달했다.
이 결론이 서로 다른 두 시작점으로부터 출발되었다는 사실이 자
못 흥미롭다. 성경은 우리에게 하나님의 뜻을 따라 살라고 명령
한다. 그리고 도덕적 목적을 행복과 연관시킨다. 아리스토텔레스
는 덕 없이 행복을 이루는 것은 불가능하다고 말했다. 또 아리스
토텔레스는 이성적인 인간이 우주의 본질로부터 도덕적 목적을
발견하고 그에 따라 행동한다고 주장했다. 아리스토텔레스는 우
주의 근원을 부동不動의 동자動者Unmoved Mover[9]까지 거슬러 올라간
다. 조지 워싱턴이 1789년 8월 19일 미국 성공회에 보낸 편지에
는 행복과 도덕적 목적 사이의 상관관계가 잘 드러나 있다. 워싱

---

9   '원동자(原動者)'라고도 한다. 자신은 움직이거나 변화하지 않으면서 다른 존재물들
    을 움직이거나 변화시킬 수 있는 존재.

턴은 이렇게 썼다. "인간의 행복과 도덕적 의무가 불가분적으로 연결되어 있다는 사실은 나로 하여금 끊임없이 도덕적 의무를 실천할 것을 고취시킴으로써 행복의 증진을 지향하도록 만들어 준다." 이 구절을 통해 워싱턴도 도덕적 목적과 행복을 연결시켜 이해했다는 걸 알 수 있다.

　어떤 사람들은 내가 언급한 행복의 의미가 흔히 생각하는 행복보다 엄격한 것 아니냐고 반문할 것이다. 그건 맞다. 왜냐하면 실제로 행복은 제약 속에서 누리는 것이기 때문이다. 행복은 우드스탁 페스티벌[10]에 참가해 진흙탕 속에서 뒹군다고 얻어지는 것이 아니다. 힘겨운 한 주를 보낸 후 골프를 치는 것 역시 진정한 의미의 행복이라고 말할 순 없다. 행복은 삶의 목적을 추구하는 것이다. 만약 우리가 도덕적 목적을 가지고 살아간다면 죽음마저도 덜 고통스럽게 다가올 것이다. 워싱턴 포스트의 칼럼니스트였던 찰스 크라웃해머[11]는 죽음이 임박했다는 사실을 깨닫고 난 후 다음과 같은 편지를 남겼다. "진솔한 토론과 치열한 논쟁을 통해서 진실과 올바른 사고를 추구해 나아가는 것은 고귀한 사명이라

10　1969년 8월 미국 뉴욕에서 있었던 대규모 록 페스티벌. 당시 약 40만 명의 관객이 참가했다.
11　보수 평론가, 작가, 방송인. 하버드대 의과대학에 다니던 도중 불의의 사고를 당해 하반신이 마비되었다. 이후 평론가로 활동하며 시사, 정치, 역사 등 다양한 주제에 목소리를 냈다.

고 생각합니다. 나는 아무런 후회 없이 이 생을 마감합니다." 그렇다. 도덕적 목적을 가지고 살아갈 때 우리는 비로소 깊이 있는 행복을 느낄 수 있는 것이다.

오스트리아 출신 정신과 의사 빅터 프랭클은 홀로코스트 생존기인 회고록 『죽음의 수용소에서 Man's Search for Meaning』(1946)에서 다음과 같이 말했다. "삶의 감각과 목표, 그리고 목적을 상실한 상태에서 성취하기 원하는 그 어떤 비전도 바라볼 수 없다면 우리 삶에는 심각한 문제가 발생한 것이다. 나를 포함한 수용소의 수감자들은 우리 자신이 누구인지 끊임없이 학습해야 했다. 절망에 빠져 있는 주변 사람들에게 우리가 삶으로부터 무엇을 기대하느냐보다 중요한 건 삶이 우리로부터 무엇을 기대하는지를 깨닫는 일이라는 사실을 상기시켜야 했다."

프랭클 박사의 경험은 단순한 개인의 일화에 그치지 않는다. 캐나다 칼턴 대학교에서 14년간 진행된 연구에 따르면, 연구를 시작할 당시 확고한 삶의 목적을 갖고 있다고 응답한 사람들은 그렇지 않은 사람들에 비해 15퍼센트가량 높은 확률로 생존해 있는 것으로 나타났다. 흥미로운 것은 이 통계가 모든 나이대 사람들에게 전반적으로 적용됐다는 사실이다. 런던대 유니버티시 칼리지에서 정년을 지난 사람들을 대상으로 이뤄진 비슷한 연구에서도 목적의식을 갖고 있는 사람들은 그렇지 않은 사람들보다 은퇴 후 8년 반의 기간 동안 약 30퍼센트 정도 낮은 사망률을 경험하는 걸로 드러났다. 리즈 베케트 대학의 스티브 테일러 교수가 "높은 수준의 자기만족도를 가진 사람들은 그렇지 않은 사람들보다 평균 수명이 2년가량 더 길다"고 언급한 것 역시 비슷한 맥락에서 이해할 수 있다.

951명의 치매 환자들을 대상으로 이뤄진 연구에 따르면, 삶에 대한 목적의식을 느끼는 환자들은 그렇지 않은 환자들에 비해 치매의 진행 속도가 2.4퍼센트 정도 감소하는 것으로 나타났다. 암 환자들의 경우에도 '도움에 중점을 맞춘support-focused' 치료가 아니라 '의미 중심적meaning-centered' 치료를 받았을 때 생존에 대해 더 큰 동기 부여를 받는 것으로 알려졌다. 십대 어린이들을 대상으로 이뤄진 실험에서도 비슷한 결과가 나타났는데, 타인을 향해 강한 동정심과 이타심을 갖고 있는 어린이들은 그렇지 않은 아이들에 비해 심장병을 경험할 확률이 현격하게 적은 것으로 알려졌다. 웨일 코넬 의료정책연구소의 드루브 쿨라 박사는 뉴욕타임스에 기고한 글에서 "미국인들 가운데 25퍼센트 정도만이 삶에 대한 분명한 목적의식, 그리고 자신의 삶을 의미 있게 만드는 무언가를 갖고 있다. 반면 약 40퍼센트의 미국인들은 목적의식이 없거나 잘 모르겠다고 답변하였다. 이 현상은 사회 차원과 공공의료 측면에서도 무시할 수 없는 문제라고 할 수 있다"고 말하기도 했다.

그렇다면 개인이 행복을 누리는 데 근원적 기반을 제공하는 도덕적 목적을 함양하려면 우리는 어떤 노력을 해야 하는 것일까? 내 생각으로는 다음 네 가지 요소가 필요하다고 본다. '개인의 도덕 목적individual moral purpose'과 그 목적을 추구하는 데 필요한 '개인의 역량individual capacity', '그리고 '공동체의 도덕 목적communal moral purpose'과 그 목적을 추구하는 데 필요한 '공동체의 역량communal capacity'이 바로 그것이다. 이 네 가지 요소들 하나하나는 정말 중요하다. 이 요소들 사이에서 적절한 균형을 유지하는 것이 성공적인 문명을 지키고 보호하는 데 요구되는 필수조건이기 때문이다.

개인의 도덕 목적

성경이 존재하기 전 사람들은 사회 구조 속에서 자신의 지위에 따라 삶의 의미를 각각 부여받았다. 함무라비 법전에는 오직 왕들만이 신의 형상을 따라 창조되었다고 기록되어 있었다. 그리고 개인은 왕과 가까울수록 더 많은 권리를 부여받았다.

하지만 성경은 그렇게 말하지 않는다. 서구 문명의 시작을 알리는 핵심 구절은 우리 모두가 "하나님의 형상을 따라 지음받았다"는 성경「창세기」1장 26절이다. 이것은 왕과 귀족들뿐만 아니라 모든 사람이 인간으로서 존엄한 권리를 가지고 있다는 사실을 알리는 위대한 선언이었다. 성경은 우리 모두가 각자 고유의 가치를 지니고 있으며 인생의 임무는 우리 자신의 이해를 초월하는 무언가를 향해 가까이 다가가는 것이라는 점을 명시했다. 개인의 목적은 우리 주변 사람들과 관계의 영역으로도 확장될 수 있다. 사실 이 같은 삶의 태도는 유대 기독교 철학을 가진 사람들에게 선택이 아니라 필수다. 하지만 타인과의 관계를 유지하는 삶의 기저에는 우리에게 가치를 부여하고 구도求道를 명령하신 창조주와의 관계가 전제되어야 한다는 사실을 기억해야 한다.

우리는 창조주로부터 권리뿐만 아니라 의무 역시 함께 부여받았다. 의무는 우리에게 목적을 부여해 준다. 의무는 사회적 환경과 관계없이 피조물로서 부여받은 천부적 가치에 따라 개인에게 부과된다. 성경은 하나님께서 사람들을 "천사보다 조금 못하게[12] 하시고 영화와 존귀로 관을 씌우셨다"(시편 8:5)고 말하고 있다.

창조주와의 관계에 기반한 개인의 도덕 목적이 없는 사람은 집단 가운데서 존재 의미를 찾으려고 한다. 또는 지나친 방종 가운데서 스스로의 삶을 파괴할 수도 있다. 부도덕한 향락주의에 빠지기도 한다(물론 그렇다고 이들이 꼭 타인에게 피해를 준다는 뜻은 아니다). 이런 태도는 일견 나쁘지 않아 보이기도 한다. 하지만 많은 경우 여러 부작용을 초래할 수 있다. 결국 사람들은 자신의 이해관

---

12 "하나님보다 조금 못하게"라고 된 버전도 있다.

계를 타인의 이해관계보다 우선시하게 되고, 원자론적 개인주의 atomistic individualism는 자기 정당화 가운데서 타인의 자유를 침해하는 방향으로 귀결될 가능성이 크다. 내 말이 지나치게 종교적이라고 생각하지 마시라. 확고한 무신론자들 중에서도 종교의 중요성에 대해선 나의 의견에 동의를 하는 사람들이 꽤 있다. 예를 들면 볼테르는 다음과 같은 유명한 말을 남겼다. "나는 내 변호사와 재단사, 하인, 그리고 심지어 아내까지도 하나님의 존재를 믿기 원한다. 왜냐하면 그들이 하나님을 믿어야 내 삶에서 속임수, 도둑질, 그리고 불륜으로 인한 피해가 적게 발생할 것이기 때문이다. 만약 하나님이 존재하지 않는다면 하나님을 하나 만들어 내는 것도 매사에 유익할 것이다." 개인에게 부여된 천부적 가치에 대한 근원적 믿음이 없다면 인간은 도덕적 목적을 찾을 능력을 상실한 짐승 수준으로 전락하고 만다.

우리 속에 내재된 도덕적 가치를 어떻게 이행하느냐는 아주 중요한 문제다. 하지만 우리는 끊임없이 잘못된 우상들에 빠져들어 간다. 사람들은 교차성과 소비지상주의, 인스타그램과 유기농 음식, 정치적 시위와 보디오일 등으로 주제를 바꾸면서 숭배의 대상을 가꿔 나간다. 하지만 그같이 일시적인 요소들로부터 인생의 진정한 의미와 목적을 발견할 수 있다고 믿는 사람들은 과연 얼마나 될까?

개인의 역량

인간은 고결한 행동을 통해 행복을 추구한다. 하지만 개인에게
부여된 도덕적 목적을 발견하는 것만이 능사라고 할 수는 없다.
행복한 삶을 살기 원한다면 일정 수준의 성공이 필요하다. 또 우
리는 자유로운 개인으로서 스스로가 기술을 습득하고 활용할 역
량을 갖고 있다는 사실을 믿어야 한다.

미국 건국의 아버지들은 예외 없이 모두 자기계발의 전문가였
다. 워싱턴은 독립전쟁에 참여하기 전 교양과 매너에 관한 원칙
을 필사하며 시간을 보냈다. 워싱턴 전기를 쓴 리처드 브룩하이
저는 "워싱턴은 도덕적 원칙에 관한 글을 썼는데, 개인의 외면을
가꿈으로써 내면을 형성해 가는 방법론을 다루고 있다"고 말한
다. 벤저민 프랭클린은 악명 높을 정도로 자기 발전을 중시한 사
람이다. 프랭클린은 심지어 덕에 관한 자가기록부를 만들고 자신
의 잘못된 행동 하나하나를 기록하면서 나쁜 습관들을 끊어 내기
위해 애를 썼다.[13]

우리는 가장 참혹한 상황 속에서도 스스로를 발전시킬 역량을
갖고 있다. 빅터 프랭클 박사는 자신이 체험한 홀로코스트를 언
급하며 말했다. "우리는 매일, 매 순간 스스로의 존재 그 자체와

---

13 그의 이런 습관에 착안하여 '프랭클린 다이어리'가 만들어졌다.

내적 자유를 송두리째 강탈하려고 하는 어떤 힘에 대해 저항할 것인지 말 것인지 선택해야 했다. 그 상황 속에서 어떤 태도를 취하느냐에 따라 자유와 존엄을 포기하고 환경의 노예가 될 것인지, 다시 말해 전형적인 수감사의 신분으로 전락해 버리고 말 것인지 여부가 결정되었다."

우리는 이성의 힘을 믿어야 한다. 합리성을 신뢰해야 한다. 인간은 본능의 결정체가 아니다. 단순 발화하는 뉴런이 아니라는 뜻이다. 우리는 사고할 수 있는 능력을 갖고 있다. 과학주의에 입각한 유물론자들 역시 이성의 힘에 대해 끊임없이 언급한다. 그들은 왜 우리가 종교를 거부해야 하는지를 열정을 갖고 설명한다. 하지만 인간 행동을 이끌어 내는 논리의 기저에 존재하는 이성이란 요소는 사실 과학적 유물론만으로는 설명하기 힘든 개념이다. 만약 인간이란 존재가 발화하는 뉴런과 호르몬 분출의 집합체에 불과하다면 사람들은 왜 이성에 호소하는 것일까? 당신은 왜 논리에 호소하는가? 과학적 유물론에 따른다면 이성은 자유의지와 마찬가지로 허상에 불과한 것 아니겠는가? 과학적 유물론자들은 뉴런들이 발화하면 다른 뉴런들이 연쇄발화하게 되고 뒤이어 또 다른 뉴런들의 집합체가 발화하는 과정을 거치면서 인간의 행동이 만들어진다고 말한다. 그렇게 형성된 행동은 타인의 반응을 이끌어 낸다. 이성의 존재를 부인하면 사람들 사이의 커뮤니케이션은 존재 의미를 상실하게 되고, 정치는 파괴되며, 인간을 인간답게 만드는 근본 요소들은 뿌리째 흔들리게 된다. 인간의 사고가 단순히 발화하는 뉴런 작용의 결과물에 불과하다면 과학조차 존재 의미를 상실해 버린다. 왜냐하면 자유의지가 없는 세계관 안에서 우리가 '과학'이라고 부르는 것들은 단순히 종이 가면에 구멍을 뚫고 인지능력을 활용하여 우주의 본질을 넋놓고 바라보는 활동 정도에 불과하기 때문이다. 생산적인 삶을 살기 위해서 우리는 반드시 이성이 존재한다는 사실을 믿어야 한다.

마지막으로 우리는 인간이란 존재가 단순히 효과적 목표가 아니라 진정한 목적을 좇아 살아가고 있다는 사실을 인정해야 한다. 다윈의 진화론은 진실에 대한 고찰을 허용하지 않는다. 다윈의 이론에 따르면 모든 작용은 진화에 유익한 방향으로 진행될 뿐이다. 하지만 약육강식은 도덕률이 아니다. 따지고 보면 생존 그 자체도 도덕적 명제는 아니다. 예를 들어 다음과 같은 경우를 가정해 보자. 극한 상황에서 자녀를 잡아먹는 것이 단순 생존을 위해 유익하다고 말할 수는 있다. 하지만 그 행위 자체가 도덕적이라고는 볼 수는 없다. '2+2=5'라고 계산하는 것이 '유익'을 가져다 준다 해도, 그것이 계산 결과를 '참'으로 만들어 주지는 못한다. 우리는 도덕성과 진실성 모두를 동시에 충족시키길 원한다. 그러려면 다음 기본 전제를 먼저 확립해야 한다. 인간은 무엇이 도덕적이며 무엇이 진실된 것인지 분별할 수 있는 존재라는 사실 말이다.

공동체의 도덕 목적

우리는 한낱 개인을 넘어서 사회적 존재로 살아간다. 우리는 접촉을 추구하며, 개인이라는 단위보다 더 큰 집단에 소속되고 싶어 하는 본능을 갖고 있다. 친구를 사귀고 공동체에 참여하길 원한다. 세네카는 "자기 자신만이 유일한 관심의 대상이며 다른 모든 것들을 개인적 효용의 문제로 치환해 버리는 사람들은 결코 행복한 삶을 살 수 없다"고 말했다. 솔로몬은 「전도서」에서 "두 사람이 한 사람보다 나음은 저희가 수고함으로 좋은 상을 얻을 것임이라 혹시 저희가 넘어지면 하나가 그 동무를 붙들어 일으키려니와 홀로 있어 넘어지고 붙들어 일으킬 자가 없는 자에게는 화가 있으리라"(4:9-10)라고 말했다.

이 같은 주장은 사회과학을 통해서도 뒷받침된다. 사회학자 에밀 뒤르켐은 사회적 관계를 설명하는 데이터를 통해 자살률을 측정할 수 있다고 주장했다. 조나단 하이트[14]는 "어떤 사람이 얼마나 행복한지 알아보려면, 그리고 (유전자나 인성 등에 관한 정보를 얻을 수 없는 상황에서) 그 사람이 얼마나 오래 살 수 있을지 예측하려면, 그 사람의 사회적 관계망을 연구해 보라"고 했다. 건강한 대인관

---

14 미국의 심리학자. 도덕, 정치, 심리 분야를 아우르는 대중서적을 출판했다. 인용은 『명품을 코에 감은 코끼리, 행복을 찾아 나서다(The Happiness Hypothesis)』(2006)에서.

계를 유지하는 것은 신체의 면역 시스템을 강화시키고, (금연을 하는 것보다 효과가 있을 정도로) 수명을 연장시키며, 수술로부터 빠른 회복을 돕는 동시에, 우울증이나 불안장애 등을 겪을 확률을 감소시킨다. 하버드에서 장기간에 걸쳐 진행된 대규모 연구에 따르면 일생 동안 행복에 가장 큰 영향을 끼치는 요소는 친밀한 관계의 존재 여부였다. 또 그 연구에서는 50세를 기준으로 대인관계를 통해 얻는 만족도가 개인의 건강 상태를 예측하는 데 콜레스테롤 수치보다 유용한 자료로 활용될 수 있다는 결론이 도출되었다.

그렇다면 무엇이 우리를 결속할 수 있게 만들어 주는 것일까?

세상에는 로맨틱한 사랑으로 출발해서 따뜻한 연민과 애정으로 발전하는, 그런 종류의 관계가 있다. 아리스토텔레스가 극찬했던 우정도 중요하다. 우정은 타인의 가치를 인정하는 고결함에 기반한 감정이다. 하지만 인간은 사랑과 우정 이상의 무언가를 필요로 한다. 우리에게는 공동체가 필요하다. 우리는 넘어졌을 때 안전하게 받쳐 줄 수 있는 사회적 안전망과 기댈 수 있는 친구, 그리고 자신을 보호해 줄 동료 시민들을 필요로 한다. 하버드 대학교의 정치학자인 로버트 퍼트넘은 우리가 개인으로서 사회에서 제 기능을 발휘하기 위해선 사회자본social capital을 필요로 한다고 말했다. 사회자본이란 신뢰, 공유된 가치관, 그리고 시민적 도덕성 등을 뜻한다.

그렇다면 어떻게 공동체를 형성할 수 있을까? 공동체를 만들려면 공동체의 도덕 목적과 부합하는 공유된 비전이 있어야 한다. 아리스토텔레스처럼 미국 건국의 아버지들도 사회적 조직을 통해서 시민들의 덕성이 함양될 수 있다고 생각했다. 건국의 아버지들은 사회적 유대가 실종된 나라에서는 자유가 꽃피울 수 없다는 걸 알아차렸다. 또한 유대 기독교적 전통을 통해 공동체 속에서 살아가는 자유로운 개인들에게 건전한 가치관에 대한 기반이 공급되어야 함을 역설했다. 제2대 대통령 존 애덤스는 매사추세츠 민병대에게 보내는 편지에서 "우리 정부는 도덕이나 종교에 의해 자기 통제가 되지 않는 사람들의 열정과 싸워서 이길 수 없습니다. 탐욕, 야망, 복수심, 또는 만용은 마치 촘촘한 그물을 통과하려는 고래와 같아서 우리 헌법의 가장 강력한 조항들조차 모두 파괴시켜 버리고 말 것입니다. 우리의 헌법은 오직 도덕적이고 종교적인 시민들에게만 적용될 수 있습니다. 그와 같은 시민적 기반을 갖고 있지 않다면 결코 이 헌법을 적용할 수 없을 것입니다"라고 쓰기도 했다.

　이상적인 나라, 또는 이상적인 사회는 도덕적인 시민들이 공공의 선을 위해 기꺼이 자신을 희생할 각오가 되어 있는 곳이다. 이와 동시에 시민들이 거창한 대의를 위해 희생하기를 강요받지 않아도 되는 곳이기도 하다. 한 사회가 번영하려면 그 사회 내에 자발적인 시민 참여를 통해 형성되는 사회안전망social fabric이 튼튼하게 자리 잡고 있어야 한다. 그리고 중요한 건 시민들의 참여가 각자 스스로의 재량에 따라 의미 있는 삶을 추구하는 과정에서 발생하는 자연스러운 현상이어야 한다는 사실이다.

공동체의 역량

개인, 그리고 공동체 차원의 도덕 목적은 튼튼한 사회 기관이 밑받침될 때라야만 제대로 실현될 수 있다. 여기서 내가 말하는 사회 기관은 교회, 회당(시나고그, synagogue), 사교 클럽, 자선단체 등을 의미한다. 정부의 권한은 무정부 상태로 빠지지 않을 정도로 강하면서도 폭압으로 이어지지 않을 정도로 제한되어 있어야 한다. 이것이 바로 절묘한 균형점이다. 우리에게는 사람들이 기꺼이 위험을 감수할 수 있도록 동기를 부여해 주는 사회 기관들이 필요하다. 사회 기관들은 사회적 안전망을 만들어 낸다. 이런 사회 기관들이 존재할 때 개인들은 실패를 경험하더라도 다시 일어설 수 있다. 또 우리에게는 개인들이 자유롭게 도전할 수 있도록 동기를 부여해 주는 정부 구조가 필요하다. 개인들의 도덕성을 함양하기 위해 시민적 소양으로서 도덕성을 가르치는 데 중점을 두는 사회 기관들이 우후죽순으로 생겨나야 한다. 선택의 자유를 보장해 줄 수 있는 정부 또한 필요하다. 사회는 그 자체로 정부가 아니다. 정부 역시 그 자체로 사회는 아닌 것이다.

위에서 언급한 절묘한 균형을 유지하기란 결코 쉽지 않다. 우리 사회는 종족주의 또는 집단 이기주의가 심화되는 방향으로 흘러가고 있다. 사람들은 어떻게 하면 스스로를 발전시킬까 고민하는 대신 집단이 가진 힘을 악용해 개인을 탄압하며 사회를 뜯어고치고 개조하는 데 혈안이 되어 있다. 스탈린의 오른팔이던 라자르 카가노비치가 1932년 『타임』지 인터뷰에서 한 말처럼 "오믈렛을 만들려면 달걀들을 깨야 한다"(후에 카가노비치 자신이 그 달걀 신세가 되었다)는 식의 사고가 우리 사회 가운데 팽배해 있다.

과거에는 강력한 정부 권력이 강조되었기에 공동체의 역량의 중요성이 지나치게 부풀려지기도 했던 것이 사실이다. 알다시피 큰 정부, 중앙집권적 정부는 큼직한 일들을 진행한다. 오바마 재임 시절 2012년 민주당 전당대회에서 이런 슬로건을 담은 영상이 공개되었다. "정부야말로 우리 모두가 함께 공유하는 유일한 조직입니다." 사실 이러한 인식은 역사상 등장했던 전제정치들의 대표적인 특징이었다. 이런 슬로건 안에는 우리 모두 중앙집권화된 정부를 중심으로 다 함께 똘똘 뭉쳐 같은 방향으로 나아간다면 훨씬 많은 성취를 이뤄 낼 수 있을 것이라는 유토피아적 인식이 그대로 드러나 있다.

하지만 그건 굉장히 위험한 발상이다. 개인이 갖고 있는 열정을 동원해 집단적 힘을 만들어 내고, 이를 통해 국가라는 이름의 몽둥이를 만들어 개인들의 도덕 영역을 강제하는 것, 다시 말해서 대규모의 사회 변화를 강요하는 것은 얼핏 보면 효율적인 통치 방법으로 보일 수 있다. 하지만 우리가 기억해야 할 것은, 이제껏 지구상에 나타났던 독재정의 대부분이 처음부터 서슬 퍼런 군화발로 시작됐던 건 아니라는 사실이다. 역사적으로 전체주의는 '더 나은 미래를 위한 열렬한 희망'이라는 구호와 함께 시작됐다. 그리고 그 희망은 종종 군중 동원이 만들어 내는 집단적 힘에 대한 굳건한 신념을 기반으로 하고 있었다.

이와 다른 맥락에서 또 한편으로 우리는 지금껏 공동체의 역량이 지니는 긍정적인 가치를 무시해 왔다. 혹자들은 급진적 개인주의를 긍정하는 논리를 언급하며 공동체적 기준이 개인의 창의성을 말살하고 개성을 파괴한다는 주장을 계속해 왔다. 강압적인 인상을 가진 청교도들이 자유롭게 춤을 추는 케빈 베이컨을 막아 세우는 장면[15]은 여전히 많은 미국인들의 뇌리 속에 강렬한 이미지로 남아 있다. 급진적 개인주의를 강조하는 세계관 속에서 성취의 개념은 공동체가 기대하는 바와는 전혀 관련이 없다. 단순히 자신 내면의 욕구를 충족시키는 행위를 통해 성취를 이뤄 낼 수 있다고 믿기 때문이다.

그렇다면 공동체의 역량의 긍정적 기능은 무엇일까? 먼저 공동체의 역량이 있으면 외부에서 발생하는 위협을 막을 수 있다. 또

---

15 케빈 베이컨 주연의 영화 〈자유의 댄스(Footloose)〉(1984)에서.

개인의 자유를 침해하지 않는 정부 시스템을 구축할 수 있다. 이 시스템에는 공동체에 속한 인원들을 지원해 줄 수 있는 튼튼한 사회안전망이 존재한다. 또 정부의 강압을 방지할 수 있는 충분한 안전상치들이 내재되어 있다. 하지만 엄밀하게 말해 인류 역사상 위와 같은 기준을 충족시켰던 정부는 그다지 많지 않았다.

공동체의 역량이 원만히 작동되려면 다음 두 가지 요소가 필요하다. 첫째, 도덕의식을 장려해 주는 활발한 공동체들이 있어야 한다. 둘째, 규제 없는 국가가 필요하다. 규제 없는 국가 내에서 개인은 선택의 자유를 누릴 수 있기 때문이다.

행복을 위한 준비물

행복은 이제까지 말한 개인의 도덕 목적, 개인의 역량, 공동체의 도덕 목적, 공동체의 역량, 이 네 가지로 구성된다. 이 네 가지 중 어느 하나라도 없다면 행복 추구는 불가능한 일이 돼 버린다. 행복 추구의 길이 가로막힌 사회는 결국 붕괴되고 말 것이다.

우리가 살아가는 사회는 이 네 가지 요소들에 대한 인식적 기반 위에 세워졌다. 예루살렘과 아테네의 정신이 미국 건국의 아버지들의 지혜와 기지를 만나 위대한 문명이 탄생하게 된 것이다. 이 문명을 통해 개인들은 역사상 전례가 없는 자유를 누리고 있다.

도덕성을 갖춘 남녀들이 스스로의 삶을 개선하고 있으며 사회적 진보를 위해 정진하며 앞으로 나아가고 있다.

하지만 안타깝게도 오늘날 그 위대한 문명은 점차 붕괴되고 있다. 왜냐하면 우리가 지난 수십 년에 걸쳐 우리 행복의 근원이었던 두 가지 요소를 거침없이 파괴해 왔기 때문이다. 개인의 도덕 목적, 공동체의 도덕 목적, 개인의 역량, 그리고 공동체의 역량을 근본적으로 뒷받침해 온 요소들은 현재 파괴되고 있다. 근본적 요소들이란 신성한 의미divine meaning와 이성이다. 이성의 뿌리를 찾으려면 2,500년 전 고대 그리스로 거슬러 올라가야 한다. 마찬가지로 신성한 의미의 개념을 이해하려면 우리는 고대 유대인들의 사상을 공부해야 한다. 이 개념은 3천 년의 세월에 걸쳐 전수되어 내려왔다. 현대 사회는 이같이 뿌리 깊은 전통을 거부하고 임기응변식의 근본 없는 철학을 만들어 내고 있다. 그 결과 우리는 스스로를 존재의 근원으로부터 철저히 단절시키게 된 것이다. 인간은 스스로를 실존적 방랑아로 전락시켜 버렸다. 이제는 다시 근본으로 돌아갈 때다. 그 뿌리는 시나이산(시내산)에서 만들어졌다.

산 위에서

우리가 자연의 장난감이나 신들의 장난감으로 살아가는 세상을 상상해 보자. 그 세상에 운명이 존재하겠지만 우리는 그 운명을 통제할 어떤 권한도 갖고 있지 않을 것이다. 우리는 제사나 의식 등을 통해서 신들을 달래기 위해 노력할 것이다. 하지만 신들은 보통 사람들처럼 변덕스러울 수 있고 어쩌면 무정할 수도 있다. 그 세계에서 신들은 왕과 군주에게 권력을 부여하였다. 우리는 평민 신분으로 땅을 파 가며 근근이 생계를 유지하고 있다. 우리는 주위에 있는 소소한 일상을 통해 위안과 즐거움을 얻는다. 어쩌면 군주가 정권을 유지하는 데 기여함으로써 공동체의 의미를 발견할지도 모른다. 하지만 실질적으로 그 속에서 우리는 통제할 수 없는 바다 위를 떠다니는 한낱 코르크 마개에 불과할 뿐이다.

물론 그 바다 역시 누구에 의해서도 통제되지 않겠지만 말이다.

바로 그 시점, 엄청난 변화가 일어난다고 생각해 보자. 누군가 다가와서 "당신은 가치 있는 사람이야"라고 속삭여 주는 것이다. 땅을 파먹으며 산신히 삶을 이어 가고 있는 당신 같은 사람에게 말이다. 누군가 다가와 당신은 더 이상 노예가 아니라 자유인이라고 말을 해 준다. 또 당신은 고유한 가치를 지니고 있는 위대한 개인이라고 격려해 준다고 생각해 보자. 당신은 자신이 더 이상 넓은 바다에 무심히 던져진 코르크 마개가 아니라 인생이라는 항해의 실질적 선장이라는 메시지를 들었다. 이제 당신과 당신의 가족, 그리고 당신이 속한 공동체는 오직 한 가지 일만 하면 된다. 당신이 운항하는 배를 여러분을 만드신, 또 여러분에게 지극히 큰 관심을 갖고 계신 바로 그분에게 인도하기만 하면 되는 것이다.

길게 비유를 통해 이야기했지만 이것이 바로 유대교와 기독교에서 말하는 '하나님'의 개념이다. 유대 기독교 문명은 이 같은 신앙적 기반 위에 설립되었다. 이 신앙은 인류 역사상 가장 위대한 문명인 서구the West를 이루는 기반이 되었다. 서구 문명의 틀 안에서 인류는 지구가 형성된 이래로 가장 풍요로운 물질적 번영과 자유를 누릴 수 있었다. 시나이산 자락에 고요히 내려앉은 한 줄기 빛이 인류의 미래를 환하게 밝히게 되었다.

모세가 시나이산에서 받은 계시는 기원전 약 1313년에 일어난

일로 알려져 있다. 이 특별한 계시는 그 스토리의 의미를 이해하는 사람들에게 엄청난 삶의 의미를 불어넣어 주었다. 특별히 유대교는(뒤이어 기독교에 관한 영역에서도 다루겠지만) 개인의 도덕 목적과 공동체의 도덕 목적을 만들어 냈다. 유대교는 다음 네 가지 교리적 특성을 갖는다는 점에서 과거 존재해 온 여타 종교들과 철저히 차별화된다.

첫째, 유대교 교리는 유일신의 존재를 믿으며 세상 모든 일에는 신적 계획이 뒷받침된다는 점을 강조했다.

둘째, 유대교는 인간이 도덕을 이루기 위해 특정 행위 규범을 따라야 하며, 하나님이 만드신 법칙이 이 땅에서 우리에게 혜택을 가져다주지 못한다 하더라도 우리는 더 숭고한 차원의 법칙을 따라 도덕적 행동을 해야 한다는 것을 명시했다.

셋째, 유대교는 역사가 진보한다고 가르쳤다. 시나이산에서 나타난 계시는 시작에 불과했을 뿐 끝은 아니었다. 인간은 하나님을 추구할 의무와 인류를 구원할 사명을 갖고 있고 하나님께서는 선택 받은 민족을 사용하셔서 온 세상에 빛을 비추도록 하신다는 것이 유대교의 핵심 교리로 자리 잡았다.

마지막으로, 유대교에서는 하나님께서 인간에게 선택의 권리를 부여하셨다고 말했다. 그에 따라 인간은 각자가 내리는 선택에 대한 책임을 져야 하며 우리의 선택 하나하나는 중요하다는 점을 강조했다.

기독교는 유대교의 교리를 받아들인 후 그 메시지의 범위를 확대시켰다. 기독교는 은혜(은총)를 강조하는 한편 유대교의 핵심 원리를 기독교적 방식으로 다듬었다. 그리고 그렇게 만들어진 메시지를 전 세계 수십억의 사람들에게 전파하였다.

오늘날 서구 세계에서 이런 주장을 말하면 논란이 초래되기도 한다. 서방 세계의 지도자들은 국민에게 도덕적 목적을 강조하고 싶을 때 '서구적 가치관'이란 말을 즐겨 사용한다. 자유 진영 국가의 가치관 속에는 뭔가 특별한 점이 있다는 것이다. 그리고 실제 그건 사실이다.

하지만 도덕을 강조하기 위해 '서구'를 즐겨 언급하는 지도자들은 많은 경우 자신이 주장하는 가치관의 원천적 뿌리를 공격하는 우를 범하기도 한다. 정치인들은 종교를 가진 사람들을 멍청이나 광신자 취급하며 무시한다. 또 신앙을 가진 사람들은 반이성적이며 퇴행적이라고 조롱한다. 정치인들은 진정한 계몽이 유대 기독교 전통을 파괴할 때 가능하다는 식의 발언을 거침없이 일삼는다. 이런 부류의 사람들은 서구 문명을 지탱해 주는 종교적 신앙이 서구적 가치 그 자체에 반한다고 주장한다. 이들의 말을 듣고 있으면 서구 문명은 그 문명의 존재적 뿌리를 적극적으로 파괴할 때라야 비로소 보존될 수 있는 건 아닌가 하는 착각이 들기도 한다.

흥미로운 건 위에서 언급한 지도자들이 우리가 파괴적인 혼돈의 세상을 살아가고 있으며 이곳에는 계획도, 진보도, 개인적 책임의식도 없다는 점을 지속적으로 비판하고 있다는 사실이다. 그들은 우리가 태어날 때 결정된 시스템의 피해자일 뿐이라고 말한다. 또 이 속박 가운데서 우리가 할 수 있는 건 아무것도 없다는 식의 이야기를 반복한다. 이런 식의 대중 선동은 정치적으로 꽤 효과가 있었다. 이런 이야기를 하는 정치인은 스스로를 인간의 삶에 별 관심이 없는 '무심한 운명'으로부터 사람들을 구원할 물질 세상의 메시아로 포지셔닝할 수 있었기 때문이다.

수백 년 전 이런 주장이 만연했을 당시 우리가 현재 누리는 서구 문명은 존재하지 않았다. 그리고 별로 인정하고 싶지 않겠지만 서구 문명의 발생 이전 상태로 다시 돌아가는 건 생각보다 그리 어려운 일이 아니다. 지금도 얼마든지 그게 가능하다는 의미이다.

신적 질서에 따른 우주

하나님God이 존재하기 전 이 세상에는 신들gods이 있었다. 오늘날 서양 사람들은 다수의 신이 존재한다는 개념을 쉽게 받아들이지 못한다. 그 이유는 유대 기독교적 하나님이 지난 천 년 이상의 세월 동안 서양 문화 속에서 부각되어 왔기 때문이다. 하지만 유대교 이전에 존재했던 대부분의 종교는 다신론적 세계관을 갖고 있었다. 사람들이 다신론을 믿었던 건 그들이 멍청했기 때문이 아니다. 사실 따지고 보면 다신론은 굉장히 지적이며 교리상 많은 부분에서 자연스럽기도 하다.

다신론은 새롭고 낯선 신을 쉽게 흡수한다는 점에서 지적이다. 고대 이집트인, 그리스인, 그리고 로마인들은 다신교 교리를 신봉했다. 그리고 자신들이 믿는 종교에 다른 종교적 요소들을 포함시키려고 꾸준히 노력했다. 영국의 유명한 동양학자인 헨리 새그스는 말했다. "다신교적 세계관을 수용했던 고대 사람들은 다른 민족의 종교를 거부해야 한다는 그 어떤 압박감도 느끼지 않았다. 한 집단에 속한 사람들이 다른 집단의 종교를 적극적으로 거부할 때 오히려 갈등이 발생했다. 바로 이것이 유대인에 관한 경우였는데, 이 때문에 유대인들은 고대인들 중 가장 관용적이지 않은 민족으로 알려지게 되었다."

이교(異教, 비非 유대 기독교)적 신앙관에 따르면 우주는 혼돈의 공간이었다. 따라서 인간은 우주를 완전히 이해할 수 없었다. 원동자原動者, prime mover[1]의 원리에 따라 인간이 자각할 수 있는 우주, 다시 말해 예측 가능한 법칙으로 작동하는 우주가 존재할 것이라고 믿는 관점과 달리, 이교적 세계관 안에서는 분명한 법칙이 존재하지 않았다. 따라서 그러한 인식 속에 존재하는 우주는 패권

---

1   특정 행동 또는 사건을 최초로 만들어 낸 존재. 여기서는 유대 기독교적 하나님.

을 놓고 벌어지는 다양한 사고들의 집단적 상호작용에 불과했다.

이교적 창조 설화는 위와 같은 종교적 세계관이 어떻게 구현되는지를 잘 보여 준다. 폴리네시아와 아메리칸인디언의 창조 신화와도 여러 면에서 비슷한 메소포타미아 창조 신화에 따르면 물의 신인 압수Apsu가 살해당한 후 그의 아내인 소금의 신 티아마트Tiamat가 다른 신들을 말살하려는 계획을 세웠다고 한다. 이 소식을 들은 마르두크Marduk는 티아마트를 죽여서 그녀의 몸을 반으로 쪼개 버렸다. 갈라진 티아마트 몸의 절반은 하늘이 되었고 나머지 절반은 땅이 되었다고 한다. 이처럼 수없이 많은 신들이 법칙 없는 이 세상을 설명하기 위해 인위적으로 만들어졌다. 그런 점에서 다신론적 세계관은 유대 기독교적 세계관보다 본질적으로 비관적이며 냉소적이라고 할 수 있다.

마침내 다신론은 오늘날과 같이 현실의 영역에서 믿음의 형태로 구현되었다. "이교도는 눈eye을 통해 신적 요소를 인식한다"는 영국의 랍비장長 조나단 색스의 이야기가 꼭 틀린 말은 아니다. 다양한 물체의 존재와 기원을 설명할 수 있는 가장 간단한 방법은 다양한 신들을 창조해 내는 것이다. 좀 더 쉽게 표현하자면 신이 곧 자연이고 자연은 곧 신이 되는 것이다. 이것이 바로 오늘날까지 적잖은 반향을 일으키고 있는 범신론적 세계관의 핵심 개념이다. 동양의 종교가 그러하듯 범신론적 세계관 안에서 한 개인은 영적인 동시에 종교적이지 않을 수 있다.

메소포타미아 사람들은 문자 그대로 수천 가지 신들을 숭배했다. 그리고 그 신들이 거주할 처소로서 거대한 지구라트ziggurat들을 건축했다. 신들이 거처할 수 있도록 눈에 보이는 우상들이 만들어졌고, 신들은 예배를 통해 숭배를 받았다. 메소포타미아인들은 신들을 위해 정기적으로 음식을 공급했다. 이집트의 경우 도시별로 각기 다른 창조 신화를 갖고 있긴 했지만 다수의 신들이 등장했다는 점은 메소포타미아와 크게 다르지 않았다.

유대교는 다신교적 기조를 단호히 거부했다. 하나님은 오직 한 분뿐임을 천명했다. 십계명의 첫째 계명은 단순하고 명쾌하다. "나는 너를 애굽(이집트) 땅, 종 되었던 집에서 인도하여 낸 네 하나님 여호와니라 너는 나 외에는 다른 신들을 네게 두지 말라"(출애굽기 20:2-3). 유대인의 하나님은 처음이자 마지막 창조주였다.

유대교는 여기서 한 발 더 나아갔다. 하나님께서 법칙을 가지고 있고 그분 자신도 이 법칙을 지키는 존재라고 설명했던 것이다. 우주는 더 이상 무작위적이지 않았다. 법칙은 일반적으로 발견될 수 있었으며 그 법칙들은 납득할 만한 것들이었다. 성경은 단순히 왜 비가 내리고 햇빛이 비치는지 등과 같은 이야기를 설명하기 위해 쓰여진 책이 아니다. 성경은 인류 역사상 최초로 우주 속에 내재된 근본 논리에 관한 설명을 제시한다. 성경에 따르면 하나님은 단일하고 통일된 시스템을 갖고 일하셨다. 또 하나님에 의해 창조된 자연은 예측 가능한 법칙을 통해 작동된다는 걸 의미했다. 하나님은 원한다면 그 시스템으로부터 벗어날 수도 있었다. 예를 들면 「창세기」의 등장인물 아브라함은 옳고 그름의 기준을 위해 하나님께 자신이 만드신 법칙을 따를 것을 부탁한다. 하나님께서 소돔과 고모라를 멸망시키겠다고 말씀하셨을 때 아브라함은 하나님과 더불어 옳고 그름에 대한 논쟁을 시작한다. 아브라함은 만약 소돔과 고모라 성 안에 의인들이 살고 있다면 그 도시 전체를 집단적으로 심판하는 것이 과연 적절한지 하나님께 따져 묻는다. 하나님은 아브라함에게 답변을 하신다. 피조물인 아브라함의 주장을 무시하거나 그냥 묵살할 수도 있었을 텐데 말이다. 하지만 놀랍게도 하나님은 아브라함을 인격적으로 상대해 주신다. 상위적 도덕 가치가 부재한 무질서 세계관 속에서는 아브라함 이야기 같은 사건이 애초에 존재하지 못했을 것이다.

그렇다고 유대교에서 인간이 하나님의 모든 동기와 행동을 이해할 수 있다고 주장하는 건 아니다. 「출애굽기」를 보면 모세는 하나님께 그분의 얼굴을 보여 달라는 요청을 한다. 하나님은 거절하신다. 그리고 다음과 같이 답하신다. "여호와께서 이르시되 내가 내 모든 선한 것을 네 앞으로 지나가게 하고 여호와의 이름을 네 앞에 선포하리라 나는 은혜 베풀 자에게 은혜를 베풀고 긍휼히 여길 자에게 긍휼을 베푸느니라 또 이르시되 네가 내 얼굴을 보지 못하리니 나를 보고 살 자가 없음이니라"(33: 19-20). 이 메타포를 통해 하나님은 인간이 그분을 온전히 이해할 수 없다는 점을 암시하고 계신다. 사실 「창세기」에서 분명히 명시돼 있듯이 인간이 갖고 있는 선악 개념은 선악에 관한 하나님의 입장을 온전히 대변하지 못한다. 하지만 우리가 다 이해할 수 없더라도 하나님은 분명 기준을 갖고 계신다. 하나님은 임의로 자신이 만든 기준을 변경하시는 분이 아니다. 구약 「신명기」에는 다음과 같은 구절이 있다. "그는 반석이시니 그가 하신 일이 완전하고 그의 모든 길이 정의롭고 진실하고 거짓이 없으신 하나님이시니 공의로우시고 바르시도다"(32:4).

질서 있는 우주라는 개념은 유대적 창조론에 기반을 두고 있다. 그 개념은 '이스라엘Yisrael'이라는 이름 그 자체를 통해서도 잘 드러난다. 히브리어로 이스라엘은 '하나님과 겨루다to struggle with God'라는 뜻이다. 하나님은 인간이 당신과 겨루길 원하신다. 이 개념을 얼마나 소중하게 여기시는지, 하나님은 인간이 잘못된 행동을 할 때조차 개입을 거부하시는 것이다. 비슷한 내용을 『탈무드』에서는 다음과 같은 이야기를 통해 설명하고 있다.

유대 율법에 관한 논쟁이 진행되고 있었다. 엘리에셀 랍비는 자신의 의견을 보충하는 모든 증거를 제시했다. 하지만 다른 랍비들은 그의 주장을 받아들이지 않았다. 마침내 엘리에셀 랍비는 말했다. "만약 내가 하는 말이 옳다면 하늘이 그것을 증명할 것이다."

그러자 하늘에서 음성이 들렸다. "엘리에셀의 말이 유대 율법과 정확히 일치하는데 왜 너희들은 엘리에셀과 논쟁하고 있는가?"

여호수아 랍비가 일어서서 「신명기」 30장 12절을 인용하며 말했다. "그건 하늘의 소리가 아니야."

예레미야 랍비가 말했다. "토라의 율법이 시나이산에서 이미 주어졌기 때문에 우리는 하늘의 음성 같은 건 더 이상 듣지 않아. 왜냐하면 「출애굽기」 23장 2절을 보면 그 하늘의 음성은 시나이산에서 우리에게 '다수결을 따르라'고 말씀하셨기 때문이지."

몇 년이 지난 후 나단 랍비가 엘리야 선지자를 만나게 되었다. 나단은 엘리야에게 질문을 했다. "우리가 토론하고 있을 때 거룩하신 분은 무얼 하고 계셨던 겁니까?"

그러자 엘리야가 대답했다. "그분은 웃으시면서 다음과 같이 말씀하셨어. '나의 자녀들이 나와의 싸움에서 승리를 거뒀구나, 승리를 거뒀어.'"[2]

유대교는 당시만 해도 강력한 호소력을 갖고 있던 형상화된 신을 철저히 거부했다. 그런 의미에서 유대교는 반反 물질주의적이다. 특별히 유대교는 눈으로 보는 것이 전부라거나 영적인 형체

---

2 이야기에 나오는 엘리에셀, 예레미야, 여호수아, 나단, 그리고 엘리야는 모두 구약 성경에 나오는 랍비 또는 선지자다. 유대 율법 해석에 관해 치열하게 토론을 할 때 하나님께서는 그 토론 자체를 기쁘게 여기셨다는 것이 예화의 포인트다.

는 반드시 육화incarnate되어야 한다는 식의 주장을 배격한다. 십계명의 제2 계명에 따르면 유대인들은 절대 조각된 형상을 만들어선 안 된다. 그래서 유대인들은 우상을 용납하지 않는다. 유대교는 다른 종교들처럼 관용적이지 않다. 어떤 점에서 유대교는 타종교에 비해 덜 인간 중심적이다. 또 감각에 덜 치중하는 경향을 띤다. 유대교는 인간이 감각을 넘어서는 영역에 도달하길 요구한다. 인간은 육체적 한계를 넘어서 생각해야 하며 우리가 가진 사고의 한계 그 자체를 인정해야 한다고 말한다. 하나님에 관한 설명은 형태적 의미에 제한될 수밖에 없다. 따라서 그 설명은 언제나 문자 그대로literal 해석되기보다는 동음이의同音異義, homonymic 적으로 이해해야 한다. 인류에게 말씀을 가지고 다가오시고 분명한 법칙에 따라 우주를 운영하시며 눈으로 볼 수 없을지라도 우리 옆을 항상 지켜주시는 그런 초월적 존재. 이와 같은 개념은 하나님을 인간이 이해할 수 있는 인식의 바운더리 안으로 포함시켜준다. 비록 하나님께서는 언제나 우리를 초월해서 존재하시지만 말이다.

인간을 향한 하나님의 계획

성경이 존재하기 전 인간은 단순히 우주 가운데 덩그러니 남겨진 하나의 소품에 불과했다. 우리 힘으로 통제할 수 없는 신들의 영향에 의해 이리저리 방랑하는 미물이었을 뿐이다. 과거 고대의 신들에게 인간은 그저 뇌물을 갖다 바치는 존재 그 이상도 이하도 아니었다. 우리가 현재 '도덕'이라고 말하는 가치관과 인간에 대한 신들의 기대치는 전혀 연관성이 없었다. 이에 대해 새그스는 "인간에게 요구되는 믿음의 정의definition에 관한 한 그 어떤 교리도 존재하지 않았고, 일반적으로 통용된 행위 규범 역시 종교와는 직접적인 관련이 없었다"고 말했다. 신들은 제멋대로였다. 그들은 법칙에 구애받지 않았다. 인간의 행동 역시 신들의 행동에 굳이 매여 있을 필요가 없었다.

하지만 성경은 전혀 다른 관점을 제공했다. 하나님이 한 분이시라는 건 그분의 행동 역시 일관됨을 의미했다. 행동의 결과 역시 단순 이해관계에 따른 다양한 신들의 상호작용이 아니었다. 유일신을 믿는 세계관 안에서 이뤄지는 행동은 삶의 교훈을 의미했다. 성경은 인간에게 도덕적 삶을 종용했다. 죄는 실제적으로 세상에 영향을 미쳤다. 물론 그렇다고 인간의 모든 죄악이 즉각적이고 비례적인 보응을 초래한 것은 아니다. 하나님은 우리를 대상으로 두더지 잡기 게임을 하고 계신 것이 아니기 때문이다. 하지만 한 가지 분명했던 건 하나님의 말씀을 따라 살아가는 삶이 대체로 그 반대의 경우보다 인간에게 보다 나은 결과를 가져다주었다는 사실이다. 다신론적 세계관 속에서 인간은 거룩한 신들을 섬겨야 하는 하인에 불과하다. 반면에 유대교는 우리가 하나님의 형상을 따라서 거룩해져야 한다고 말한다.

그렇다면 왜 성경은 얼핏 보면 이교도적으로 비쳐질 수 있는 제사sacrifice에 대해선 그토록 비중을 두는 것일까? 일단 한 가지 기억해야 할 건, 성경에서 나타난 제사가 기존 고대 사회에서 통용되던 제사들처럼 단순히 최상위층에 위치한 권력을 달래기 위해서 행해진 것이 아니라는 사실이다. 성경의 제사는 **우리를** 변화시키고 우리에게 무언가 메시지를 가르치는 데 목적이 있다. 마이모니데스[3]는 성경의 제사가 다신론적 세계관을 가진 사람들로 하여금 일신론적 세계관을 받아들일 수 있도록 만들기 위한 목적으로 나타났다고 설명했다. 다신론적 종교에서 제사는 신을 달래는 데 초점이 맞춰진 반면 성경의 제사는 자기 발전에 포커스가 있기 때문이다. 또 마이모니데스는 성경에 나타난 제사를 통해 인간은 스스로가 범한 죄의 값을 지불해야 한다는 것과 오직 하나님의 은혜만이 그 죄에 대한 책임으로부터 우리를 해방시킬 수 있다는 사실을 인식하게 된다고 이야기 했다.

『탈무드』에서는 특정한 자질을 갖추기 위해 이성을 사용해야 한다는 사실을 명백하게 인정한다. 유대교는 인간이 특정한 도덕

---

[3]　1135~1204, 무슬림 점령 하 스페인에서 활동한 유대인 철학자. 유대교 교리에 대한 탁월한 해석을 내놓았다. 유대인들에게는 '제2의 모세'로 알려져 있다.

적 명령을 외부의 도움 없이 감지할 수 있다고 말한다. 예를 들어 유대교에 따르면 아무리 무식한 사람이라도 하나님이 존재하는 것과 살인이 나쁘다는 사실 정도는 판단할 수 있다는 뜻이다.

하지만 유대교는 그런 종류의 학습만으론 충분하지 않다는 점을 분명히 한다. 이성은 우리가 어떻게 하면 나쁜 사람이 되지 않는지를 가르쳐준다. 어떻게 하면 타인을 해치지 않는지를 말해 주는 식이다. 시나이산에서 계시가 있기 전 존재했던 일곱 가지 노아의 율법은 모두 인간의 잔인함을 최소화하기 위해 디자인된 계명이었다. 노아의 율법은 살인, 절도, 우상 숭배, 성적 문란, 동물 학대, 신성 모독 등을 금지하는 계명이었다. 더불어 범죄 행위 처벌을 위한 법정의 설립을 명시하는 적극적인 계명 역시 포함되어 있었다. 노아의 율법은 성경에 관한 지식을 아는가와 상관없이 모든 사람들에게 부과된 의무였다. 왜냐면 그 율법 조항들은 너무나도 명백했기 때문이다.

반면 계시는 어떻게 하면 우리가 선함에 도달할 수 있는지를 가르쳐준다. 우리가 어떤 가치를 소중히 여겨야 하며 어떤 특징들을 함양해야 하는지 말해 준다. 평범한 수준을 넘어서 성장하기 원한다면 반드시 성경에 나타난 계시의 영역의 도움을 받아야 한다.

진보 뒤에 숨겨진 힘의 근원, 하나님

지구상에 존재하는 대부분의 문화권에서 역사는 시작과 끝이 없다. 고대 그리스 사람들은 우주가 영구적이며 끊임없이 순환한다고 믿었다. 그들은 역사가 반복되는 가운데 성장하다가 소멸된다고 생각했다. 그리스 사람들은 역사 진행에 관한 포괄적 비전을 믿지 않았다. 그들은 역사가 보다 나은 쪽으로 발전한다고 생각하지 않았고, 메시아의 시대[4]가 도래할 것이라는 개념도 믿지 않았다. 고대 문화권 중 상당수에서 진보는 그저 허상에 불과했다. 아니, 허상에도 미치지 못했다. 합리적 우주에서 진보는 존재할 수 없었다.

이 같은 역사관은 고대 그리스에만 국한된 것이 아니었다. 고대 바빌로니아인들은 "과거와 현재, 그리고 미래는 모두 천지 가운데 나타나는 하나의 연속적인 흐름이고 신들과 인간들은 무한히 지속된다"고 믿었다. 아메리칸인디언 문화에서는 현실 그 자체가 순환적이었다. 이에 대해 어떤 학자는 "신성한 고리와 메디슨 휠 medicine wheel[5]이 매끄러운 곡률을 이루고 있는데, 이들은 순환적이며 시작도 끝도 없어서 끊임없이 돌고 도는 아메리칸인디언들의

---

4   메시아가 통치하는 종말론적인 세상. 모든 문제와 억압으로부터 해방되는 시점으로 여겨진다.
5   치유의 바퀴. 아메리칸인디언 사회에서 주술적 힘을 가지고 있다고 알려진 기념물.

'신화적' 현실관을 반영하고 있다"고 말했다. 힌두교 역시 역사를 순환적 개념으로 이해한다. 불교에서는 시간의 시작도 없고 끝도 없다. 또 역사를 구성하는 데 필수적인 순간의 특수성이 불교 철학에선 거의 나타나지 않는다.

앞서 내가 언급한 것과 같은 관점 속에 존재하는 신은 인간의 역사에 대해 별로 관심이 없다. 간혹 역사에 개입을 할지는 모르겠지만 그것조차 자신이 원하는 목적을 달성하기 위해서일 뿐이다. 심지어 그 목적 역시 내부적으로 모순되는 경우가 많다. 『일리아스』에서 신들은 자신이 편애하는 사람들을 구원하기 위해 역사에 개입한다. 그리고 자신의 이해관계에 기반해 전쟁에서 누구의 편을 들 것인지 결정한다. 하지만 그런 상황에서 발생하는 신들의 이해관계조차도 가변적이며 예측이 불가능하다. 역사적 중요성의 관점에서 보자면 트로이 전쟁은 별다른 비중이 없다. 트로이 전쟁은 역사적으로 아무런 진보를 만들어 내지 못했다. 또 그 이야기 속에 나타난 신들 역시 역사의 진보를 만들어 내는 데는 별 관심을 내비치지 않는다.

하지만 성경에는 이와 다른 관점이 존재한다. 성경은 시작과 동시에 하나님을 시간적 제약을 받는 역사의 맥락 속에 위치시킨다. 하나님은 시간 밖에 존재하지만 그분은 역사의 진보의 순간 순간마다 인류와 함께하신다. 유대교 창조론에서는 하나님이 물질 세상을 창조하기 위해 엿새 동안 날마다 이 세상에 개입하셨고 이레째에 안식하셨다고 말한다.

성경의 하나님이 역사에 개입하시는 데는 크게 두 가지 이유가 있다. 인류의 운명을 개선하기 위해서, 또는 교훈을 전달하기 위해서다. 하나님은 노아와 그 식구들을 보존하는 행위를 통해 역사에 개입하신다. 하나님은 자신이 만드신 피조물을 파괴하지 않으며 그들이 어떠한 결정을 내리든 간에 역사를 멈추지 않으신다. 하나님은 아브라함에게 자신을 나타내셨다. 그리고 인류 역사상 최초의 일신론자monotheist인 아브라함으로 하여금 목적지를 알 수 없는 여정을 시작하게 하신다.[6] 그 후 하나님은 아브라함과 언약을 체결하신다. 언약의 핵심 내용은 선택된 땅에서 그의 민족을 위대하고 강하게 만들어 주겠다는 것이었다. 하나님은 아브라함을 선택하신다. 이삭을 선택하신다. 그리고 야곱을 선택하신다. 그리고 하나님은 이스라엘인들을 선택하여 도덕의 표준을 나타내며 이들을 통해 자신의 말씀을 전파하게 하셨다. 모세는 하나님의 선지자였다. "너희는 나에게 거룩할지어다 이는 나 여호와가 거룩하고 내가 또 너희를 나의 소유로 삼으려고 너희를 만민 중에서 구하였음이니라"(레위기 20:26)라고 말씀하셨다.

이스라엘의 역사는 하나님과 그분이 선택하신 민족 사이에서 발생한 신성한 로맨스라고 할 수 있다. 하나님은 이스라엘 민족

---

6   "본토 친척 아비 집을 떠나 내가 네게 지시할 땅으로 가라"(창세기 12:1)고 말씀하셨다.

을 선택하셔서 그들을 노예 상태에서 해방하셨고 그들에게 자유를 주었으며 당신의 메시지를 전달하는 도구로서 그 민족을 사용하셨다. 「신명기」 4장 34절에는 다음과 같은 구절이 기록되어 있다. "어떤 신이 와서 시험과 이적異蹟과 기사奇事와 전쟁과 강한 손과 편 팔과 크게 두려운 일로 한 민족을 다른 민족에게서 인도하여 낸 일이 있느냐 이는 다 너희의 하나님 여호와께서 애굽에서 너희를 위하여 너희의 목전에서 행하신 일이라."

하지만 이 이야기에는 곡절이 담겨 있다. 이스라엘의 역사는 지조 있는 하나님과 신의를 지키지 못하는 민족 사이의 로맨스 이야기다. 지구상에 있는 다른 민족에 비해선 하나님을 비교적 잘 이해하지만 그분을 더욱 사랑하기 위해서 경험으로부터 배우고 또 학습해야 하는 민족에 대한 이야기라고 할 수 있다. 하나님은 때때로 자신의 백성으로부터 얼굴을 돌리고 그들을 외면하신다. 그러면서도 자신의 백성이 다시 돌아오길 인내심을 갖고 기다리는 분이시다.

하나님에 대한 학습이 반복될수록 인류는 진보한다. 그 진보는 역사의 결승선을 향해 있다. 히브리적 관점에 따르면 우리 모두는 역사라는 위대한 드라마에 참여하고 있다. 그 드라마에서 우리는 각자 맡은 자리가 있다. 역사는 우리에게 목적의식을 부여해 준다. 우리는 개인으로 존재할지 모른다. 하지만 우리 모두는 시간을 통해 탄생하는 직조물의 일부다. 비록 개인 차원에서 하나의 실타래가 영광스럽지 않은 결말을 맞이한다고 하더라도 하나님은 여전히 그 실타래를 통해 역사를 만들어 가신다.

고대인들이 가졌던 일반적 세계관과는 달리 역사는 진보할 수 있다. 역사가 진보할 수 있는 이유는 하나님이 개인으로서 우리에게 관심을 가지고 있으며 그분께서 인간의 역사에 깊숙이 관여하시기 때문이다. 역사가 종국적인 정점에 다다랐을 때 사람들은 하나님의 존재와 그분이 하신 일들을 보편적으로 인식하게 될 것이다. 그리고 그때가 되면 유대인들은 예루살렘에서 값진 보석처럼 빛날 것이다. 영국의 역사학자인 폴 존슨은 다음과 같이 말했다.

> 지금껏 유대인들처럼 역사에 목적이 있으며 인류는 운명을 갖고 있다는 사실을 확신에 찬 목소리로 주장한 사람들은 없었다. 유대인들은 그들의 민족적 발흥이 이뤄졌던 아주 초기부터 자신들이 인류를 향한 하나님의 신성한 계획을 발견했으며 그 계획 가운데 그들이 조종수 같은 역할을 할 것이라는 점을 굳게 믿어 왔다. 유대인들은 그들의 역할을 놀라울 정도로 디테일하게 실천했다. 극심한 고난 가운데서도 영웅적인 인내를 가지고 자신에게 부여된 역할을 감당해 온 것이다. 유대인들의 비전은 신성한 영역과 세속의 영역 모두에서 인류를 위해 개발됐던 다른 원대한 계획들의 원형prototype으로 작용했다. 그러므로 유대인들은 인간의 삶에 목적의 존엄성을 부여하려는 영구적인 노력의 중심에 항

상 서 있었던 것이다.

인류 역사상 가장 중요한 구절

다신론 철학은 개인이 이 땅에서 독자적인 발자취를 남길 여지를 거의 허락하지 않는다. 물론 신들과 동급으로 여겨졌던 고대 통치자들은 예외이긴 했다. 왕권신수설 등에서 알 수 있듯이 과거 통치자들은 자신이 신의 형상으로 태어났다는 명분을 통해 통치와 행동의 자유를 보장받았다. 고대 이집트에서는 제4 왕조 시기 (기원전 2613)부터 통치자들이 '라의 아들Son of Ra'이라는 영예로운 타이틀을 갖기 시작했다. '라'는 이집트 최고의 신이다. 메소포타미아에서는 기원전 23세기 경 아카드의 나람신Naram-Sin을 숭배하면서부터 왕들이 스스로를 신의 아들이라고 공포했다고 보는 게 정설이다. 고대 이래로 수 세기에 걸쳐 통치자들은 자기 신성화 작업을 강화해 왔다. 이 현상은 기원후 14년 로마 시대에 사후 신적 지위를 부여받은 아우구스투스 황제에 이르기까지 이어졌다. 위대한 통치자들에게 부여된 신성한 빛은 그들에게 행동의 자유를 제공해 주었다. 예를 들어 함무라비는 자신이 반포한 법전에서 스스로를 다음과 같이 묘사한다. "마르두크가 인간 통치와 국토의 보호를 위해 나를 이 땅에 내려보냈을 때 나는 올바르고 의로운 행동을 했으며 압제 받는 자들에게 안녕을 가져다주었다."
고대 신화에 나타난 서사시적 영웅들은 신들을 통해 정체성을 부여받는다. 반면 평민들은 이 같은 서사에 등장조차 하지 않는다.

유대교는 히나님 앞에서 인간 존재가 불평등한 것에 저항하며 필사적으로 투쟁해 왔다. 유대교는 우리 모두가 자유의지를 부여받았고 평등하게 창조되었다고 말했다. 역사상 기록된 글들 가운데 가장 위대한 문장을 딱 하나만 꼽으라면 나는 「창세기」 1장 27절을 선택하고 싶다. "하나님이 자기 형상 곧 하나님의 형상대로 사람을 창조하시되 남자와 여자를 창조"하셨다. 이 구절이 탄생한 이후 신적 선택은 더 이상 위대한 지도자들에게만 국한되지 않았다. 사실 성경에서 하나님은 위대한 지도자들만이 신성을 타고난다는 개념을 비웃으신다. 「창세기」 6장 2절을 보면 하나님께서는 "신들의 아들들sons of gods"[7]이 일반인들의 권리를 침해했을 때 물로 이 땅을 심판하기로 작정하셨다고 말한다. "죽을 수 밖에 없는mortal"[8] 통치자들의 오만한 행위가 영원한 하나님의 분노를 촉발한 것이다.

통치를 위해 유지된 카스트caste와 달리 유대교가 탄생한 이후

---

[7] 샤피로는 '이 땅의 통치자들'이라는 뜻으로 이 말을 썼다. 한국어 성경에는 "하나님의 아들들"이라고 번역되어 있다.
[8] 창세기 6:3. 국역은 "나의 영이 영원히 사람과 함께하지 아니하리니 이는 그들이 사람이 됨이라"라고 했다.

모든 인간은 각자 자유의지를 통해 선택의 권리를 부여받게 되었다. 하나님은 땅의 흙으로 인간을 창조하신 후 우리에게 생기를 불어넣어 주셨다. 「창세기」에는 인류 최초의 인간인 아담이 어떻게 인간 고유 권한인 선택의 자유를 행사함으로써 잘못된 선택을 내리게 되는지 나타나 있다. 우리 모두는 아담의 후손이다. 성경 전체에서 가장 감동적인 장면은 가인(카인)이 동생 아벨을 살해하기 바로 직전 발생한다. 하나님은 아벨의 제사만 받아들여진 것에 대해 가인이 질투심을 느끼고 있다는 것을 인지하신다. 그리고 열정을 다해 가며 가인에게 말씀하신다. "여호와께서 가인에게 이르시되 네가 분하여 함은 어찜이며 안색이 변함은 어찜이뇨 네가 선을 행하면 어찌 낯을 들지 못하겠느냐 선을 행치 아니하면 죄가 문에 엎드리느니라 죄의 소원은 네게 있으나 너는 **죄를 다스릴지니라**"(창세기 4:6-7).

개인의 선택은 성경에서 단골로 등장하는 테마다. 하나님은 선택의 중요성, 다시 말해 자유의지를 올바르게 사용하는 것의 중요성을 끊임없이 인간에게 상기시킨다. 「신명기」의 구절이다.

보라 내가 오늘 생명과 복과 사망과 화褟를 네 앞에 두었나니 곧 내가 오늘 네게 명령하여 네 하나님 여호와를 사랑하고 그 모든 길로 행하며 그의 명령과 규례와 법도를 지키라 하는 것이라 그리하면 네가 생존하며 번성할 것이요 또 네 하나님 여호와께서

네가 가서 차지할 땅에서 네게 복을 주실 것임이니라 너와 네 자
손이 살기 위하여 생명을 택하고 (30:15-19)

인간은 자유의지를 통해 선택할 수 있기 때문에 창조 세계에서 하나님의 파트너가 될 수 있었다. 우리는 하나님과의 계약에 서명한 당사자들이다. 그 언약 가운데서 우리는 각자 맡은 역할을 감당해야 한다. 맡겨진 책임을 완수해야 한다. 자유로운 선택은 핵심 요소라고 할 수 있다. 하나님께서는 유대인들을 이집트 땅에서 이끌어 내셔서 시나이산에 도착하게 하셨다. 그리고 하나님은 유대인들이 계약에 서명할 것을 요구하셨다. 유대인들은 하나님과 계약하기로 결정했다. 심지어 구체적인 조항들을 살펴보기도 전에 말이다. "언약서를 가져다가 백성에게 낭독하여 듣게 하니 그들이 이르되 여호와의 모든 말씀을 우리가 준행하리이다"(출애굽기 24:7). 정당성보다 자유롭게 결정된 행동이 앞섰던 것이다.

예루살렘이 말해 주는 것, 말해 주지 않는 것

앞서 다룬 행복의 원래 기준으로 다시 돌아가 보자. 개인의 목적, 개인의 역량, 공동체의 목적, 그리고 공동체의 역량의 영역으로 다시 돌아가 보는 것이다. 행복을 위해 필수적인 이 같은 요소들

에 대해 유대교는 뭐라고 말하고 있을까?

유대교는 개인의 목적의 중요성을 설명하는 데 상당 부분을 할애한다. 유대교에서 하나님은 인간에게 여러 가지 것들을 기대하신다. 하나님은 우리 행동에 대한 기준을 갖고 계시고, 우리의 거룩함을 요구하시며, 또 우리의 헌신을 중요하게 생각하신다. 한 인간이 무인도에 떨어진다고 하더라도 그 사람은 성경에 기록된 일련의 계명을 통해 자신을 향하신 하나님의 목적을 발견할 수 있다는 뜻이다. 솔로몬 왕이 「전도서」에서 결론 낸 것처럼 인간의 존재 목적은 단순하다. "일의 결국을 다 들었으니 하나님을 경외하고 그의 명령들을 지킬지어다 이것이 모든 사람의 본분이니라"(12:13). 솔로몬은 이렇게 함으로써 인간이 기쁨을 누릴 수 있다고 말한다. "사람들이 사는 동안에 기뻐하며 선을 행하는 것보다 더 나은 것이 없는 줄을 내가 알았고" "사람이 자기 일에 즐거워하는 것보다 더 나은 것이 없음을 보았나니 이는 그것이 그의 몫이기 때문이라"(3:12, 22).

성경은 개인의 역량에 관해서 분명한 목소리를 내고 있다. 성경은 인간이 죄와 거룩함 사이에서 선택할 수 있는 자유로운 존재라고 명시한다. 성경에서 이 선택은 일종의 의무다. 인간은 하나님의 형상을 따라 만들어졌고, 따라서 우리는 거룩하다. 그리고 약간의 차이가 있지만 인간은 하나님의 형상을 따라 지음 받은 피조물로서 행동의 역량을 갖추고 있다는 점에서 평등하다. 성경은 또 생각을 활용하여 하나님을 발견하려고 노력하는 것이 우리의 일이라고 말한다. 그분을 찾기 위해 힘쓰고, 궁금한 것을 질문하며, 그분과 씨름해 보라는 것이다. 우리는 하나님이 도덕적으로 특성한 법칙들을 준수하신다고 믿는다. 그리고 하나님께서 자신이 창조한 세계에 특정한 법칙들을 세팅해 놓으셨다는 사실을 믿는다. 이 같은 세계관을 가진다면 분명해지는 것이 하나 있다. 우리 인생은 고대 범신론, 다신론 세계관과 달리 주도권 투쟁 속에서 각종 신들이 혼돈 가운데 내리는 자의적 결정에 좌우되지 않는다는 사실이다. '예측 가능하고 발견 가능한 하나님'이란 개념은 과학의 영역에서도 필수적이다. 우주에 규칙성 있는 법칙이 존재한다는 가정은 서구 문명의 발전에 있어서 필수불가결했다. 특별히 과학의 발전에 있어서 그랬다. 과학은 세상을 작동시키는 보편 법칙을 탐구하기 위한 목적으로 만들어졌다. 만약 우주가 서로 연관성이라곤 전혀 찾아볼 수 없는 임의적 물질들의 집합체라면, 그래서 그 우주를 관통하는 상위 논리 체계가 존재하지 않는다면, 과학적 탐구라는 행위 그 자체가 상당 부분 무의미해질 것이다.

하지만 그렇다고 해서 성경이 보편적인 진리를 향한 탐구가 우리를 행복으로 이끌어 줄 것이라고 말하는 건 아니다. 유대교의 관점에서는 하나님이란 존재 한 분만이 보편적인 진리가 되신다. 유대인들은 하나님을 찾고 그분의 말씀을 따른다. 진리에 관한 한 인간의 기준이 아닌 하나님의 기준을 우선시한다. 따라서 하나님의 존재 밖에서 진리를 추구한다는 개념은 성경적 관점에서는 상당히 이질적이다.

공동체의 목적은 어떻게 생각해야 할까? 유대교는 공동체의 목적을 다루고 있다. 하나님은 「창세기」에서 아브라함에게 말씀하신다. "너를 축복하는 자에게는 내가 복을 내리고 너를 저주하는 자에게는 내가 저주하리니 땅의 모든 족속이 너로 말미암아 복을 얻을 것이라"(12:3). 인류 역사상 하나님이 아브라함에게 한 이 예언보다 더 확실하게 성취된 말씀은 없었다. 하나님을 발견하기 위해 사막을 헤매던 한 인간 아브라함으로부터 인류 역사와 문화에 가장 광범위한 영향을 끼친 세 개의 유일신교(유대교, 기독교, 이슬람교)가 모두 파생되었다는 사실이 경이롭다.

유대교는 공동체의 목적이 특정하면서도 보편적이라고 가르쳐 왔다. 인간은 공동체 안에서 살아가야 하고 타인에게 행동의 모범을 보여야 한다는 것이다. 이스라엘 민족은 하나님의 존재적 기원을 설명하고 역사 가운데 하나님의 역할을 증명하는 역할을 감당했다.

'역사의 진보'라는 개념은 유대인들에 의해 만들어져 기독교에 수용되었다. 이 개념은 서구 문명 그 자체를 지금까지 이끌어 온 원동력이었다. 오바마는 "도덕적 우주의 호arc는 길지만 그 끝은 항상 정의의 편으로 굽어 있다"는 마틴 루터 킹의 말을 즐겨 인용했다. 오바마는 이 표현을 너무 좋아한 나머지 그 문구를 백악관 집무실에 액자로 걸어 놓기도 했다. 하지만 오바마가 킹이 한 발언의 본뜻을 정확히 이해했는지는 의문이다. 킹이 이 말을 했을 때 그는 역사의 종교적 맥락 가운데 도덕이란 호가 존재한다고 생각했다. 킹이 한 발언의 맥락은 다음과 같다. "카이사르(시저)가 왕궁을, 그리스도가 십자가를 차지했던 것처럼 역사에서는 때때로 악이 승리를 거두는 것처럼 보이기도 한다. 하지만 그리스도는 결국 부활하셔서 역사를 주후anno Domini, AD와 주전before Christ, BC로 나누셨고, 카이사르의 삶조차 그리스도의 이름이 들어간 달력을 기준으로 기록되어 있다. 그렇다. '도덕적 우주의 호는 길지만 그 끝은 항상 정의의 편으로 굽어 있다.'" 역사의 끝자락에 서서 우리에게 앞으로 전진하라고 격려하시는 신의 존재를 인정할 때라야 우리는 비로소 역사에 방향과 진보가 있다는 사실을 이해할 수 있다.

마지막으로 공동체의 역량에 관한 부분도 이야기해 보자. 개인과 공동체의 목적을 보장하기 위한 최선의 시스템에 대하여 성경은 어떻게 말하고 있을까? 놀랍게도 거의 언급이 없다. 유대교는 권력의 소재에 대해 첫째는 가족, 둘째는 신앙 공동체, 그리고 세 번째로 정부를 중시한다.

국가 권력에 대하여 유대교는 기껏해야 양면적인 태도를 취할 뿐이다. 성경에서 레위 지파[9]와 사법 권력은 분리된다. 사실 성경에는 왕정 체제에 대한 우려가 거듭 드러나 있다. 모세는 이스라엘 백성이 왕을 임명할 것이라고 했지 하나님이 왕정 체제를 선택하셨다고 말하지 않는다.[10] 모세는 왕이 등장하면 이스라엘 백성이 어떤 불편과 제약을 겪을 것이란 걸 언급한다. 소유에 대한 제약부터 시작해서 맞이할 수 있는 아내의 숫자를 언급한다. 또 왕은 『토라Torah』[11]의 사본을 직접 필사해서 말씀에 대한 법적 의무를 감당해야 함을 명시하고 있다. 왕은 스스로를 높여 그의 형제 위에 교만하지 않고 하나님의 명령에서 떠나 좌로나 우로나 치우치지 말아야 한다(신명기 14:20). 약속된 가나안 땅에 들어갔을 때 유대인들은 사사士師, judges[12]들에 의해 통치를 받았다. 기드온 사사는 유대인들을 통치하지 않겠다고 선언하면서 다음과 같이 말했다. "기드온이 그들에게 이르되 내가 너희를 다스리지 아니하겠고 나의 아들도 너희를 다스리지 아니할 것이요 여호와께서 너희를 다스리시리라 하니라"(사사기 8:23).[13] 이스라엘 백성들이 사

---

9   구약 시대 이스라엘 열두 지파 중 하나. 제사를 담당하며 생계를 위한 노동을 하지 않으므로, 왕정 이전에는 최상위 특권 계급에 해당했다.
10   성경은 왕정을 긍정하지 않는다. 하나님은 모세에게 왕이 나타나면 이스라엘 백성이 피해를 입을 것임을 경고하셨다.
11   구약성경 중 율법서인 '모세 오경', 즉 「창세기」「출애굽기」「레위기」「민수기」「신명기」.
12   이스라엘 민족이 이집트에서 나와 팔레스타인에 정착한 이래 왕정 전까지 지도자와 같은 역할을 부여받은 사람들로, 구약성경 「사사기」의 주요 등장인물이다.

무엘 선지자를 내치면서 왕을 요구했을 때 사무엘은 왕정 체제가 사람들을 굶주리게 만들 것이고 왕은 결국 독재자가 될 것임을 경고했다. 그리고 사무엘은 다음과 같이 결론 내렸다. "그날에 너희는 너희가 택한 왕으로 말미암아 부르짖되 그날에 여호와께서 너희에게 응답하지 아니하시리라"(사무엘상 8:18).

유대교는 중앙집권화된 권력에 대해서 건전한 비판의식을 가지고 있다. 유대교 교리상 범죄자가 처벌을 받으려면 **범죄 발생 전** 두 명의 증인이 범법자에게 경고를 한 후 그 범죄를 목격했어야 한다. 과거 종교는 신학적 압제를 정당화하기 위해서 사용된 적이 있긴 하지만 성경 안에는 개인과 공동체의 목적을 신성시하기 위한 목적으로 만들어진 다양한 형태의 국가 조직들이 제대로 작동할 수 있다는 것을 뒷받침하는 충분한 근거가 명시되어 있다. 이것은 성경이 대중들에게 광범위하게 보급되어서 신정神政 통치를 전복시킨 계몽주의 전 시대에 더욱 분명하게 나타났던 진실이다.

성경은 인간의 행복에 관해서 충분한 시각을 제공한다. 하지만 거기에는 약간의 보충 설명이 필요하다. 성경은 하나님이 우리로부터 무엇을 기대하는지, 그리고 우리가 그 기대에 부응하기 위

---

13 이스라엘 민족은 전통적으로 사사나 선지자(예언자)들을 통해 하나님의 통치를 받았지만, 왕정을 채택한 주변 나라들에 두려움과 불안을 느껴, 선지자 사무엘에게 가서 자신들에게도 왕을 달라고 호소한다. 하나님은 이 호소를 좋아하지 않으셨지만 마지못해 이스라엘에게 왕을 허락하신다.

해 어떤 의무를 다해야 하는지 말해 준다. 성경은 우리가 특별하다고 말한다. 또 인간은 무한히 선하고 배려심이 있으며 능력 있는 존재로부터 사랑 받고 있다고 말한다. 성경은 우리가 그 존재를 향해 나아가야 할 의무가 있다고 말한다. 성경은 하나님을 접근하기 쉬운 존재로 만들어 준다. 하나님을 이 땅으로 끌어내려 준다. 성경은 하나님을 낮은 곳으로 내림으로써 우리가 높아지게 만들어 준다. 하지만 성경은 인간이 선험적a priori 사고를 할 능력이 있다고 말하지 않는다. 성경적 원리에서는 이성보다 계시가 앞서기 때문이다.

물론 계시 하나만으로는 충분하지 않다. 하나님이 사람에게 부여하신 영혼은 인간이 이성을 통해 신적 존재를 추구하도록 만들어 준다. 오직 인간만이 갖고 있는 이 고유한 기능 때문에 사람은 동물과 구분되며 인간은 하나님의 왕좌 아래에 앉을 수 있게 된다.

고차원적 도덕 목적을 추구하기 원한다면 인간은 자신의 이성을 갈고 닦아야 한다. 그 목적을 달성하기 위해 사람들은 예루살렘을 넘어 아테네로 발걸음을 돌리게 되었다.

흙으로부터

미국 캠퍼스에서는 대학의 역할을 놓고 한바탕 전쟁이 치러지고 있다. 대학은 학생들이 '자신이 누구인지 발견하는' 안전 영역safe space[1]인 것일까, 다양한 생각들을 경험하는 장소인 걸까, 아니면 서구 문명을 지탱하는 기본 사고를 학습하는 곳일까?

과거에는 세 번째 답이 자연스럽게 정답으로 취급받았다. 과거 학생들은 고전을 공부하기 위해 대학에 진학했다. 미국 건국의 아버지들은 모두 라틴어와 고대 그리스어에 통달했었다. 그들이 쓴 글을 보면 고대 문헌이 상당 부분 인용되어 있다. 1900년에 미

---

1 인종, 성별, 출신 등과 관련해 타인으로부터 기분 나쁜 말을 들을 걱정을 하지 않아도 되는 공간이란 뜻. 원래는 차별과 편견을 없앤다는 취지로 만들어졌지만, 도리어 표현의 자유를 억압하는 방편으로 악용되고 있다.

국 공립 고등학교 학생 중 절반은 라틴어 수업을 들어야 했다. 하지만 요즘 교수와 학생들은 고전을 진부하고 지겹고 낡아 빠진 것으로 치부한다. 심지어 고전이 백인우월주의적이라고 말하는 사람들노 있다. 제시 잭슨은 1980년대 스탠퍼드 대학에서 학생들과 팔짱을 끼고 행진을 하며 이런 구호를 외쳤다. "헤이, 헤이, 호, 호, 서구 문명은 이제 없어져야 해." 2010년 이후 미국의 명문 대학 중 서구 문명 관련 과목을 필수로 지정해 놓은 곳은 단 한 곳도 없다. 필수는 고사하고 열여섯 개 대학교에서 간신히 선택과목만 개설했을 뿐이다.

도대체 무슨 일이 벌어진 걸까? 서구 문명에 대한 조롱이 일반화된 것은 고전 학습 자체에 대한 날카로운 비평으로 이어졌다. 급진적 좌파의 시각에서 서구 문명은 제국주의와 인종 차별의 수호자이자 보루에 불과했다. 좌파들은 고대 철학의 영광보다 그 문명으로 인해 발생한 폐해를 학생들에게 가르치는 데 집중했다. 이들은 고대 철학과 서구 문명을 공부하게 되면 서구로 인해 파생된 불가피한 악의 존재를 인식하는 우리 이해의 폭이 감소된다는 주장을 늘어놓았다. 미국의 비교문학자인 에드워드 사이드 Edward Said는 『오리엔탈리즘』(1978)[2]을 통해 이 같은 주장을 분명하

---

2   사이드는 오리엔탈리즘을 "서구 자아(the Western Self)에 의해 타자(the Other)로서 구성된(constructed, 즉 거짓인) 비서구 이미지"로 정의한다.

게 드러냈다. 책에서 사이드는 그리스와 로마의 문화 유산이 동방the East을 "타자화한다othering"고 지적하였다. 또 사이드는 외부적 압력 때문에 서양인들은 '오리엔탈리즘'으로 왜곡된 문화들에 대해 글을 쓸 수 없었고, 필연적으로 동양의 가르침을 왜곡할 수밖에 없었다고 말했다. 사이드에 따르면 교육은 동서양 두 진영에서 각기 권력관계를 영속화하는 수단 정도로 전락하고 만다. 서구 문명에 초점을 맞추는 교육은 현재까지 여전히 진행 중인 식민 폭압을 정당화하고 있을 뿐이다. 만약 사이드의 말이 사실이라면 다양한 문화에 대해 균형 잡힌 이해를 하기 위해선 고전 공부를 멀리하는 것이 오히려 유익할 것이라는 결론이 도출된다.

　다양한 문화를 통해 많은 것을 배울 수 있는 건 사실이다. 다양한 문화에 대한 학습은 지적 즐거움을 선사해 주기도 한다. 미국 연방대법원의 입구에는 모세와 함무라비, 솔론,[3] 공자 등 역사상 위대한 입법자들의 형상이 각인으로 그려져 있다. 다양성은 좋다. 하지만 그리스 로마의 철학적 전통을 무시하는 태도는 서구 문명이 우리에게 자유가 아닌 착취를 가져다주었다는 거짓말을 영속시키는 결과를 초래할 것이다. 많은 경우 교육에 종사하는 다문화주자들은 학생들에게 배움의 여지를 제공하지 않는다. 그들은 학습의 부재를 초래할 뿐이다. 이 같은 태도는 우리가 대

3　기원전 6세기 아테네 민주주의를 이끈 정치가.

학 캠퍼스에서 경험하는 반反 고전 운동에서 정점을 이룬다. 리드 칼리지의 어떤 동아리는 "기초인문학 과목은 백인우월주의를 고착화시키며, '인문학 110' 강의계획서의 도서 목록이 '유럽중심적Eurocentric'이고 '백인중심적Caucasoid'이고 억압적"이라고 주장하면서 이들 수업을 퇴출하기 위한 로비 활동을 벌이기도 했다.

이건 서구 문명에 대한 심각한 오독이다. 물론 그렇다고 지난 세월 동안 서구 문명에 의해 초래된 수없이 많은 악행을 모두 감싸 주자는 이야기가 아니다. 하지만 우리가 분명히 기억해야 할 것은 서구 문명이 다른 어떤 문명보다 많은 사람들을 자유롭게 만들어 주었다는 사실이다. 서구 문명은 빈곤을 감소시켰고 질병을 정복했으며 전쟁의 발발을 최소화했다. 서구 문명은 지구촌 사람들에게 경제적 발전과 인권의 향상, 그리고 민주주의를 선물해 주었다.

서구 문명은 분명 깊은 뿌리를 가지고 있다. 왜 오늘날 미국인들이 고대 그리스 철학을 굳이 학습해야 할까? 아테네에서 시작된 서구 문명의 뿌리가 우리에게 많은 것을 가르쳐줄 수 있기 때문이다. 아테네는 우리가 인간으로서 어떤 역량을 가지고 있는지를 말해 준다. 아테네는 우리가 이성을 활용하여 자신의 존재를 뛰어넘는 세계를 발견할 수 있음을 말해 준다. 아테네는 어떻게 자유가 번영할 수 있는지를 말해 줄 뿐만 아니라 왜 자유가 **번영해야 하는지**를 설명해 준다. 제2장에서 나는 예루살렘이 없이 서구가 존재할 수 없음을 강조했다. 아테네도 마찬가지다. 아테네가 없인 서구는 존재할 수 없다.

종교적 신앙은 인간에게 그들이 사랑받고 있고 선악 사이에서 선택할 수 있는 능력을 갖고 있는 존재라는 점을 말해 준다는 점에서 고무적이다. 반면 종교적 신앙은 우리가 인간으로서 역량의 본질적 한계를 갖고 있다는 점을 지적해 준다. 다시 말해 우리가 아무리 노력해도 이해할 수 없는 영역이 존재하며, 이 땅의 피조물들은 흙에서 나왔으며 결국 흙으로 돌아갈 것[4]이라는 사실을 상기시켜 주는 것이다. 시나이산에서 시작된 프로젝트가 '인간을 하나님과 연관시킴으로써' 인간을 짐승 이상의 존재로 끌어올리고 우리에게 신적 사명을 부여한 것이라면, 아테네에서 시작된 프로젝트는 '인간 고유의 능력을 활용하여' 인간의 위치를 격상시키는 데 초점을 맞추고 있다. 물론 종교 때문에 인간의 역량이 평가절하되는 건 아니다. 하지만 종교적 세계관 안에서 인간의 능력은 언제나 하나님의 뜻에 앞서지 못한다. 아테네는 인간의 능력을 격상시켜서 그 능력을 최우선순위로 만드는 데 성공했다.

그리스적 사고는 인간이 모든 것을 극복할 수 있다고 말하지 않는다. 고대 그리스의 비극 서사시는 인간이 하늘의 별처럼 이루어질 수 없는 야망을 향해 나아가는 이야기를 중심으로 전개된

---

4   "너는 흙이니 흙으로 돌아갈 것이니라"(창세기 3:18).

다. 하지만 결국 그 인물의 본질적 한계 때문에 좌절하고 만다. 반면 그리스 신화에 나타나는 전설적 영웅들은 자신의 숙명에 도전하여 영광스러운 개인의 독립을 성취하려고 노력하는 사람들이다. 프로메테우스, 안티고네, 그리고 심지어 소크라테스도 여기에 해당된다고 볼 수 있다. 저명한 연극 평론가인 월터 커가 말했듯이, "비극은 항상 자유를 이야기한다."

지식을 향한 비극적 탐구는 그리스적 사고의 저변에 널리 퍼져 있다. 희망과 함께하는 비극적 서사시가 바로 그것이다. 플라톤의 동굴의 비유는 빛으로 나아가기 원하는 열망을 극적으로 표현한 가장 유명한 예시다. 그 비유에서 플라톤은 동굴 속 벽에 사슬로 묶인 사람들을 그려 낸다. 그 사람들은 동굴 바깥 세상의 빛을 볼 수 없다. 동굴 속 사람들은 무지하기 때문에 "진리는 그저 인공적인 것들의 그림자에 불과하다"는 확신을 갖게 된다. 하지만 몇몇 숭고한 사람들은 이 같은 속박에서 벗어난다. 그리고 진리에 도달하여 빛으로 나아갈 수 있다. 해방의 행복을 경험한 소수의 사람들은 동굴로 돌아와 그들의 동료들을 위해 보다 더 진실된 사회를 건설할 수 있게 된다. 하지만 그 소수의 사람들은 동료 죄수들에 의해 분출될 수 있는 분노의 위협을 감수해야 한다. 그들은 보편적 진리를 폭로한 것에 대한 궁극적인 대가를 치러야 할 수도 있다.

인간의 이성을 활용하여 동굴을 탈출하는 것과 지식의 빛을 동굴 속으로 가지고 돌아오는 것, 바로 이것이 고대 아테네 사람들이 생각한 인생의 임무였다. 이 임무의 틀 안에서 **플라톤**(기원전 428~전 348)과 **아리스토텔레스**(전 384~전 322)는 결합된다. 고대 그리스인들은 우리에게 세 가지 근본적 원칙을 제시해 주었다. 첫째, 인간은 세상의 본질을 바라봄으로써 인생의 의미를 발견할 수 있다는 것이었다. 둘째, 세상의 본질을 파악하기 위해서는 이성을 활용하여 우리 주변 세계를 연구해야 한다는 것이다. 마지막으로, 그 이성은 우리가 가장 이상적인 집단 체제를 건설하는 데 도움을 줄 수 있고 궁극적으로 그 체제 속에서 우리는 이성을 더욱 연마할 수 있게 된다는 사실이다. 쉽게 말하면 고대 그리스인들은 우리에게 자연법과 과학, 그리고 세속적인 정부를 구성하는 데 뒷받침이 되는 기본 개념을 제공해 준 것이다.

예루살렘은 하늘을 땅으로 끌어내려 주었다. 아테네에서 발현한 이성은 인류를 하늘의 별들로 인도해 주었다.

자연에서 목적을 찾는다는 것

고대 그리스인들은 인류에게 자연법 철학이라는 선물을 가져다 주었다.

우리는 물질적인 세상에서 살아간다. 물질적 세상은 인간의 목적에 관해 아무것도 말해 주지 않는다. 왜냐면 그것은 물질들에 불과하기 때문이다. 물질 덩어리들이 우리가 어떤 삶을 살아가는지에 대해서 무슨 방향을 제시해 줄 수 있단 말인가? 우리는 사건과 사실이 가득 차 있는 세상에서 살아간다. 나무는 그 자체로 좋지도 나쁘지도 않다. 그저 나무일 뿐이다. 세상은 단순한 사실들로 넘쳐난다. 어찌 보면 우리의 존재 그 자체도 하나의 실존하는 사실일 뿐이다. 인간은 자연의 기본적 현실을 초월하여 그보다 높은 차원으로 올라갈 역량을 갖고 있지 않다.

이것이 많은 근대 철학자들이 고민 끝에 내리게 된 결론이다. 데모크리토스(기원전 460~전 370) 같은 그리스 철학자들 역시 비슷한 결론에 도달했다. 데모크리토스는 플라톤, 아리스토텔레스 등과 동시대를 산 철학자인데 그는 인간의 삶이 '원자atom'라는 입자로 요약될 수 있다고 믿었다. 자연은 그저 자연에 불과했다. 따라서 윤리의 중요성은 강조되지 않았다.

플라톤과 아리스토텔레스, 그리고 로마의 스토아 철학자들은 이와 다른 생각을 갖고 있었다. 플라톤과 아리스토텔레스는 데모크리토스의 원자 이론을 거부했다. 플라톤과 아리스토텔레스의 관점에서 인간은 생각을 통해 자연법칙들을 자유롭게 해독할 수 있었기 때문이다. 플라톤과 아리스토텔레스는 자연법칙들이 실존한다고 믿었다. 인간이 자연으로부터 법칙과 가치관을 얻어 낼 수 있다고 생각한 것이다. 자연에는 목적이 있다. 다른 말로 하자면, 자연의 배후에 있는 신이 목적을 가지고 있었다.

어떻게 고대 철학자들은 그와 같은 결론에 도달할 수 있었을까? 그들의 추론은 간결하고 심오했다. 고대 그리스 철학자들은 이 세상에 존재하는 모든 물체에 특정한 목적이 있다고 생각했다. 그들은 그 목적을 '텔로스telos'라고 불렀다. 한 존재물의 가치는 그 존재물의 목적을 얼마나 성실히 이행하느냐에 따라 결정된다고 생각했다. 사실과 가치는 별개가 아니었다. 왜냐하면 가치는 사실 안에 내재되어 있기 때문이다. 시계의 경우를 생각해 보자. 어떤 시계가 좋은virtuous 시계일까? 시간을 정확하게 가리켜 주는 시계가 좋은 시계다. 마찬가지로, 마차를 잘 끄는 말이 좋은 말이 될 수 있다.

그렇다면 이 개념이 인간과 무슨 관련이 있을까? 인간을 좋게 virtuous 만들어 주는 것은 인간을 동물과 구분짓는 활동에 종사하게 만드는 바로 그 능력이다. 인간은 인간만의 텔로스를 갖고 있다. 우리의 텔로스는 무엇일까? 플라톤과 아리스토텔레스에 따르면 인간의 목적은 사고하고 판단하며 숙고하는 것이다. 플라톤은 『국가』에서 다음과 같이 이야기했다.

이 세상에 존재하는 그 어떤 것을 통해서도 이루어 낼 수 없는 것이 우리 영혼이 감당하는 역할 아니겠나? 예를 들어 관리하는 것이나 통치하는 것, 숙고하는 것, 그리고 이 모든 것들을 포함하는 일들 말일세. 우리는 이 모든 본연의 속성이 영혼 말고 다른 어느 요소로부터 비롯된다고 말할 수 있을까? 뿐만 아니라 우리의 삶은 어떤가? 우리의 삶 자체가 영혼의 작용이라고 해야 하지 않을까?

아리스토텔레스는 플라톤에 동의했다. 아리스토텔레스는 인간이 이성을 이용해서 우리 주변에 있는 모든 존재물 안에 내포된 의미를 깨달을 수 있다고 생각했다. 그는 또 세상에 존재하는 모든 것들이 각자 그 존재의 합리적 이유가 있다고 믿었다. 이것을 철학적 용어로 '목적인目的因, causa finalis'이라고 한다. 식물의 뿌리를 예로 들어 보자. 식물의 뿌리는 그 자체의 목적인을 충족시키기 위해 존재한다. 식물에게 영양분을 공급하는 것이다. 인간의 목적인은 무엇일까? 인간의 목적인은 이성을 통해 사고하는 것이다. 아리스토텔레스는 『니코마코스 윤리학』에서 "인간의 일은 이성의 원리에 따라 영혼의 활동을 하는 것이다"라고 말했다.

따라서 플라톤과 아리스토텔레스에 따르면 인간을 고귀하게 만드는 건 우리에게 부여된 일을 하는 것이라는 결론이 도출된다. 이성을 통해 세상을 바라보자. 그리고 이 땅에 존재하는 것들의 목적인이 무엇인지 생각해 보자. 바로 그것이 우리의 존재 목적이다. 성경에서 아담이 동물들에게 이름을 지어 주는 임무를 부여받은 것처럼 우리는 그리스적 사고를 통해 세상에 존재하는 것들의 텔로스를 파악하는 임무를 가지고 이 땅에 태어났다.

근대적 사상은 어떤 존재물의 가치가 그 목적과 긴밀하게 연관되어 있다는 주장에 반기를 든다. 오늘날 많은 사람들은 자연은 그 자체로 목적과 가치를 갖고 있지 않다고 생각한다. 뱀이 사람을 물거나 아이가 울음을 터뜨릴 때 그 행위를 비난하지 않는다. 하지만 고대 사람들이 덕을 말할 때 염두에 두었던 건 오늘날과 같은 덕의 개념이 아니었다. 고대 사람들은 근대에 통용되는 도덕적 의미의 덕을 말하지 않았다. 예를 들면 좋은 사람이 된다는 정도의 뜻을 말했던 게 아니다. 고대인들은 인간이 태어났을 때 각자에게 부여된 텔로스를 충실히 성취하는 것을 덕이라고 생각했다.

자신의 존재의 텔로스를 성취하는 건 우리를 인간답게 만드는 바로 그 영역을 정성스럽게 가꾸는 것과 밀접한 관련이 있다. 고대의 사상 체계는 근대와 비교해 보면 덕의 개념과 관련해 아주 중요한 차이를 갖고 있다. 고대 사상가들은 인격 함양이란 측면에 초점을 맞췄다. 조나단 하이트는 "고대인들은 어떤 사람이 무슨 일을 하든 그의 언행으로부터 해당 인물의 덕과 인성을 관찰할 수 있었다. 반면 근대 들어서는 몇 주라는 짧은 시간 안에 각 사람들이 경험하는 일련의 상황 속에서 타인의 도덕성을 한정하여 판단하는 경향이 나타났다. 개인의 이익과 타인의 이익 간에 거래가 발생하게 된 것이다"라고 말했다. 근대적 도덕 체계가 특정 행위의 선악에 초점을 맞췄다면, 고대의 도덕 체계는 행위의 법칙보다 좋은virtuous 사람들을 만드는 데 주안을 두었다. 이성과 인격을 활용하여 인간의 텔로스를 성취하도록 만드는 것, 또 그 과정을 통해 복잡한 도덕 방정식을 풀어 나갈 수 있도록 역량을 갖춰 나가는 것이 고대인들의 주요 관심사였다.

그럼에도 아직 문제가 하나 남아 있다. 공동체를 함께 공유하려면 우리는 해당 공동체에 부과된 텔로스에 동의해야 한다는 사실이다. 철학자 레오 스트라우스가 언급한 것처럼 어떤 사회도 복수의 최종 목표의 기반 위에는 설립될 수 없다. 최종 목표를 놓고 끊임없는 분쟁이 발생하는 걸 방지하기 위해 고대 그리스인들은 공동의 목표, 다시 말해 우주의 작동 원리를 설명하는 논리를 만들어 내야 했다. 그들은 이걸 그랜드 디자이너Grand Designer 또는 부동의 동자라고 불렀다. 만약 우주가 계획 없이 무작위로 작동하는 카오스적 공간이라면 우주에는 그 어떠한 텔로스도 존재하지 않을 것이다. 하지만 모든 존재물의 배경에 어떤 원대한 계획이 있다면 인간으로서 우리의 임무는 그 계획을 발견하는 것이 될 것이다. 우주를 작동시키는 자연법의 원리를 발견하는 것 말이다.

고대인들은 텔로스에 관한 모든 이론은 그 이론을 설계한 디자이너에게 영향을 받는다고 생각했다. 그런 점에서 고대인들은 철학적인 일신론자였다. 아낙사고라스(기원전 510~전 428)는 세상을 지탱하는 보편적인 이론 체계를 발견하고 그것을 '누스(nous, 정신)'라고 명명했다. 헤라클레이토스(전 535~전 475)는 우리가 보고 경험하는 세상의 배후에 존재하는 통일된 이성 체계를 언급하며 '로고스Logos'라는 단어를 최초로 사용한 철학자였다. 인간이 이성을 통해 우주를 이해할 수 있는 이유는 어떠한 힘force이 우주를 창조하였고, 인간의 생각은 그 힘의 반영인 만큼 우리는 우주 속에 내재된 목적을 발견할 수 있다고 말한 것이다. 역사학자 리처드 타나스가 말한 것처럼 "인간의 지능이 보편적인 지식을 얻을 때 사용하는 수단과 마찬가지로 로고스는 인간의 생각과 자연 세계 가운데 동시에 작동하는 신적 계시의 원리"였다.

철학자들은 이 로고스의 개념을 밝히는 과업을 부여받은 사람들이다. 그 일을 함으로써 철학자들은 자신의 텔로스와 인류의 텔로스 모두를 광범위하게 성취하고 있다.

과학의 탄생

이와 같은 탐구의 자세는 과학의 탄생으로까지 이어졌다. 인류의 삶을 개선시킨 과학과 기술은 고대 그리스에 그 기원을 두고 있다. 대학생들이 서구 문명을 폄하할 때 도구로 사용하는 아이폰조차도 그리스의 영향력에서 자유로울 수 없다.

인간이 이성을 사용할 때 덕이 병행되어야 한다는 고대 그리스인들의 신념은 자연에 대한 과학적 탐구를 가능하게 만들었다. 고대인들은 사물의 본질을 연구함으로써 존재의 본질을 발견할 수 있다고 보았다. 성경적 세계관에서는 하나님이 세상을 창조하셨다고만 하고 자연 그 자체에 대해선 별다른 언급을 하지 않는다. 또 성경에는 자연을 탐구함으로써 하나님 가까이 나아갈 수 있다는 논리가 없다. 심지어 성경에는 '자연'이란 단어가 등장조차 하지 않는다. 히브리어 '예체르yetzer'라는 단어가 그나마 '자연'과 가까운데, 이 단어는 일반적으로 '자연'이 아니라 '의지will'를 의미한다. 그리스의 철학자들은 성경과 다른 관점을 가지고 있었다. 그들은 인간 목적의 본질을 발견하는 최선의 길이 현실 그 자체를 관찰하고 배후에 존재하는 근본 시스템을 규명하는 것이라고 생각했다. 이와 같은 태도를 통해 고대 철학자들은 보다 높은 차원의 의미를 찾기 위해서 우주를 탐구해야 한다는 결론을 내리게 된다.

피타고라스(기원전 570~전 495년)가 그 선봉에 섰다. 피타고라스는 우주를 이해하기 위해 노력함으로써 인간이 우주와 조화를 이룰 수 있다고 믿었다. 피타고라스가 수학을 연구한 것도 그 때문이었다. 그는 수학을 통해 우주 가운데 존재하는 완벽한 조화를 규명하기 원했다. 열정을 가지고 연구한 결과 피타고라스의 정리와 같은 위대한 수학적 발견들이 만들어질 수 있었다.

플라톤과 아리스토텔레스는 객관적 진리가 존재한다는 사실을 받아들였다. 하지만 두 사람은 무엇이 객관적 진리인가라는 부분에선 서로 다른 의견을 내놓았다. 결국 이들의 이견은 과학적 방법의 기반을 닦는 데 기여했다. 그 방법은 다음과 같다. 연역 deduction을 통해 우리는 과학적 가설hypothesis을 세운다. 그리고 경험적 증거를 통해 제시된 사실은 해당 이론을 판별하는 기반을 제공한다. 결과적으로 가설은 받아들여지거나 거부되거나 변경된다. 경험적 관찰에 대해 아리스토텔레스가 정립한 논리적 엄격함은 더 깊은 과학적 사고를 위한 기반으로 자리 잡게 되었다.

이성에 기반한 정부 만들기

마침내 고대 그리스인들은 우리에게 민주주의의 뿌리를 제공해 주었다. 앞서 나는 고대 그리스적 개념의 덕이란 인간 본질에 충실한 이성의 활용을 뜻한다고 말했다. 이 덕의 가치에 기반하여 플라톤과 아리스토텔레스, 그리고 스토아 철학자들은 윤리 체계를 만들어 냈다. 새로운 종류의 정부를 만들어 낸 것이다. 이들이 주창한 정부 이론은 대체로 좋은 개념들이었다. 물론 단점 역시 존재했다. 하지만 중요한 건 고대 그리스의 철학자들이 정부 구조를 구상하는 데 이성을 적극적으로 활용하기 시작했다는 사실이다. 이 프로세스는 오늘날까지 이어져 내려오고 있다.

고대인들은 덕을 함양하기 위해서 폴리스polis라는 도시국가가 인간의 삶의 중심에 있어야 한다고 생각했다. 알래스데어 매킨타이어에 따르면 고대 아테네인들은 일반적으로 좋은 인간이 되려면 먼저 좋은 시민이 되어야 한다고 믿었다. 플라톤은 자신의 윤리 사상에서 행복과 덕을 연결시켰다. 플라톤에게는 진정한 덕을 갖춘 사람이 행복할 것이라는 확신이 있었다. 플라톤은 다양한 형태의 덕을 규정했다. 정의, 절제 같은 것들이다. 하지만 플라톤에 따르면 이러한 덕들은 개인 차원에 머무르는 것이 아니었다. 해당 덕들은 공동체의 맥락 속에서만 존재할 수 있기 때문이다. 예를 들어 정의라는 덕을 생각해 보자. 정의란 개인 각자가 폴리스와의 관계에서 자신에게 부여된 역할을 충실하게 감당할 때 존재할 수 있다. 플라톤은 덕이 타인과의 관계라는 틀 안에서 존재할 수 있다고 생각했다.

개인의 덕은 폴리스에서 함양될 수 있기 때문에, 그리고 덕을 함양하는 것은 인간의 궁극적인 목적이기 때문에, 플라톤은 사람들이 덕을 함양할 수 있도록 폴리스가 엄격하게 통치돼야 한다고 주장했다. 이 말인즉, 시민들 중 가장 탁월하고 똑똑한 사람들이 폴리스의 통치자가 되어야 한다는 걸 의미했다. 플라톤은 철인왕philosopher king들의 통치가 지속성 있게 보장될 수 있는 엄격한 조건이 만들어져야 한다고 생각했다. 그렇지 않으면 혼란이 초래될 수 있기 때문이다. 『국가』에서 플라톤은 소크라테스의 목소리를 빌려 다음과 같이 쓴다. "철학자들이 왕으로 통치하지 않는다면, 또는 현재 왕이라고 일컬어지는 사람들이 철학적으로 사고하지 않는다면, 그리고 정치권력과 철학이 동일한 장소에서 융합되지 않는다면, 나의 친애하는 글라우콘이여, 이 도시들은 끊임없는 병폐에 시달릴 것이며 다른 어떤 도시에서도 사적인 또는 공적인 행복이 존재할 수 없을 걸세."

플라톤은 국가 내부의 갈등은 자신의 사회적 지위를 깨닫지 못하는 사람들에 의해 발생한다고 생각했다. 이 같은 갈등을 해소하기 위해서 플라톤은 자신의 유토피아적 비전을 통해 엄격한 사회적 위계질서를 구상했다. 또한 플라톤은 철인왕이 통치하는 이상국가라는 공산주의적 비전을 제시했다. 이 때문에 철학자 칼 포퍼Karl Popper는 플라톤의 이상국가 비전이 "순전히 전체주의적이며 반인륜적"이라고 주장하며 각을 세웠으며 플라톤이 "모든 계급은 자신의 역할에 충실해야 한다는 걸 골자로 하는 계급 통치와 계급 특권 의식을 정당화하고 있다"고 비판했다.[5] 쉽게 말해 플라톤의 이론을 따라가다 보면 한 국가 내에서 통치자는 통치하고, 노동자는 노동을 하며, 노예들은 노예로서 살아갈 때 정의로운 사회가 만들어진다는 위험한 결론이 도출될 수 있는데, 포퍼는 이 부

---

5   『열린사회와 그 적들』(1945).

분을 지적한 것이다. 이에 대해 플라톤을 연구한 레오 스트라우스와 앨런 블룸은 반론을 펼친다. 플라톤이 꿈꾼 제도와 이상은 부분적으로 경박했을 뿐이고, 실제 플라톤은 완전한 공산 사회가 실현될 수 없다는 사실을 증명하려고 노력을 했다는 점을 설명하며 포퍼의 의견을 비판했다.

아리스토텔레스가 꿈꿨던 좋은 시스템은 시민으로서 개인이란 존재를 상정했다. 하지만 선택된 소수가 이데아론을 올바로 이해할 수 있고, 그들이 나머지 다수의 대중을 관용 있게 통치할 수 있을 것이라고 믿었던 플라톤과는 달리 아리스토텔레스는 플라톤적 유토피아론을 거부했다. 아리스토텔레스는 플라톤이 제시한 국가 비전을 비판했고, 플라톤이 제시하는 비현실적 이론이 사회를 분열시킬 수 있다고 경고했다. 아리스토텔레스는 오랜 세월에 걸쳐 축적된 경험을 무시하지 말아야 한다고 말했다. 동시에 그는 민주제와 귀족제적 요소를 혼합한 정치 체제가 이상적일 것이라고 했다. 견제와 균형의 시스템이 중요하다는 걸 자신의 철학을 통해 분명히 명시한 것이다.

플라톤과 아리스토텔레스의 철학은 국가가 존재하는 한 그 국가는 자연법 사상을 따라야 한다는 걸 명시했다는 데 의미가 있다. 플라톤과 아리스토텔레스의 사상적 후계자라고 할 수 있는 키케로는 스승들의 가르침을 지나치다 싶을 정도로 강력한 언어로 표현했다. 『국가론』에서 키케로는 이렇게 말한다.

진정한 법은 자연과 합치하는 올바른 이성이다. 그 법은 보편적으로 적용이 가능하고, 불변한 동시에 영원하며, 법의 명령 그 자체를 통해서 의무를 불러일으키고, 금지된 사항을 통해 악행을 막아 내 준다. 따라서 로마와 아테네에서 법이 다를 수 없고, 현재와 미래의 법 역시 다를 수 없다. 하나의 영원불변한 법이 모든 민족과 모든 시대를 초월하여 유효하게 존재할 것이고, 한 분이신 주군과 통치자가 있을 것인데, 그분은 바로 우리를 다스리는 신이시다. 신께서는 법을 작성하셨고, 공포하셨으며, 친히 그 법의 재판관이 되신다.

키케로는 자신이 고안한 비전을 '혼합 체제'라고 불렀다. 그 체제 속에서 시민들은 정부에 대해 주권을 행사했고, 시민의 주권은 군주에 의해 견제되었으며, 또 군주의 권리는 귀족에 의해서 견제되었는데, 이 시스템은 미국 건국의 아버지들에게 큰 영감을 제공해 주었다. 키케로는 이 시스템이 전제정치의 출현과 미덕의 침해를 예방할 수 있을 것이라고 생각했다.

아테네가 말해 주는 것, 말해 주지 않는 것

그렇다. 오늘날에도 고전 공부는 필요하다. 고전에 대해 분노를 표출하는 학생들은 현재 자신들을 존재하게 만들어 준 기반 그 자체를 허물고 있는 것이다. 그들은 이성과 과학을 경시하고 있으며 민주주의 그 자체를 기만하고 있다. 이 책의 후반부에서는 그 같은 태도가 어떻게 서구 문명 그 자체를 훼손하고 있는지 살펴보려고 한다. 아테네가 없이 현재 우리가 누리고 있는 서구가 존재할 수 없다는 사실에 대해선 의문의 여지가 없다. 아테네의 부재는 엄청난 피해를 초래할 것이다.

하지만 아테네만으로 서구의 위대함을 설명하기에는 충분하지 않다.

아테네로부터 비롯된 사상은 심오한 방식으로 인간을 빚어 냈다. 특별히 인간을 세속적 시대의 결과물로 빚어 내는 데 성공했다. 인류가 아테네에게 진 빚이 무엇인지 확인하는 건 우리가 예루살렘에게 진 빚이 무엇인지 발견하는 것보다 상대적으로 쉽다고 생각한다. 아테네는 예루살렘에 비해서 믿음의 요소를 크게 강요하지 않으며 기적과 신적 요소들에 대한 신념을 요구하지도 않는다. 하지만 아테네만으로는 절대 서구 문명을 건설할 수 없었다. 서구가 서구 되기 위해선 반드시 예루살렘이 필요했다.

왜 그런지를 이해하기 위해서 우리는 다시 앞에서 설명한 네 가지 요소로 돌아가 봐야 한다. 개인의 목적, 개인의 역량, 공동체의 목적, 그리고 공동체의 역량에 대한 이야기 말이다.

아테네의 세계관 속에서 개인의 목적을 공동체의 목적과 깔끔하게 분리시키기란 거의 불가능에 가깝다. 플라톤과 아리스토텔레스, 그리고 스토아 철학자들은 개인과 공동체를 분리시켜 사고하는 것을 비생산적이며 결실 없는 시도라고 생각했다. 그리스 철학에서 개인의 목적은 도덕적 행동과 밀접하게 연관되어 있다. 올바른 이성을 추구함으로써 본성에 맞는 인간의 텔로스를 성취한다는 개념이다. 아테네적 세계관 속에서 덕이란 공동체와 관련해서만 올바로 규정될 수 있었다. 이러한 관점에서 개인은 공동체 안으로 들어가 철저하게 소멸되고 마는 것이다.

아테네인들은 공동체 없는 개인의 목적에 대해 미적지근한 태도를 취한 반면, 개인의 역량에 관해서는 종교적 수준에 가까운 신념과 확신을 가지고 있었다. 아테네인들은 우주에 질서가 있다는 논리를 열정적으로 옹호했다. 인류는 단순히 그 질서를 발견할 능력을 갖고 있을 뿐만 아니라 그걸 발견할 의무를 갖고 태어났다고까지 역설했다. 자연법을 알아낸다는 것은 곧 자연을 이해하는 것을 뜻했다. 플라톤과 아리스토텔레스, 그리고 스토아 철학자들은 자연의 현상과 본질에 천착해 인간 문제에 대한 답을 찾아야 한다고 생각했다. 이들은 인간이 이성이라는 신성한 능력을 부여받고, 사고를 통해 우주 가운데 존재하는 객관적 진실을 발견할 수 있다는 확신을 가지고 있었다. 아테네인들이 인류에게 물려준 가장 위대한 유산은 인간 정신의 힘에 대한 확고한 신념일 것이다.

앞서 말했듯 아테네적 세계관에서 공동체의 목적은 개인의 목적과 밀접한 관계를 갖고 있었다. 좋은 시민이 됨으로써 행복을 찾아가는 것이 개인의 목적이라면, 공동체의 목적은 그 덕을 장려하는 데 있었다. 일견 코뮌적인 이 같은 사회 구조 속에서 근대적 개인의 자유는 완벽히 사라지고 만다. 아테네인들은 개인에게 부여된 텔로스를 찾아 덕을 추구할 자유를 넘어서는 다른 어떤 형태의 자유에 대해서도 비관용적인 태도를 견지했다. 따라서 고대 그리스 세계관 속에서 자유란 단순히 자기 절제를 의미했는데, 이건 오늘날 우리가 흔히 사용하는 '자유'와 정반대되는 개념이라고 할 수 있다. 플라톤은 근대적 자유의 개념을 철저하게 거부했다. 플라톤은 그 자유가 무정부 상태를 초래할 것으로 내다봤다. 아리스토텔레스에게 자유는 한 개인이 철학적 탐구를 수행하는 상황에서만 허용되는 개념이었다.

그렇다면 공동체의 역량에 대해서는? 고대 그리스 사회에서 공동체는 일반적으로 다음 두 가지 기능을 담당했다. 시민들의 덕을 함양시키는 것, 그리고 시민들이 자연법을 어기지 않도록 그들을 보호하는 것이다. 플라톤은 공동체의 첫 번째 기능을 이루는 데 집중함으로써 두 번째 기능 역시 자동적으로 성취된다고 생각했다. 만약 정부가 완벽한 철인왕을 길러 내서 그를 통치자로 옹립할 수 있다면 시민들에 의해 자연법이 위배되는 불상사가 발생하지 않을 것이라고 판단했던 것이다. 아리스토텔레스와 스토아 철학자들은 플라톤이 주장한 철인왕 중심의 유토피아론에 대해 적잖은 우려를 표명했다. 그들은 견제와 균형이라는 혼합 체제를 통해 국가를 통치하는 것이 자연법의 위반을 방지할 수 있는 최선의 길이라고 생각했기 때문이다.

아테네 사상은 행복을 성취하는 데 필수적인 근본 개념들을 설명하고 있다. 우리가 스스로 텔로스를 발견할 수 있다는 인식, 과학의 탄생을 가져다준 이성 기반의 탐구, 사회적 유대를 통한 개인의 결속 등이 그것이다. 하지만 아테네의 사상은 몇 가지 질문에 대해 명쾌한 답을 제공해 주지 못한 것도 사실이다. 그리스인들은 행위가 아니라 철학함philosophizing을 통해 행복을 찾았다. 그런데 여기서 심각한 의문이 발생한다. 철학자가 아닌 사람은 어떻게 행복을 성취할 수 있는 걸까? 플라톤이 말한 삼분화된 사회[6]에서 인간은 노동자나 전사가 됨으로써 행복을 추구할 수 있을까? 덕과 시민의식 사이에 존재하는 연관성을 고려할 때 우리는 어떻게 폴리스의 폭정을 방지할 수 있을까?

가장 중요한 질문은 이것이었다. 사고 속에서 이뤄지는 철학은 어떻게 행동으로 이어질 수 있을까? 모세의 율법이 돌판에 분명히 기록되어 있는 반면 자연법은 모호하거나 심지어 허상에 가깝

---

6 '철인왕, 전사, 노동자'로 구성된 사회라는 뜻으로 쓴 것인데, 저자의 착오다. 플라톤의 이상국가를 이루는 주요 직능은 '철인왕, 전사, 상인, 노예' 넷이다.

기까지 하다. 아테네적 사유의 세계는 어떻게 실천의 세계와 연합될 수 있을까? 산 정상 높은 곳에서 행위 규범을 명령하는 전지전능한 하나님의 천둥 같은 음성은 자연으로부터 이성을 추구하는 철학자들의 나지막한, 의문 섞인 목소리와 대체 어떤 방식으로 연관될 수 있을까?

예루살렘과
아테네를 하나로

예루살렘과 아테네라는 두 세계는 얼핏 양립이 불가능한 것처럼 보였다.

유대교는 작지만 비중 있는 종교였다. 어떤 학자는 기원후 1세기가 끝날 무렵 로마제국 인구 중 약 10퍼센트가 유대교 신자였다는 통계를 내놓기도 했다. 그리스적 사고는 로마의 사상 체계에 이미 상당 부분 포함되어 있었다. 하지만 서구 문명의 두 축인 유대교의 계시와 그리스적 이성은 상당 기간 서로 대립각을 이뤄 온 것이 사실이다. 두 개념이 성공적으로 조화를 이뤄 낼 것이라고 낙관론을 펼치는 사람은 소수였다.

유대 사상과 그리스 사상 사이에서는 세 번에 걸쳐 심각한 갈등이 전개되었다.

첫 번째 갈등은 하나님의 본성에 관한 것이었다. 모세가 말한 '하나님'과 아리스토텔레스의 '신'은 동일하지 않기 때문이다. 유대교에서는 우주 가운데 운행하는 능동적인 하나님의 개념을 받아들인 반면 그리스 사상에서 신은 인간의 역사에 무관심한 부동의 동자에 불과했다. 이에 대해 조나단 색스 랍비는 "플라톤과 아리스토텔레스에게는 변치 않는 부동의 동자가 그들의 하나님이었다"고 말하며 "역사의 하나님이 곧 아브라함의 하나님이었지만 그 둘은 서로 잘 어울리지 못했다"고 했다. 고대 그리스 철학과 마찬가지로 유대교는 창조 질서 뒤에서 일하시는 하나님의 존재를 믿었다. 하지만 그리스 철학에서 나타난 것과는 달리 유대교의 하나님은 자연뿐만 아니라 인간의 역사 가운데서도 존재감을 나타냈다. 유대교적 관점에서 하나님은 인간의 행동 가운데 긴밀하게 개입하는 분이었다. 고대 그리스인들은 도덕적 판단력을 가진 신적 존재의 주관 하에 전개되는 역사보다는 운명, 또는 숙명을 믿었다.

둘째로, 그리스적 이성은 매사에 보편성을 추구했다. 이건 시나이산에서 이뤄진 하나님과 인간 사이의 구체적 소통에서 보편성을 발견한 유대교적 계시와는 대조를 이룬다. 그리스적 자연법사상은 인간이 주변 존재물들을 탐구함으로써 특정한 보편 진리에 도달할 수 있다고 믿었다. 그 보편 진리는 모든 사람들에게 적용될 수 있으며 궁극의 지식을 통해 표현된다고 믿어 왔다. 이에 반해 유대교적 계시에 따르면 인간은 이성만 갖고서는 모든 보편적 진리를 발견할 수 없었다. 인간에겐 보다 높은 차원에서 도덕을 지시해 주는 초월적 존재, 또 계시가 필요하다고 생각했다. 따라서 『토라』에 등장하는 하나님은 인간이 이성을 통해 일반 진리를 발견하기 원했던 동시에 그분의 '선택 받은' 사람들에게 추가적인 의무를 부여하신 것이다. 『토라』에 따르면 유대인들은 "모든 민족에게 하나님의 빛을 비추며", 성경에 기록된 명령을 준행하고, 보편적 진리를 전파하도록 특별히 지정된 사람들이다. 그리스적 보편주의는 인간은 논리를 통해 동굴 밖의 빛을 만날 수 있다고 한다. 반면에 유대적 개별주의는 하나님의 손길이 특정한 민족을 인도하시는 과정을 통해 나타난다고 이야기한다.

셋째로, 폴리스에 대한 그리스인들의 헌신은 유대인들이 하나님께 바친 헌신과 상당한 차이가 있었다. 그리스의 시민관觀은 폴리스 속에서 살아가는 개인의 지위와 연관돼 있었다. 그리스적 세계관에서 개인은 어떻게 하면 탁월한 시민으로서 폴리스를 위해 봉사할 수 있는지, 그리고 어떻게 자신의 덕을 함양함으로써 사회 속에서 쓸모 있는 존재가 될 수 있는지를 고민해야 했다. 하지만 유대교는 이와 달랐다. 유대교는 이웃에 대한 헌신과 신성한 율법에 대한 집단 차원의 봉사에 초점을 맞췄다.

그리스와 유대 사상은 기원전 167년에 정면충돌한 적이 있다. 그리스 왕 안티오쿠스 4세는 그리스 종교의 이름으로 유대 민족을 침공했다. 또 유대인이 예배를 드리던 성전을 더럽히고 유대 제사를 금지시켰다. 안티오쿠스 4세는 그리스에 동화된 유대인들을 자신의 대리인으로 세웠는데 이들은 유대교를 가진 사람들이 그리스에 동화될 수 없다고 판단했다. 안티오쿠스의 점령 행위에 대해 마카베우스 일가가 반기를 들고 유대 지방에 하스몬 왕조라는 독립 왕조를 건설한다. 유대인들은 오늘날까지 이 봉기를 하누카Hanukkah[1]라는 명절로 기념하고 있다.

이같이 서로 다른 두 전통이 하나로 합쳐질 수 있을까? 이성 하나만으로 인간에게 목적을 제공할 수 있을까? 종교 하나만으로 우리에게 역량을 공급해 줄 수 있을까? 애초에 이 두 개념은 서로 조화를 이룰 수 있는 것일까?

이 같은 일련의 질문들은 약 13세기 동안 철학과 종교의 중심 주제가 되어 발전을 이끌어 왔고 유럽 대륙의 역사를 바꿔 놓았다. 또 근대를 건설하는 데 근본적인 이론적 토대를 제공해 주었다.

---

1 하누카는 히브리어로 '봉헌'. 유대교의 축제일로 보통 12월(유대교력 9월)에 열린다. 안티오쿠스 4세에 의해 더럽혀진 유대 성전이 회복되어 다시 하나님께 봉헌된 것을 기념하는 데서 유래.

기독교의 탄생

기독교의 탄생은 유대 사상과 그리스 사상을 융합하려는 첫 번째 진지한 시도를 잘 대변했다. 하나님에 대한 관점과 세상을 향한 인류의 탐험이라는 측면에서 기독교는 그리스적이라기보다 유대교에 훨씬 가까웠다.

기독교는 유대교의 메시지를 일반화시켰다. 복음서는 당시 유대인들이 사용하던 아람Aram어가 아닌 그리스어로 기록되었다. 이건 다분히 의도적인 접근이었다. 복음서의 저자들은 예수에 관한 이야기가 전 세계로 퍼져 나가길 기대했기 때문이다. 기독교적 세계관 속에서 예수는 더 이상 유대인이 아니었다. 예수는 신성을 가진 하나님이 육화된 존재였다. 따라서 보편성이라는 명분 아래 유대교 율법상 존재했던 제약의 상당 부분은 복음서에서 해소될 수 있었다. 이에 대해 역사가 리처드 타나스는 "플라톤이 말한 어둠의 동굴 밖에서 빛을 비춰 주는 실존의 진정한 근원인 그 숭고한 빛은 이제 그리스도의 빛으로 인식되기 시작했다. 알렉산드리아의 클레멘트가 선언한 것처럼 '로고스[2]에 의해 이제 모든 세상은 아테네가 되었고 또 그리스가 되었다'"라고 말했다. 유대적 하나님은 율법과 이스라엘인들에게 초점이 맞춰져 있었다. 또

---

2   신약성경 「요한복음」 1장 1절("태초에 말씀이 계시니라")은 '말씀(the Word)'으로 번역했다.

이스라엘인들은 율법을 준행함으로써 어두운 세상을 밝게 비추는 횃불이 돼야 한다는 것이 유대교의 핵심 교리였다. 하지만 유대교가 기독교와 접목되면서 그 교리는 뒤집어진다. 이제 예수가 모든 사건의 중심으로 자리 잡기 시작했기 때문이다.

> 그리스도는 모든 믿는 자에게 의를 이루기 위하여 율법의 마침이 되시니라 (…) 네가 만일 네 입으로 예수를 주로 시인하며 또 하나님께서 그를 죽은 자 가운데서 살리신 것을 네 마음에 믿으면 구원을 받으리라 사람이 마음으로 믿어 의에 이르고 입으로 시인하여 구원에 이르느니라 (…) 유대인이나 헬라인이나 차별이 없음이라 한 분이신 주께서 모든 사람의 주가 되사 그를 부르는 모든 사람에게 부요하시도다 누구든지 주의 이름을 부르는 자는 구원을 받으리라. (로마서 10:4-13)

기독교가 탄생한 이후 이제 누구나 보편적으로 하나님께 접근할 수 있게 되었다. 문턱이 낮아진 것이다. 기독교 신앙에서 이 모든 걸 가능하게 만든 건 '믿음'이었다. 개인을 위한 대속자代贖者가 있다는 것이 믿음 교리의 요지였다. 이 교리로 인해 기독교는 지난 역사 동안 수십억의 사람들에게 그 저변을 확대시킬 수 있었다. 행위보다는 은혜에 초점을 맞추는 기독교는 엄격한 율법을 강조하는 유대교보다 사람들이 훨씬 수월하게 접근할 수 있는 종교였다. 유대교의 계명은 복잡하고 어렵다. 하지만 기독교는 그런 계명의 필요성을 제거했다. 믿음이 무엇보다 중요하기 때문이다.

하지만 믿음을 최우선 교리로 만드는 과정에서 기독교는 사람들의 삶 속에서 그리스적 이성이 가졌던 역할을 축소해 버렸다. 하나님은 우주의 배후에 존재하는 논리 체계, 즉 로고스로 인식되었지만, 기독교는 그 로고스를 예수와 동일시했다. 이에 대해 초기 기독교 사상가였던 테르툴리아누스(155~240)는 다음과 같이 상황을 요약했다. "예루살렘과 아테네가 무슨 상관이 있으며, 아카데미와 교회가, 그리고 기독교인과 이교도가 무슨 관련이 있겠는가? 예수께서 나타나신 이후부터 사색은 의미를 잃었으며 복음이 탄생한 후부터 학문의 연구는 그 의미를 잃고 말았다." 비슷한 맥락에서 **아우구스티누스**(어거스틴, 354~430)는 계시로부터 오는 진리를 받아들인 사람이 우주를 연구하는 건 시간 낭비에 불과할 뿐이라고 말하기도 했다. 또 아우구스티누스는 다음과 같이 이야기했다. "많은 학자들이 이런 주제들을 놓고 장황한 토론을 하지만 깊은 지혜를 가진 성스러운 지식인들은 그 같은 과정을 생략해왔다. 해당 토론 주제들은 팔복八福[3]을 추구하는 사람들에게 어떠한 이익도 가져다줄 수 없으며, 설상가상으로 그런 쓸모없는 일

---

3   예수의 '산상수훈'(마태복음 5~7장) 중 여덟 가지 복.

을 하다 보면 정말 가치 있는 영적 일에 쏟아부어야 할 시간을 낭비하게 된다. 진리는 인간이 이성을 통해 더듬어 발견할 수 있는 추측 가운데 있는 것이 아니라 하나님께서 계시하신 영역에서 발견되는 것이다." 그렇다고 해서 아우구스티누스가 이성의 역할을 완전 부정한 건 아니다. 그는 원죄가 존재하지 않았더라면 인간이 이성을 통해 하나님과 연결될 수 있었겠지만, 인간이 타락한 후로는 은혜가 인간과 하나님 사이의 빈 공간을 채워야 했다고 말한다. 이성은 그 빈 공간을 메우는 주요 매개체가 될 수 없다는 것이다.

기독교는 예수를 통해 폴리스 대 개인이라는 딜레마를 풀었다. 예수가 말한 세상의 변화는 물질적인 세상이 아니라 영적인 세상을 의미한다고 패러다임을 전환시킨 것이다. 유대교에서 말하는 메시아는 영적 인물이 아니라 정치적 인물이었다. 바로 이 교리 때문에 유대교는 현실의 강력한 제국들과 항상 갈등을 겪어왔다. 하지만 기독교는 메시아의 개념을 완전히 재정립했다. 바울은 세속적 평화의 시대로 우리를 인도해 줄 유대교적 메시아를 인간의 죄를 대속하기 위해 죽어야만 했던 영적 메시아로 승화시켰다. 그리고 여기서 핵심은 믿음이었다.

이 같은 구분은 아우구스티누스에 의해 더욱 분명해졌다. 아우구스티누스는 로마제국이 멸망한 후 기독교의 영적 부흥이 로마제국의 물질적 쇠퇴를 초래하게 되었다는 주장을 듣고 깊은 고민을 하게 되었다. 그는 이원론적으로 사고했다. 이원론적 사고의 핵심은 아우구스티누스가 '하나님의 나라(신국神國, City of God)'와 '사람의 나라(인국人國, City of Man)'라고 각각 부른 두 개 세계의 철저한 분리에 있었다. 하나님의 나라는 덕을 중심으로 운영된다. 은혜를 통해 예수의 사랑으로 인도함을 받은 기독교인들이 모인 공동체다. 반면 사람의 나라는 물질적 세상이다. 그리스인들은 폴리스를 통해 나타난 이 세상을 대단히 중요시했다. 아우구스티누스에 따르면 사람의 나라는 탐욕스럽고 물질주의적이며, 인간에게 행복을 가져다줄 수 없는 곳이었다.

아우구스티누스의 이분법에 따르면 세속의 정부는 기독교로부터 전혀 위협을 느낄 필요가 없었다. 기독교는 사람들의 영혼과 예배만을 추구하기 때문이다. 아우구스티누스에게 기독교는 정치를 초월한 개념이었다. 시민을 통치하는 것은 사람의 나라의 몫이었다. 그는 이렇게 말한다.

그리스도의 종들은 필요한 경우에 그 직분이 왕이든 제후든 재판관이든, 군인이든 지방민이든, 부자든 빈자든, 자유인이든 노예든, 남성이든 여성이든 관계없이 모두 최악으로 타락한 나라에서의 삶을 인내해야 한다. 그렇게 함으로써 그들은 가장 거룩하고 장엄한 천사들의 모임에서 자신에게 예비된 자리를 가질 수 있게 된다. 그곳은 하늘에 있는 나라로서 하나님의 뜻이 법이 되어 통치하는 공간이다.

인간의 영역은 인간에게 속한 것이고, 하나님의 영역은 하나님에게 속한 것이었다.[4] 물론 현실에서는 교회가 빠른 속도로 세속과 영적 권력 모두를 장악하기 시작했다. 아우구스티누스가 개념화한 하나님의 나라와 사람의 나라의 이분법은 실제 그와 같은 교회의 권력 장악을 지지하고 있었다. 왜냐하면 가장 탁월한 사람의 나라는 하나님의 나라에서 나타나는 가치관들을 활용하는 공간이 될 것이기 때문이었다. 아우구스티누스는 때때로 권력을 추구해서 논란을 초래하기도 했다. 도나투스Donatus파라는 이단 분파가 아우구스티누스 및 그가 속해 있던 국가 체제를 위협했을 때 아우구스티누스는 로마 권력의 힘을 빌려 그들을 제압하면서 말했다. "당신들은 그 누구도 의로움을 따르는 데 있어서 강요를 받아선 안 된다는 의견을 내지만, 성경에서 한 집주인은 자신의 하인에게 '길과 산울 가로 나가서 사람을 강권하여 데려다가 내 집을 채우라'[5]고 말하고 있다. 때때로 목자는 막대기를 사용해 방황하는 양을 무리 가운데로 인도해야 한다." 아우구스티누스를 옹호하는 사람들은 이 같은 표현이 긴급 상황에 대한 대처치고는

---

4   참고: "가이사(카이사르)의 것은 가이사에게, 하나님의 것은 하나님께 바치라"(마태복음 22:21).

5   누가복음 14:23.

별로 교조적이지 않다고 생각했다. 어찌 됐든 가톨릭교회는 앞으로 다가올 수 세기 동안 권력을 통한 횡포를 행사하는 데 전혀 부끄러움을 느끼지 않았다.

기독교의 승리

기독교의 전파는 빠르고 광범위하게 이뤄졌다. 역사가 로드니 스타크는 서기 40년[6] 지구상에 존재하는 기독교인은 약 1천 명이었으나 300년에는 대략 600만 명의 기독교인이 있었다고 추정한 바 있는데, 이것은 10년마다 약 40퍼센트 속도로 증가한 것이었다. 기독교는 어떻게 확장될 수 있었을까? 영적인 이유를 차치하고서도 기독교의 발달이라는 현상을 설명하는 다양한 이론들이 존재해 왔다.

  첫째로, 기독교가 탄생했을 때 약자와 가난한 사람들을 돌보는 시스템에 대한 존경이 사람들로 하여금 기독교에 관심을 갖게 만들었다는 데 역사학자들의 의견이 일치한다. 교회에 대해 대단히 적대적 태도를 가졌던 율리아누스 황제조차 설령 가식적이더라도 기독교인들이 도덕성을 갖추고 있다는 사실을 인정했다. 율리

---

6   예수(기원전 4경~후 30) 처형 후 약 10년.

아누스는 특별히 기독교인들이 낯선 사람에게 친절을 베풀고 망자의 무덤을 돌보는 선행을 실천하는 것은 이교도들도 본받을 필요가 있다고 말했다. 율리아누스는 가난하고 굶주린 사람들에게 관심을 누는 것이 기녹교의 핵심 포교 방식이라고 생각했다.

또 기독교는 개종자를 적극적으로 찾아 나서는 유일한 종교이기도 하다. 서기 70년 예루살렘 성전이 파괴된 이후 유대교는 종교적 의미의 선교를 중단했다(심지어 성전이 파괴되기 전에조차 유대교가 포교를 강조했는지에도 논란이 있다). 기독교는 보편적인 동시에 배타적인 구원론을 전파했기 때문에 당시 로마 사회에서 많은 신도를 모을 수 있었다. 이방 종교를 가진 사람들에게 기독교를 받아들이지 않으면 영생을 얻을 수 없다고 말한 건 탁월한 전도 전략이었다.

초기 기독교인들은 로마인들에게 잔인하게 박해 받았다. 로마인들은 기독교인들을 반체제적이고 종말론적인 유대교의 한 분파로 간주했다. 하지만 영적 세계와 물질적 세계를 구분 짓는 기독교적 세계관은 로마 황제들로 하여금 기독교인들을 정치적 희생양 또는 잠재적 지지 기반으로 바라보게 만들었다. 서기 303년 디오클레티아누스 황제는 기독교인들에게 역사상 가장 잔인한 탄압을 가했다. 하지만 얼마 후인 311년 갈레리우스 황제는 동로마 제국에서 기독교에 합법적 종교의 지위를 부여하고 관용을 보였다. 그로부터 2년 후 밀라노 칙령[7]은 기독교에 대한 관용을 전 로마제국으로 확대하였다. 마침내 325년 콘스탄티누스 황제는 기독교의 핵심 교리를 정립하기 위해 소집된 제1차 니케아 공의회에 참여하게 된다. 그 모임을 통해 탄생한 니케아 신조[8]는 기독교 신학의 핵심 뼈대를 형성하게 되었다. 임종하기 직전 콘스탄티누스는 마침내 자신이 사랑한 종교 기독교로 개종한다. 그리고 서기 380년 테오도시우스 황제는 기독교를 로마제국의 국교로 공인했다.[9] 유대교의 한 분파로 출발한 작은 종교가 세계에서 가장 강력한 제국의 리더십을 장악한 놀라운 스토리는 그렇게 완성되었다.

하지만 로마제국은 이미 내부로부터 붕괴되고 있었다. 476년 서로마의 마지막 황제 로물루스 아우구스투스는 칼의 위협을 받으며 불명예 퇴위했다(콘스탄티노플을 기반으로 한 동로마제국은 비잔티움제국으로 15세기까지 명맥을 유지한다). 서로마제국의 몰락은 유럽 대륙의 분열을 초래했다. 가톨릭교회는 그 공백을 메꾸기 위해 발 빠른 행동에 나서 세속 권력과 종교 권력 모두를 거머쥐게 된다.

로마의 몰락으로부터 12세기에 이르기까지 기독교는 이탈리아

---

7   서기 313년 콘스탄티누스 황제가 로마제국 내에서 종교에 대한 관용을 보장한 칙령. 그 안에는 기독교인들이 박해 시기에 받은 피해를 국가 차원에서 보상하는 내용도 포함되어 있었다. 그러나 밀라노 칙령으로 기독교가 로마의 국교가 된 것은 아직 아니다. 이어지는 문장들 참조.
8   기독교 '사도신경'의 모태가 된 신앙고백.
9   테오도시우스 1세가 380년 칙령으로 기독교를 '사실상' 로마제국의 국교로 인정했고, 정식 국교화가 이루어진 것은 392년으로 본다.

반도에서 시작해 영국 제도, 프랑스, 독일, 그리고 마침내 북유럽까지 전파된다. 아우구스티누스가 하나님의 나라와 사람의 나라 사이에 존재하는 엄청난 간극을 주장했지만, 가톨릭교회는 세속의 영역에 속한 사람의 나라에서도 꽤나 큰 영향력을 유지했나. 교회는 유럽 대륙 전역에 걸쳐 신자들로부터 십일조를 거둬들였고, 교회가 관장하는 독립된 종교 법원을 보유하고 있었다. 10세기에 이르렀을 때 교회는 이미 서유럽에서 단일 기관으로는 가장 많은 땅을 보유하고 있었다. 왕들은 교회로부터 부여받은 권위를 통해 통치의 정당성을 찾았지만[10] 그와 동시에 권력을 놓고 교회와 다툼을 벌였다. 신성로마제국 황제 하인리히 4세는 교황 그레고리 7세로부터 왕권의 정당성을 회복하기 위해 눈 위에 맨발로서 있어야 했다.[11] 잉글랜드의 헨리 2세(1133~1189)는 격분하여 토마스 베켓 대주교를 죽이게 한 후 여론의 극심한 반대에 직면하자 스스로 태형을 받는 방식의 참회를 택한다.

대중 역사가들은 이 시기를 '암흑시대'라고 부른다. 하지만 그것은 정확하지 않은 표현이다. 기독교가 전파됨에 따라 진보는 지속되어 왔다. 수도원 시스템은 학습을 수도원 중심으로 재편했고, 그곳에서 사제들과 수녀들은 금욕적인 자세로 하나님에 대한

---

10 왕권신수설(Divine Right of Kings). 세속의 권력은 신에 의해 정당성을 부여받았다.
11 카노사의 굴욕(1077).

이해를 추구하며 자신의 삶을 헌신했다. 교육적인 측면을 보자면 이들의 헌신은 성경 연구에 초점이 맞춰져 있었다. 예를 들어 베네딕트 수도회 소속 사제들은 성 베네딕트(480~547)가 만든 규율에 따라 엄격한 생활을 유지했는데 그 규율 안에는 행동 규범을 비롯하여 일일 업무량까지 명시되어 있었다. 수도원 시스템을 통해 각종 기술도 발전했다. 새롭게 책을 쓰고 그걸 아름답게 유지하는 데 헌신한 수도사들에 의해 각종 필사본이 보존되었다. 수도회 시스템 속에서 비록 영적 의미가 많이 추가되긴 했지만 고대 그리스와 로마인들이 가르쳤던 인문학이 그 명맥을 유지했다. 키케로와 세네카 등 고대 철학자들이 주창한 바로 그 인문학이었다. 아우구스티누스 자신이 이교도를 향해 모종의 불쾌함을 가졌음에도 불구하고 그는 하나님을 예배하는 데 인문학 교육이 큰 기여를 할 수 있다고 생각했다. 아우구스티누스는 이것을 출애굽하는 이스라엘 백성들이 이집트에서 각종 은과 금을 가지고 나온 것에 비유하며 다음과 같이 말했다. "이것은 그들의 금과 은인데, 그들이 직접 만들어 낸 것이 아니라 특정한 광물로부터 추출해 낸 것이다. 이 금과 은은 신성한 섭리에 의해 곳곳에 퍼져 있다. 이제 우리는 이것을 보다 나은 목적을 위해 사용해야 할 것이다." 금과 은, 즉 자유교양liberal arts은 철학자 보에티우스(481~525)에 의해 유명한 삼학(trivium: 문법, 수사학, 논리학)과 사과(quadrivium: 음악, 산수, 기하학, 천문학)로 체계화되었다.

그 와중에 중세 시대에는 농업 분야에서 기술적 혁명이 발생했다. 상업이 발달했으며, 다성多聲음악polyphony으로부터 고딕 건축에 이르기까지 다양한 형태의 예술이 번성했다. 또한 중세 시대에는 기술의 발날로 인해 새로운 전술이 도입되기 시작했는데 그로 인해 서구 유럽의 나라들은 향후 몇 세기 동안 적과의 싸움에서 승리할 수 있었다. 많은 역사학자들이 이 시기에 발흥한 이슬람 문명의 힘을 종종 언급한다. 실제 이슬람 문명은 아라비아 반도에서 번성했다. 하지만 이슬람 세력과 서구 문명이 맞서 싸운 투르푸아티에 전투[12]에서 그들은 일거에 패퇴했다.

8세기에 기독교 지도자들은 노예제에 대항하는 싸움을 벌이고 있었다(무슬림 전쟁포로 노예들은 예외). 대다수의 수도원들은 자본주의에 친화적인 태도를 갖고 있었다. 또 가톨릭교회는 사회 내에서 학습과 가르침을 담당하고 있었다. 사실상 문자로 기록된 모든 자료들은 수도원으로부터 파생된 것이었다.

그럼에도 불구하고 이와 같은 환경만을 통해선 근대적 세계로 나아갈 수 없었다. 종교에 기반한 믿음은 개인에게 목적을 제공해 주었다. 또 신앙은 공동체에게 도덕적 목적을 제공해 주었다. 하지만 다음과 같은 부분도 생각해 봐야 한다. 교리적 신념에 기

---

12 732년 프랑크의 카를 마르텔이 이슬람 연합군을 격파한 전투. 이 전투로 이슬람 세력의 서유럽 확장이 저지되고 이슬람 치하의 이베리아 반도에서 탈환(레콩키스타) 운동이 본격화된다.

반한 자유의지와 노동 가치의 개념이 개인 차원의 능력을 강화시키는 데 도움을 주긴 했지만, 이성은 점차 신앙보다 덜 중요한 요소로 인식되기 시작했다. 교회를 기반으로 한 강력한 사회안전망의 탄생으로 공동체의 역량이 증대된 건 사실이지만, 사회 전반에 아울러 나타나는 가톨릭교회의 권력 확장과 군주들의 통치는 개인의 선택을 심각하게 침해하는 결과를 초래했다. 심지어 교육마저도 지나치다 싶을 정도로 교회 중심으로 편성되었다. 진정한 지식은 모두 성경에 쓰여져 있고 인문학은 성경에 기록된 이야기를 뒷받침할 때만 가치 있다는 식으로 치부됐다. 과학과 민주주의가 서구에서 뿌리를 내리기 위해선 이성의 지위가 한 차례 더 격상되어야 했다.

그 과정은 11세기 무렵 고대 그리스 이성이 서구에 다시 도입되면서 시작되었다. 기독교는 세속적 학습에 대해 탐구적 사고를 하는 데 열린 태도를 갖고 있었다. 이 같은 기독교의 풍토는 스콜라 철학이라는 새로운 운동을 탄생시킨다. 이 운동은 기독교인들로 하여금 하나님의 통치 영역을 인간 지식의 모든 분야로 확장시켜 생각하게 만드는 데 상당한 기여를 하였다. 스콜라 철학은 하나님과 그분이 만드신 우주, 그리고 신앙과 이성 간의 연합에 대해 새로운 연구의 장을 열어 주었다. 스콜라 학파를 선도한 생 빅토르의 위그(1096~1141)는 "모든 것을 학습하라. 그러면 언젠가 그 어떤 것도 불필요하지 않음을 깨닫게 될 것이다"라는 유명한 말을 남겼다. 그는 자신의 말을 증명이나 하듯 인간 지식 전반을 포괄하는 대전大典, summa을 쓰려 했으나 완성하지 못했다.

스콜라 학파는 가톨릭교회 내 핵심 철학으로 자리 잡았다. 교회는 대학을 후원하는 프로그램을 시작했다. 소르본 대학으로 알려진 파리 대학을 비롯해 볼로냐 대학, 옥스퍼드 대학 등이 모두 이 시기에 만들어졌다. 토마스 E. 우드 주니어가 말한 것처럼 "교회는 성직자에게 주어지는 것과 맞먹는 혜택을 제공하면서 대학생들을 보호했다." 실제 많은 교황들은 무슨 문제가 발생하면 대학을 보호하며 그들을 위해 목소리를 높여 주었다.

아테네와 예루살렘을 통일시키려는 야심 찬 시도는 12세기와 13세기에 그 정점에 이르렀다. 12세기에는 오랫동안 사장되어 있던 아리스토텔레스의 학문적 업적이 서구에서 다시 조명을 받게 된다. 아리스토텔레스의 글들은 수 세기 동안 아랍 세계에서 보존되어 왔다. 그러던 것이 12세기를 기점으로 유럽으로 재전파되기 시작한다. 결국 13세기에 그리스 철학은 유럽에 막대한 영향을 끼쳤다. 아테네가 돌아온 것이다.

아테네와 예루살렘이 통합되는 데 기여한 지도자들이 여럿 있었다. 앞에서 언급한 마이모니데스는 유대인들 중 가장 심도 있는 통찰을 가진 사상가였다. 기독교인들 가운데 이 분야에서 리더격 인물은 **토마스 아퀴나스**(1225~1274)다. 아퀴나스는 자신의 이름을 딴 토마스주의Thomism 철학 및 신학 사상의 아버지가 되었다.

기본적으로 이들은 아리스토텔레스의 사상과 기독교를 하나로 합치려고 시도했다. 이성과 논리를 계시와 연합시키고자 했다. 아퀴나스는 "종교 진리의 영역에서 하나님에 대해 올바른 의견을 가지고 있기만 하면 창조에 대해 어떤 생각을 가지고 있는지는 별로 중요하지 않다고 말하는 사람들은 확실히 틀렸다. 창조에 대해 잘못된 생각을 가지는 건 하나님에 대하여 잘못된 사고를 가지는 것으로 귀결된다"고 말했다. 아퀴나스의 관점에서 하나님은 하늘과 땅의 주관자이기 때문에, 그분의 창조 행위는 그분 자신이 살아 계신다는 것의 확증으로 받아들여졌다. 하지만 하나님을 안다는 건 먼저 그분을 믿는다는 걸 의미했다. 하나님은 인간이 그분을 알 수 있도록 디자인하셨기 때문이다.

따라서 마이모니데스나 알파라비Al Farabi, 872~950 같은 무슬림 철학자들과 마찬가지로 아퀴나스는 하나님의 존재에 대한 입증을 기반으로 하여 자신의 주장을 전개해 나갔다. 이러한 시도는 당시만 하더라도 기독교 세계에서 굉장히 혁명적이었다. 유대교에서는 계시의 범주를 넘어서 하나님의 존재를 입증하려는 시도 자체를 하지 않았다. 하나님은 단순한 창조주였기 때문이다. 그것으로 이야기는 끝이었다. 마찬가지로 기독교 역시 하나님의 존재에 대한 논리적 증명을 시도하지 않았다. 예수님은 이 땅에서 걸어 다니셨고 죽은 자 가운데서 살아나신 분이었다. 그것으로 이야기는 끝이었다.

하지만 아퀴나스는 신앙을 강화하기 위한 수단으로 이성을 선택했다. 아퀴나스는 하나님의 존재에 관하여 몇 가지 논증을 제시했다. 그중 가장 설득력 있는 것은 아리스토텔레스가 주장한 우주론적 논증이었다. 본질적으로 아퀴나스는 생명의 형태로 존재하는 모든 것들이 현실태actual와 잠재태(가능태, potential)의 조합이라고 생각했다. 양초를 예로 들면, 양초는 현재 양초로서 존재하지만 불에 노출되면 왁스 덩어리로 변할 잠재성을 내포하고 있다. 양초가 현재 그 상태로 유지되는 이유는 **어떤 무엇**이 그 양초에 작용하고 있기 때문이라는 것이 아퀴나스의 설명이다. 그 어떤 무엇은 또 다른 무엇에 의존하고 있다. 하지만 아퀴나스는 그 무엇의 사슬이 영원히 지속될 수 없다고 했다. 궁극적으로는 부동의 동자라고 알려진 목적인이 만물의 생성 이전에 존재해야 한다는 주장이었다. 그 부동의 동자는 현실태와 잠재태의 조합이 아닐 것이었다. 그것은 순수한 현실태 그 자체일 수밖에 없다. 왜냐하면 만약 그 부동의 동자가 일말의 잠재태라도 가지고 있다면 그것은 다른 힘에 의하여 현실화될 수 있고, 이는 퇴행의 계속을 의미하기 때문이다. 이 궁극적인 부동의 동자를 아퀴나스는 바로 하나님이라고 했다. 이 부동의 동자는 비물질 상태로 존재하고, 시공을 초월해 존재하고, 완전해야 한다. 그렇지 않으면 부동의 동자는 순수한 현실태가 아니겠기 때문이다.

아퀴나스는 여기서 한 발짝 더 나아갔다. 만약 이성을 통해 영원한 영광 가운데서 자연을 창조해 낸 지성 있는 하나님의 존재를 인정할 수 있다면, 인간은 자연 세계를 바라봄으로써 하나님에 대한 이해를 넓힐 수 있다고 생각한 것이다. 하나님은 자연을 만드셨다. 따라서 자연의 법칙을 탐구하는 것은 하나님 그 자체를 탐구하는 것과 동일한 개념으로 치환될 수 있었다. 하나님은 인간이 모든 영역에서 그분을 찾길 기대하셨다. 그래서 하나님은 인간에게 자유의지와 이성을 부여하신 것이다. 아퀴나스는 이렇게 말하며 기뻐한다. "인간은 판단을 근거로 행동한다. 그 이유는 자신 안에 내재된 불안의 힘에 영향을 받아 무언가를 기피 또는 추구해야 한다고 생각하기 때문이다. (…) 한 인간은 스스로가 이성적인 만큼 자유의지를 가질 필요가 있다."

아퀴나스의 사고 속에서 예루살렘과 아테네는 재결합된다. 하나님은 인간에게 이성을 사용할 것을 명령하시고, 이성은 우리에게 하나님이 디자인한 자연법을 발견할 것을 종용한다.

아퀴나스는 과학적 발견과 진보에 대해 굉장히 호의적인 태도를 갖고 있다. 아퀴나스는 그와 동시대를 산 천문학자들의 연구에서 오류가 드러난다고 하더라도 그 자체로 자신이 주장한 형이상학이 반박되지 않을 것이라고 공공연하게 말하고 다녔다. 왜냐하면 "별들에 관한 현상은 현재 인간의 수준에서는 발견되지 않은 어떤 다른 방법을 통해 설명될 수 있다"고 믿었기 때문이다.

아퀴나스의 말대로 이성이 우리를 상당한 수준까지 도달하게 만들 수 있다면, 왜 계시의 영역이 굳이 필요한 것인지 의문을 갖지 않을 수 없다. 이 부분에서 아퀴나스는 아우구스티누스의 논리를 차용한다. 인간이 흠 없고 완전한 사고를 할 수 있다면 계시는 불필요해진다는 것이다. 하지만 실제 우리는 완전하지 못하다. 따라서 계시가 그 빈 공간을 메꿔 주는 것이다. 신학자인 어니스트 포틴Ernest Fortin이 지적한 것처럼 아퀴나스는 "계시를 통해 얻은 진리와 이성과 경험만을 통해 얻어진 지식 사이에 구분은 존재할 수 있지만 그 둘 사이에 근본적인 불일치는 존재할 수 없다"고 믿었다.

아퀴나스가 인간 이성에 대해 가졌던 믿음, 그리고 인간의 이성이 신의 계시를 허물어뜨리지 않을 것이라는 그의 신념은, 훗날 과학 혁명이라는 형태로 완연하게 꽃을 피웠다. 서방 세계에서 과학의 발달은 창조의 지식을 통해 하나님을 알아 가며 그분을 기념하는 것이 인간의 근본 목적이라는 관점에 뿌리를 두고 있었다. 포스트모던 시대에 만연한 무신론 운동가들의 프로파간다와는 다르게, 다위니즘 시대까지 존재한 대부분의 위대한 과학자들은 종교적 신앙을 갖고 있었다. 스콜라 학파 운동은 초기 과학적 방법론이 발달할 당시 이론 및 제도적 기반을 제공해 주었고 이 같은 전통은 태양 중심의 태양계를 발견한 니콜라스 코페르니쿠스(1473~1543)의 시대에 이르기까지 이어져 왔다.

로저 베이컨(1219~1292)은 스콜라 학파 방법론의 가장 강력한 주창자였다고 할 수 있다. 베이컨은 자연 세계를 이해하는 데 자신의 모든 것을 쏟아부은 프란체스코회 수도사였다. 아퀴나스와 마찬가지로 베이컨은 결론을 도출하기 전 사실을 먼저 수집해 분석하는 아리스토텔레스의 방법론을 사랑했다. 베이컨은 어찌 보면 지나치다 싶을 정도로 광학, 연금술, 천문학 등에 집착했다. 그는 율리우스력曆[13]이 날짜 변화에 둔감하다는 이유로 달력 개정을 주장했고, 유럽에서 최초로 화약 제조법을 발견한 사람이기도 했다. 일반적 통념과 달리 과학의 진보는 계몽주의 때 시작된 것이 아니다. 이미 중세 유럽의 수도원에서 과학적 진보의 맹아가 싹트고 있었기 때문이다.

조화 속의 결함

문제는 이 조화가 지속될 수 없다는 것이었다. 그리고 실제 지속되지 못했다. 그 이유를 알아보기 위해서 우리는 아우구스티누스와 아퀴나스의 철학이 어떤 부분을 결핍하고 있는지 살펴봐야 한다. 또 이 같은 결점이 계몽주의의 탄생과 함께 어떻게 보완되었

---

13 동로마제국의 전통을 잇는 정교회의 교회력. 현재 세계적으로는 그레고리력을 사용한다.

는지를 알아봐야 한다. 앞에서 언급한 행복을 위한 기본 프레임으로 다시 돌아가 보자. 그리고 당시 가톨릭적인 유럽 사고의 관점을 활용해 내재적 접근을 해보도록 하자. 우리는 개인의 목적, 개인의 역량, 공동체의 목적, 그리고 공동체의 역량에 관한 부분을 다시 점검해 볼 필요가 있다.

스콜라 철학은 목적에 관한 문제에 대해 진지한 답을 제공했다. 스콜라 철학에 따르면 인간은 사랑이 넘치는 하나님의 안배에 의해 이 땅에 태어났다. 그리고 하나님은 우리가 선을 행하고 악을 멀리하길 원하신다. 이 같은 설명은 유대교에서 제시한 답변과 동일했다. 물론 유대교의 율법주의가 인간의 이성을 통해 발견 가능한 아테네식 보편적 자연법으로 단순화되어 변형되긴 했지만 말이다. 아퀴나스는 인간이 하나님으로부터 부여받은 자연적 경향을 타고난다고 생각했다. 그리고 이성을 통해 그 자연적 경향을 다스릴 때 우리는 선을 발견할 수 있다고 믿었다. 이와 달리 아우구스티누스는 예수를 믿는 것이 하나님을 발견하는 유일한 통로라고 설명했을 것이다. 아퀴나스는 신약성경의 교의를 배척하지 않는 선에서 예수 이외에 하나님께 나아가는 또 다른 통로를 발견했다는 점에서 아우구스티누스와 차별화된다. 바로 인간 이성이다.

아퀴나스는 인간의 역량에 대해 깊은 신뢰를 갖고 있었다. 아우구스티누스와 아퀴나스 모두 자유의지의 존재를 믿었다. 하지만 아퀴나스가 가졌던 이성에 대한 확신은 아우구스티누스가 가졌던 확신보다 훨씬 강력했다. 아퀴나스는 이성에 대한 믿음을 갖고 있긴 했지만 그는 자신의 지적 여정이 하나님을 추구해 나가는 종교적 사명으로부터 스스로를 이탈시키지 않을 것이란 확신 역시 갖고 있었다. 이런 배경 때문에 아퀴나스는 두려움 없이 물질세계를 탐구해 나갈 수 있었다. 이것은 당시만 하더라도 가히 혁명적인 접근이었다. 초월적transcendent인 영역에 중점을 뒀던 플라톤적 사변은 아퀴나스로 인해 내재적immanent인 것에 초점을 맞추는 아리스토텔레스적 방법론으로 대체되게 된다.

공동체의 목적에 관한 부분은 어떨까? 기독교는 선을 위한 투쟁에서 공동체의 목적을 부여해 주었다. 하지만 다른 모든 종교와 마찬가지로 기독교 역시 영적인 영역에 지나치게 초점을 맞춘 나머지 때때로 물질적 영역을 배척하기도 했다. 기독교는 때때로 이 땅을 더 나은 세상으로 만들려는 사람들의 노력을 진지하게 받아들이지 않는 것처럼 비쳐지기도 했는데 그로 인해 공격의 빌미를 제공하기도 했다.

하지만 가톨릭교회의 교세 확장은 공동체의 목적이 발전하는 데 장애물로 작용했다고 볼 수 있다. 아우구스티누스와 아퀴나스 어느 누구도 실제적 의미를 담고 있는 정교분리의 원칙에 대해 심도 있는 고민을 하지 못했다. 아우구스티누스는 세속 국가의 탄압으로부터 교회를 보호하기 원했지만 동시에 세속의 영역에서도 기독교 군주가 통치하는 것이 바람직하다고 생각했다. 아리스토텔레스와 마찬가지로 아퀴나스 역시 국가를 통해 공동선을 증진하는 것이 가치 있다고 판단했다. 물론 그렇다고 공동선의 증진을 영적인 구원보다 더 높은 데 둔 것은 아니었다.

중세의 종말이 서구 문명의 건설에 또 하나의 주춧돌로 작용하긴 했지만, 문명의 기반은 여전히 완전하지 않았다. 이 기반은 인류가 두 가지 소중한 교훈을 깨닫고 난 후에야 비로소 완전해질 것이었기 때문이다. 공동체의 권력의 위험, 그리고 물질세계를 향상시킬 수 있는 인간의 역량의 위험을 깨닫는 것이 바로 인류가 학습해야 할 두 가지 교훈이었다.

창조주로부터
부여받은 것

만약 현대 정치를 특징짓는 대표적 태도를 하나 꼽자면 나는 '완전하고 철저한 도덕적 확신'을 들고 싶다. 정치적으로 좌파에 해당하는 사람들은 반대파가 나치 같은 괴물들이라는 확신을 갖고 있다. 그리고 그 괴물들은 개인의 삶을 장악하기 위해 혈안이 되어 있다는 것이다. 정치적으로 우파에 속한 사람들 역시 비슷한 태도를 가지고 있다. 가장 중요한 건 양쪽 진영에 있는 사람들 모두가 확신에 차 있다는 사실인데, 그렇기에 때때로 문화 권력이나 정부를 통해 상대 진영 사람들을 탄압하는 데 전혀 죄책감을 느끼지 않는다. 이들 모두는 일당—黨이 지배하는 천상의 나라 비슷한 걸 만들고 싶어 하는 것처럼 보인다.

　하지만 순도 백 퍼센트의 확신을 추구하는 태도는 우리 문명의 기반을 뒤흔들 수 있다. 서구의 역사는 문명을 유지하기 위해 공통의 비전을 공유해야 하지만 그 비전을 추구하는 수단은 공유하지 않아도 된다는 점을 우리에게 가르쳐 준다. 이것이 인류가 지난 수 세기에 걸쳐 엄청난 피와 눈물을 흘린 대가로 얻은 값진 교훈이다. 서구 문명 건설의 재료가 된 벽돌들은 아테네와 예루살렘에서 빚어졌다. 물론 그 벽돌이 탄생하는 과정에서 불미스러운 일들이 발생하기도 했다.

13세기가 끝나 갈 무렵에는 가톨릭이 서구 문명을 완전히 장악하게 된다. 가톨릭의 영향력은 전 유럽에 걸쳐 확대되었고 아퀴나스 같은 사상가들은 새로운 자유를 부여받았다. 하지만 그 당시 수많은 기사수도회order 간에는 심각한 종교적 갈등이 존재했다. 또 가톨릭 사제들의 횡포로 인해 권한이 침해됐다고 판단한 세속 군주들은 권력을 놓고 교회와 첨예한 대립을 이어 갔다. 가톨릭교회는 내부의 권력 다툼으로 몸살을 앓았다. 이렇게 암암리에 진행되던 갈등은 종종 수면 위로 불거지기도 했다. 예를 들면 교황 보니파키우스 8세는 1303년 프랑스 국왕 필리프 6세의 사주를 받은 군인들에 의해 체포되었고 이 사건을 계기로 교황이 로마를 떠나 있기도 했다(아비뇽 유수).

이 같은 도전의 시대에 두 가지 새로운 사고가 싹트기 시작한다. 첫째로, 인간은 세계를 탐구하고 그 가운데 존재하는 물질적 상태를 개선시킬 수 있다는 접근이었고, 두 번째는 개인 각자는 자유로우며 태어날 때부터 자연권을 부여받았다는 관점이었다. 수 세기에 걸쳐 발생한 종교 및 정치적 갈등으로 인해 중앙집권화된 권력에 대한 회의감이 팽배해 갔다. 또 자유롭게 해방된 개인의 사유로부터 탄생한 새로운 발견들은 과학에 대한 낙관론에 불을 지폈다. 르네상스와 계몽주의는 우리가 현재 누리는 세계를 건설한 서구의 기반을 완성하였다.

과학의 힘

서구에서 일어난 과학 혁명은 서구가 만들어 낸 유산들 가운데 가장 극찬을 받는 결과물이라고 할 수 있다. 기술 발달의 역사는 쉼 없이 이어져 왔고 인류는 더 나은 세상을 갈구해 왔다. 하지만 우리가 기억해야 할 것은 과학 발전의 역사가 토마스 아퀴나스와 프란체스코회 수도사 오캄의 윌리엄 및 그의 계승자들의 등장과 함께 급격한 전환점을 맞이하게 되었다는 사실이다. 이제 인간은 과학의 렌즈를 통해 우주를 바라보고, 새롭게 발견한 지식을 기술 발전을 위해 사용하기 시작한다. 역설적이게도 기술의 발전은 훗날 인간에게서 신의 필요성 그 자체를 제거하게 된다. 세속주의적 신화에 매몰돼 있는 사람들은 지난 천 년의 중세 시기 동안 종교가 과학의 발전을 가로막았다고 주장한다. 하지만 실상은 정반대였다. 유대 기독교적인 기반이 없었다면 현재 서구에서 통용되는 과학은 애초에 존재할 수조차 없었다.

통념과 달리 교회는 중세 시대에 나타난 새로운 발견을 무조건 이단시하며 정죄하시 않았다. 사실 교회는 많은 경우 과학적 탐구를 지원하기도 했다. 지구가 지축을 축으로 자전한다는 것을 발견한 니콜 오렘(1320~1382)은 파리 대학을 졸업한 후 리지외 교구의 주교로 일했다. 브릭센의 추기경 니콜라우스 쿠사누스(1401~1464)는 지구가 정지된 것이 아니라 우주 공간에서 이동한다는 사실을 이론화하였다. 니콜라스 코페르니쿠스는 교구 학교서 공부하며 바르미아 교회에서 의료 보조원으로 일했다. 『천체의 회전에 관하여De revolutionibus』라는 출판물에서 코페르니쿠스는 태양이 지구를 도는 것이 아니라 지구가 태양을 돈다는 것을 최초로 이론화하여 제시했는데, 1543년 3월 출판된 그 책의 서문에는 교황 바오로 3세에게 헌정하는 편지가 포함되어 있다.

결국 기독교적 세계관에 세속적인 지식을 융합하려는 노력은 마르틴 루터(1483~1546)와 장 칼뱅(존 캘빈, 1509~1564) 등이 주도하는 교계의 반발을 초래하게 된다. 그리고 이 반발은 갈릴레오에 대한 박해로까지 이어졌다. 갈릴레오 갈릴레이(1564~1642)는 지구가 태양 주위를 돈다는 이론을 당당하게 주장했다. 교회는 갈릴레오에게 주장을 철회할 것을 강요했지만 갈릴레오는 뜻을 굽히지 않았다. 코페르니쿠스는 당대에 교회로부터 품위 있는 대접을 받았다. 하지만 1616년에 접어들면서 근본주의적인 종교 운동이 유럽 대륙을 휩쓸게 되자 이에 대한 대응의 일환으로 코페르니쿠스의 책은 금서로 지정되었다. 코페르니쿠스의 책은 19세기 초에야 금서에서 해제되었고, 바티칸은 20세기 말이 되어서 갈릴레오를 공식적으로 사면한다.

이 같은 상황 속에서도 이성과 신앙 모두를 존중하는 아퀴나스적 접근이 완전히 무너진 건 아니었다. 교회와 엄청난 갈등을 빚었음에도 갈릴레오는 과학이 인간을 하나님께 인도하는 길잡이가 될 수 있다는 신념을 포기하지 않았다. 갈릴레오는 이런 글을 남겼다. "수학적 증명을 통해 얻어지는 지식과 진리는 신성한 지혜가 인정하는 부분과 정확하게 같은 내용을 담고 있다. 자연의 놀라운 현상들을 바라보며 그 가운데 얼마나 많은 부분을 인간이 이해하고 연구했는지를 생각할 때 나는 인간의 사고가 하나님의 작품이라는 사실, 그리고 그 작품들 가운데서도 가장 탁월한 결과물이라는 명백한 사실을 깨닫게 된다."

갈릴레오도 마찬가지다. 그는 당대의 룰을 대표하는 사람이었다. 즉, 종교를 갖고 있는 사람은 우주를, 그것도 가능한 최상의 방법론을 통해 탐구할 의무가 있다는 생각이다. 이러한 철학은 계몽주의 시대 위대한 과학자들의 지혜 속에 스며들었다. 행성들의 운동 법칙을 발견한 요하네스 케플러(1571~1630)는 "물리적 세상을 연구하는 제일의 목적은 신이 인간에게 수학이라는 언어를 통해 말씀하신 이성적 질서와 조화를 발견하기 위한 것"이라는 유명한 말을 남겼다. 케플러는 종종 자신이 연구하는 물리학은 아리스토텔레스 형이상학의 본질과 맞닿아 있다고 설명했다. 또 "인간은 지성을 통해 자연법칙을 이해할 수 있고 하나님께서 인간을 자신의 형상대로 창조하신 이유는 우리가 그분의 생각을 공유하길 원했기 때문이다"는 말을 남기기도 했다. 아이작 뉴턴(1642~1726)도 케플러와 동일한 철학을 가지고 있었다. 그는 "하나님에게 대항하는 것은 무신론을 공언하는 것이며 우상 숭배를 실천하는 것이다. 무신론은 너무나 비상식적이며 인류에게 해롭기 때문에 그것을 신봉하는 사람들이 결코 많지 않다"고 했다.

계속되는 과학의 진보

하나님이 창조한 우주를 이해하기 원하는 인간의 노력은 과학의 진보를 가져왔다. 또 지식 탐구의 열정은 중요한 부산물을 파생시키게 된다. 바로 인간의 물질적 수준의 향상이다. 오캄의 윌리엄과 마찬가지로 **프랜시스 베이컨**(1561~1626)은 과학의 영역에서 아리스토텔레스가 말한 목적인이라는 개념을 없애 버렸다. 베이컨은 딱딱한 데이터만 갖고도 인간의 이성을 손쉽게 대체할 수 있다고 생각했다. 그래서 베이컨은 "아리스토텔레스의 빛으로 아리스토텔레스를 넘어서려 하는 건 빌려온 빛으로 빛의 근원을 더 밝게 만들 수 있다고 생각하는 것과 같다"는 글을 남겼다.

아리스토텔레스의 과학적 방법론을 거부한 베이컨은 아리스토 텔레스의 목적론을 보다 적극적으로 부정하기 시작한다. 베이컨은 인간이 본성의 원리를 따라 살아가는 이성적인 존재라고 생각하지 않았다. 대신 베이컨은 "인간의 힘과 위대함의 한계를 더 넓게 확장시키는 것"이 우리의 목적이라고 생각했다. 베이컨은 창조주에게 영광을 돌리고 인간의 소유물을 구제하기 위해 인간의 효용을 활용하는 방향으로 지식을 추구해 나가야 한다고 주장했다. 흡사 오늘날 사회과학자들이 즐겨 쓰는 표현을 생각나게 만드는 발상이다. 베이컨은 최고의 통치 방식과 윤리를 만들어 내기 위해 과학을 사용해야 한다고 제안했다.

하지만 근대 사회과학자들과 달리 베이컨은 유대 기독교 전통으로부터 통치와 윤리의 기반을 찾으려고 노력했다. 베이컨은 과학적 방법의 중요성을 인정했고, 혁신을 통해 인간의 삶이 진보한다는 믿음을 가지고 있었다. 하지만 그렇다고 그가 무신론자였던 건 아니다. 베이컨은 "얕은 철학은 인간을 무신론으로 인도하지만, 깊은 철학은 인간을 종교로 이끌어 준다"면서 '하나님 없는 우주'라는 관념을 신랄하게 비판했다. 베이컨은 『신新기관Novum Organum』에 이런 기도문을 기록해 놓았다. "기술과 학문이 악하고 호사스러운 목적들로 타락하고 있는 것에 동요하지 말게 하소서. 재능, 용기, 강건, 아름다움, 부, 빛 자체, 그리고 다른 어떤 세상의 선한 것들도 마찬가지로 변질될 수 있음이니이다. 오직 인류로 하여금 하나님이 선물로 주신 자연에 대한 권리를 되찾게만 하소서. 그 행사가 올바른 이성과 진실된 종교에 의해 주장되게 하소서." 책의 맨 끝에 기록된 이 말에는 고대의 사상과 기독교를, 그것을 반대하는 과학을 넘어 다시 과학으로 읽어 내려는 노력이 담겨 있다.

올바른 이성과 참된 종교가 있다면 인간이 지성을 통해 더 나은 세상을 건설할 수 있다고 믿는 베이컨의 자신감은 르네 데카르트 (1596~1650)에 이르러 더 큰 진전을 이루게 된다. 데카르트는 유용한 지식을 얻기 위해 추측과 사변을 버렸다. 신학이 아니라 과학에서 의미를 찾은 것이다. 데카르트는 완전한 지식이 인류를 '완전한 도덕학perfect moral science'으로 이끌 수 있다고 굳게 믿었다. 베이컨과 마찬가지로 데카르트는 인간의 선이 하나님을 찾아 헤매는 과정이나 고결한 목적을 찾으려는 노력 등이 아니라 인간의 물질적 상태를 개선하기 위한 탐구를 통해 성취된다고 생각했다. 도덕은 기술의 진보와 과학적 지식의 발달에 따라 파생되는 결과물이라고 생각했다.

데카르트는 기존의 지혜를 과감히 내쳐 버리지 않으면 새로운 종류의 지식을 얻어 내지 못할 것이라고 생각했다. 데카르트는 "만약 어떤 의견에 대해 아주 최소한의 의심이라도 제기된다면 그 의견은 완전 거짓된 것으로서 기각해야 한다. 이런 과정을 거치고 난 후 내 생각 속에 의심할 나위 없이 명백한 것들이 남아 있는지 확인해야 하기 때문이다"라고 말했다. 데카르트는 이 같은 태도를 갖고 있었기 때문에 자신의 모든 감각을 의심했다. 딱 하나, 자기가 생각한다는 것을 아는 것만 제외하고 말이다. 그리하여 데카르트는 "나는 생각한다, 고로 존재한다Cogito, ergo sum"는 명제를 남겼다. 이 같은 사고의 기반 위에 데카르트는 하나님에 대한 새로운 관점을 도입했다. 데카르트의 세계관에서 '선한 하나님'은 거짓을 만들어 내는 감각 따위를 인간에게 줄 리가 절대 없었다.

베이컨과 데카르트 모두 고대인들의 목적론을 부정하고 성경과 하나님에 대한 믿음을 견지했다. 동시에 그들은 이신론理神論, Deism[1]이 탄생하는 기반을 마련해 주었다. 때마침 발생한 종교계의 부패와 타락도 이를 부추겼다. 그러나 근대 과학의 기획은 과학으로부터 목적인을 떼어 내고 자연 세계로부터 하나님을 분리해 냄으로써 결국 이성의 영역에서 종교와 목적을 완전히 제거해 버렸다. 이 예상치 못한 결과를 만약 베이컨과 데카르트가 알았더라면 몸서리를 쳤을 것이다.

---

1   신이 우주를 창조했지만 그 후로는 세상에 관여하지 않고, 우주는 신이 정해 놓은 법칙을 따라 움직인다고 믿는 관점.

고전적 자유주의의 대두

흥미롭게도 과학의 발달은 인간 자유의 발달과 궤를 같이했다. 가톨릭교회는 중세와 르네상스 기간 동안 독점적 지위를 누렸는데 이것은 역설적으로 중앙집권화된 권력에 대한 개인의 저항을 초래하게 된다. 파도바의 마르실리우스(1275~1342)가 대표적 인물이었는데 그는 교황의 막강한 권력에 대항하여 싸웠다. 당시 교황청은 교회가 '사람의 나라'와 '하나님의 나라' 모두를 통치해야 한다고 굳게 믿고 있었다. 마르실리우스는 교회의 권력이 세속적 정치권력을 위협할 수 있다고 판단했다. 그리고 그와 같은 상황이 지속된다면 세속 권력은 결국 교회에 의존할 수밖에 없다고 생각했다. 신정국가를 반대한 마르실리우스는 시민들의 주권 보장을 요구했다. 사실 마르실리우스의 철학 속에는 민주주의를 향한 요구가 담겨 있었다. 그는 종교의 자유 보장과 신정국가는 상충하는 개념이라는 걸 지적했다. 당시 교황 클레멘트 6세는 마르실리우스가 쓴 글보다 더 '이단적인' 글을 읽어 보지 못했다고 말했는데 이는 전혀 놀라운 일이 아니었다.

교회 권력에 대한 마르실리우스의 회의는 니콜로 마키아벨리(1469~1527) 때에 이르러 한층 더 진화하게 된다. 마르실리우스와 마찬가지로 마키아벨리도 가톨릭교회라는 가면 뒤에 숨어 있는 억압을 목격했다. 명저 『군주론』에서 마키아벨리는 대놓고 교회를 조롱한다. 마키아벨리는 국가가 덕에 의해 통치될 수 있다고 선전하는 사람들은 스스로의 편의를 위해 거짓말을 하고 있다고 생각했다. 마키아벨리는 새로운 대안을 제시했다. 군주가 국가를 통치하기 위해 갖춰야 할 비르투virtù란 잔인함과 자애로움이 혼합된 것으로, 군주에 대한 두려움과 사랑을 동시에 느끼게 만드는 능력이라고 말이다. 이 같은 통치의 목적은 시민적 덕의 함양을 통해 국가를 경영한다는 순진무구한 관점을 칼의 힘을 통해 깨뜨리는 것이었다.

『군주론』에서 마키아벨리는 인간은 이성이 아니라 정념passion으로 살아간다고 주장했다. 그러면서 슬며시 고대 그리스 철학에서 아리스토텔레스가 강조한 덕 개념을 거부했다. 또 다른 저서인 『로마사 논고』에서 마키아벨리는 "모든 인간은 악하며, 기회만 있으면 앙심을 드러낼 것이다"라고 말했다. 그렇다면 인간의 자유를 보장하기 위한 최선의 방법은 또 다른 정념을 통해 인간의 정념을 견제하는 것이라는 결론이 도출된다. 마키아벨리는 말했다. "자유로운 대중의 욕망은 자유를 보전하는 데 해롭게 작용하지 않는다. 왜냐하면 그들의 욕망은 억압으로 인해 발생하거나, 자신들이 억압받을 것이라는 불신으로부터 나타나기 때문이다. 대중은 비록 무지하지만 진실을 알아차릴 수 있다. 신뢰할 수 있는 사람으로부터 진실을 들을 때 결국 대중은 자신의 뜻을 쉽게 굽힌다." 마키아벨리는 유토피아적 공화국의 건설을 시도한 고대 철학을 내던져 버렸다. 그리고 국가를 통해 인간의 덕을 함양한다는 식의 접근을 경멸했다. 당연한 일이지만 가톨릭교회는 마르실리우스에게 한 것과 마찬가지로 1559년 마키아벨리의 『군주론』도 금서로 지정했다.

하지만 한동안 절대 권력을 누렸던 가톨릭교회의 수난은 이제 시작에 불과했다. 루터주의Lutheranism가 대두하면서 가톨릭교회는 영적 영역과 세속적 영역 모두에서 도전에 직면하게 된다. 부패한 교황으로부터 성경의 권위를 되찾아 오는 걸 자신의 사명이라고 생각한 루터는 가톨릭교회 내에서 신자들 간에 존재하던 위계질서를 제거하고, 개인들이 하나님 앞의 단독자individuals before God로 설 수 있게 만들었다. 그 결과 신도들은 사제를 통해서가 아니라 직접 하나님의 말씀을 접할 수 있게 되었다. 루터는 말했다. "구두장이, 대장장이, 농부 등 개인들은 각자 자신의 직업과 일을 가지고 있다. 하지만 세속의 직업을 갖는 동시에 그들은 사제와 주교로서 역할을 감당할 자격이 있다"(만인사제설priesthood of all believers). 평등주의적 세계관을 추구하는 과정에서 루터는 세속의 법률에서 성전sanctuary이라는 개념을 제거했다. 그는 이같이 말했다. "교회법에서 성직자들에게만 예외적 혜택을 제공하는 것은 평신도들이 성직자만큼 영적이고 신실하지 못하며 따라서 그들은 교회에 성직자들처럼 소속감을 누릴 수 없다는 암시를 주는데, 나는 이것을 용납할 수 없다." 또 루터는 라틴어로 되어 있던 성경을 독일어로 번역했다. 이를 통해 신앙인 개개인은 하나님과 직접 교제하는 실제적 혜택을 누릴 수 있게 되었다. 킹스 칼리지에서 역사학을 가르치는 조지프 로콘테 교수가 언급한 것처럼, "루터는 단순히 이론을 통해 개인에게 권한을 부여하는 것에 그친 것이 아니라 영적인 권리장전spiritual Bill of Rights을 전달해 주었다."

정부의 영역을 논함에 있어서 루터는 민주주의자가 아니었다. 루터는 국가의 권위가 국민으로부터 위임되는 것이 아니라 하나님으로부터 비롯된다고 믿었다. 루터는 다음과 같이 말했다. "우리는 세속의 법과 공권력을 확고히 정립해서 하나님의 뜻과 조례에 의해 그 같은 제도가 정비되었다는 사실을 그 누구도 의심하지 못하게 만들어야 한다." 루터는 이성보다 믿음을 강조했고 절대왕정의 권력을 제한하는 것이 의미 있는 접근이라고 생각했다. 하지만 국민 주권의 개념은 그다지 환영하지 않았다. 왜냐하면 루터의 관점에서 기독교인들은 반기독교적인 명령에 순응해선 안 됐기 때문이었다. 비슷한 원리로 **칼뱅**은 견제와 균형 가운데 유지되는 귀족제를 옹호했다. 칼뱅도 루터와 마찬가지로 특정한 형식의 정부만이 하나님의 뜻을 실행한다고 생각했다.

그럼에도 불구하고 교회 권력을 분화시키고 권위를 개인 차원으로 이양한 루터와 칼뱅의 업적은 훗날 권위주의 정부로부터 시민들을 해방시키는 초국가적 운동의 원동력이 되었다. 16세기 중엽부터 이어진 종교 갈등과 이에 따라 발생한 참상은 30년 전쟁

(1618~1648) 기간 동안 그 절정을 이루었다. 약 800만 명이 목숨을 잃은 30년 전쟁 기간 동안 사람들은 종교적 관용과 대량 학살 사이에서 양자택일을 강요받았다. 이 같은 과정을 통해 인권의 개념이 탄생하게 된다.

인권의 개념을 최초로 제시한 사람은 위고 그로티우스(1583~1645)이다. 마키아벨리, 루터, 칼뱅과 달리 그로티우스는 이성이 가장 중요하다고 생각했고 사회는 인간이 타인들과 협동하며 자신의 역량을 개발하는 공간이라는 인식을 갖고 있었다. 그로티우스는 고대 그리스 철학에서 영감을 얻었다. 플라톤, 아리스토텔레스와 마찬가지로 그로티우스는 자연권을 자연법의 연장선이라고 생각했다. 우리는 각자 개인에게 부여된 텔로스에 합치하는 일을 할 권리가 있다는 설명이었다. 그로티우스는 자연법이 "어떤 행위가 합리적 본성에 합치하는지 그렇지 않은지에 대해 올바른 이성을 통해 가려내는 내적 명령이기 때문에 그 자체로 도덕적 기반, 또는 도덕적 필요성을 내포"하고 있으며, "인간의 행위는 자신의 본성을 만들어 낸 주관자인 신에 의해 명령되거나 금지된다"고 말했다. 그로티우스의 이해대로라면 사람들은 성경의 노아의 율법을 포함한 각 나라의 법률을 공부함으로써 올바른 이성을 발견할 수 있다.

그로티우스는 여기서 인권의 개념을 더 확장시킨다. 그는 인간은 무엇인가를 행할 권리가 있다고 말했다. 예를 들어 범죄자를 잡는 행위처럼 정의를 추구할 권리 같은 것 말이다. 그로티우스는 주권자들이 자연법에 귀속된다는 개념과 행동할 권리를 서로 결합시켰는데 이것은 홉스의 정치철학을 예비하는 서곡이 되었다.

개인의 탄생

토마스 홉스(1588~1679)는 흔히 최초의 합리론적 정치철학자로 분류된다. 그는 수학에서 사용되는 규칙성을 통해 인간 행동을 설명하려 했다. 홉스는 충분히 현실적이지 않다는 이유를 들어 아리스토텔레스의 철학을 거부했다. 그 대신 홉스는 마키아벨리의 이론을 신봉했고 욕망이 행위의 주요 동기가 된다고 주장했다. 홉스는 인간의 욕망 가운데 위험으로부터 자신을 지키려는 욕망이 가장 우선순위에 위치한다고 믿었다. 폴리스에 관한 건 잊어버리자, 공동체도 집어치우자 — 홉스에게 있어서 이성을 통해 자아를 구현하는 것 따위는 인간의 근본 목적이 될 수 없었다. 그 대신 서로의 이해관계에 기반해 타인을 해치며 '만인의 만인에 대한 투쟁'을 이어가는 소위 자연 상태에서 죽음의 위협으로부터 스스로를 지키는 것이야말로 인간 존재의 근본 목적이라고 홉스는 파악했다. 이 같은 맥락에서 홉스는 "더 큰 권력을 얻기 위해 쉼 없이 영속적인 욕망을 추구하다가 죽음에 이르러서야 그 욕망에서 놓임을 받는 것, 이것이 바로 모든 인류의 일반적 삶의 양식이다"라는 말을 남겼다.

홉스에 따르면 인간의 첫째 권리는 자기 보호의 권리다. 홉스적 자연권을 기반으로 하는 세계관 속에서 위계질서는 모두 사라져 버린다. 몸집이 크든 작든, 똑똑하든 그렇지 않든, 우리는 생존할 권리를 갖고 있다는 점에서 평등하다고 홉스는 생각했다. 하지만 자연 상태에서 안전에 대한 그 어떤 보장도 주어지지 않는다면 인간은 어떻게 생존할 수 있을까? 개인의 덕을 함양하는 데 일말의 기대를 거는 것으론 충분하지 않다. 이 경우 리바이어던 Leviathan[2]이 필요해진다. 강력한 국가를 이끄는 절대통치자가 나타나 만인의 만인에 대한 투쟁에서 우리를 해방시켜 줘야 하는 것이다. 그리고 그 절대통치자는 사람들의 집단 의지를 대변할 수 있어야 한다. 홉스는 절대 권력은 그 어떤 요소로부터도 도전받지 않으며 그 권력은 자연 상태에 있는 개인들이 사회계약을 통해 통치자에게 부여한다고 말했다.

하지만 여기서 문제가 발생한다. 홉스가 열어젖힌 문을 홉스 자신도 닫을 수 없게 되어 버린 것이다. 만약 인간이 개인의 권리를 갖고 있다면 그 권리는 단지 생존의 문제를 해결하는 것으로 끝

---

2 구약성경 「욥기」, 「시편」, 「이사야」 등에 나오는, 뱀 같은 바다의 괴물. 한글 성경에서는 '큰 악어', '바다 괴물', '리워야단', '레비아단' 등으로 옮긴다.

나는 것일까? 그게 아니라면 인간은 자연 상태에서 단순히 숨 쉬고 먹고 죽임당하지 않는 정도 이상의 어떤 양도할 수 없는 권리를 누리는 것일까?

이와 같은 의문을 제기한 철학자는 존 로크(1632~1704)이다. 홉스의 발자취를 따라 로크 역시 주권은 개인으로부터 비롯된다고 믿었다. 신실한 기독교인이었던 로크는 이성을 통해 발견되는 자연법과, 인간의 실존 가운데 내재된 홉스식 자연권을 모두 받아들였다. 고대 철학자들이 주장한 것과 같이 자연법은 자연 속에서 발견될 수 있었는데, 로크는 자연법이 올바른 이성을 통해 합당한 행동과 삶의 목적을 제시해 주는 역할을 감당한다고 생각했다. 그는 여기에서 한 발짝 더 나아갔다. 로크는 단순히 고대 그리스 사상을 바탕으로 인간 이성, 주권, 평등 등에 관한 이론을 정립하는 데 그친 것이 아니라 구약성경 「창세기」를 기반으로, 특별히 "인간이 하나님의 형상으로 창조되었다"는 구절을 기반으로 하여 자신의 철학을 정립했다. 로크에게 자연권은 자연법의 행사와 불가분의 관계에 있었다. 도둑질을 해서는 안 된다는 의무로부터 재산권이, 살인을 해서는 안 된다는 의무로부터 생명권이, 그리고 타인을 억압해선 안 된다는 의무로부터 자유권이 각각 도출된다는 논리다. 이 같은 권리는 의무를 동반한다. 예를 들면 토지를 소유하는 권리는 그 땅을 경작할 의무를 동반한다는 식이다. 하나님께서 모든 사람들이 땅을 공유하도록 하셨지만, 타인을 그 땅에서 배제하면서 소유권을 갖는 행위는 우리의 노동을 투입해 그 땅을 변화시킬 의무를 동반한다고 로크는 생각했다.

인간의 자연 상태에 대해서 로크는 홉스와 전혀 다른 시각을 갖고 있었다. 홉스적 세계관에 따르면 자연 상태의 삶은 너저분하고 야만적이다. 그리고 그 상태에서 인간은 단명할 수밖에 없었다. 이에 반해 로크적 세계관에 따르면 자연 상태 속 인간은 "개인 간의 문제에 대해 판결을 내리는 우월적 존재가 없는 상황에서 이성을 따라 행동하는" 존재였다. 홉스는 공동체의 필요성을 평가 절하했다. 하지만 자연권에 대한 신뢰를 갖고 있던 로크는 홉스와 달리 공동체의 기능을 무시하지 않았다. 인간에게 자연 상태는 에덴동산 같은 상황이라기보다는 정치가 존재하기 전 prepolitical 사회의 모습에 더 가까웠다. 그 사회에선 자발적인 결속을 통해 이뤄진 가족 또는 공동체가 주를 이뤘기 때문이다. 시간이 흐르면서 그와 같은 공동체들은 확대되기 시작했다. 그리고 구성원들은 근본적인 권리를 보장받기 위해 공동체의 주권을 보다 광범위한 역할을 감당하는 중앙 정부에 위임하게 되었다.

로크에 따르면 정부의 탄생은 반드시 개인들의 **동의**consent를 전제로 해야 한다. 만약 그와 같은 동의를 받지 못하는 상황이라면 구성원 개인의 자연권을 보호하는 것처럼 정부가 확실하게 자연법에 근거한 정책을 집행할 때만 통치의 정당성을 인정받을 수 있다. 로크는 법의 존재 목적이 자유를 안전 보장과 맞바꾸는 것이 아니라 자유를 보전하는 것이라고 생각했다. 홉스가 개인의 안전을 보장받기 위해서 자유를 희생할 수 있다고 본 것과 대비되는 대목이다. 로크는 "법의 목적은 자유를 폐지하거나 제약하는 것이 아니라 그것을 보전하고 확대하는 것이다. 법을 만들 수 있는 사람들이 경험하는 모든 상태 속에서 만약 법이 존재하지 않는다면 자유 역시 존재할 수 없다"고 말했다.

로크는 올바른 정부를 만들기 위해선 견제와 균형이 제대로 작동하는 공화국이 필요하다고 주장했다. 정부에는 입법부와 행정부라는 두 권력 기관이 필요하다. 몽테스키외(1689~1755)가 훗날 더 유명한 권력 균형 이론을 제시할 텐데, 이 원리는 입법, 사법, 행정이라는 형태로 미국 헌법에 고스란히 반영되었다.

로크는 권리를 침해하는 정부에 맞서 시민들이 저항할 권리를 공공연하게 인정했다. 이것은 특별히 미국 정치사에서 상당히 중요한 의미를 갖는다. 폭정으로 국민의 권리가 억압되는 상황이 발생하면 시민들은 정부에 맞서 저항하고 다시 자연 상태로 돌아가 언제든 새로운 정부를 꾸릴 수 있는 권한을 부여받은 것이다. 로크는 "입법자들이 국민의 재산을 강탈하고 파괴하려는 시도를 할 때, 또는 자의적으로 권력을 행사해 시민들을 노예화하려고 할 때, 그래서 정부 관계자들이 국민을 상대로 전쟁을 치르려고 할 경우, 국민은 국가에 대한 어떠한 복종의 의무로부터도 면제를 받고, 하나님[3]께서 무력과 폭력에 대항하여 모든 사람을 위해 제공하신 공동의 보호 가운데 들어가며, 권력은 자신들에게 천부적으로 부여된 자유를 되찾을 권한을 가진 국민에게 다시 양도된다"고 말했다.

로크의 철학은 오늘날 우리가 목도하는 것처럼 단순히 미국 건국의 아버지들에게만 영향을 준 것이 아니라 자유 시장에서 기업들이 만들어지는 데도 지대한 기여를 하였다. 애덤 스미스(1723~1790)의 비전인 자연적 자유natural liberty는 로크의 비전인 자연권natural rights과 거의 정확하게 일치한다.

> 자연적 자유라는 명백하고 단순한 시스템은 저절로 성립되는 개념이다. 모든 인간은 법률에 따른 정의를 위반하지 않는 한 자신이 원하는 방법으로 얼마든지 사익self-interest을 추구할 수 있고, 자신이 가진 산업과 자본으로 타인이 보유한 산업 또는 자본과 경쟁할 수 있다.

애덤 스미스는 정부에게 오직 세 가지의 의무가 있을 뿐이라고 주장했다. 생명 보호, 정의의 집행을 통한 자유의 보전, 그리고 공공재를 위한 자금 조달이 그것이었다. 스미스의 통찰은 훗날 인

---

3 로크가 독실한 크리스천이기도 했지만, 근대 유럽 사상가들이 'God'라고 하면 당연히 기독교의 하나님(가톨릭에서는 '하느님')을 뜻한다.

류 역사상 가장 위대한 경제 시스템이 만들어지는 데 지대한 기여를 하였다.

미국의 승리

이 장구한 철학적 여정은 마침내 한 국가의 형태로 결실을 맺게된다. 인류 역사상 최초로 철학과 가치관을 기반으로 한 나라가 탄생한 것이다. 그 나라의 이름은 미합중국The United States of America이다.

미국 건국의 아버지들은 키케로와 로크, 성경과 아리스토텔레스의 열렬한 추종자들이었다. 그들은 이 책들을 대부분 섭렵했다. 그리고 독서로부터 얻은 교훈을 바탕으로 새로 건설할 국가의 기틀을 잡았다. 이성에 뿌리를 두면서 종교를 통해 보호되는 자연법, 권리와 그에 상응하는 의무가 균형을 이루는 개인의 자연권, 자연법에 근거해 개인의 권리 보호를 목적으로 만들어진 견제와 균형의 시스템, 그리고 그 원리가 작동되는 제한된 정부, 자연법의 틀 안에서 이뤄지는 덕의 교육, 그리고 이를 적용하는 개인과 공동체 등, 이 같은 원리가 미국의 건국 이념에 적극적으로 반영되었다. 미국 건국의 아버지들은 급진적인 개인주의가 초래할 부작용을 염두에 두지 않은 부주의한 나르시시스트들이 아니었다. 다만 그들은 종교를 갖지 않은 개인들로 채워진 사회가 나타날 것을 두려워했다. 그렇다고 그들이 억압적인 집단주의자들이었던 것도 아니다. 그들은 중우衆愚 정치mob rule의 탄생과 정부에 의해 일방적으로 규정된 '덕' 개념이 개인들에게 억지로 주입되는 상황이 발생할 것을 우려했다.

건국의 아버지들이 가졌던 철학은 미국 독립선언서(1776)에 분명히 드러난다. 토머스 제퍼슨은 자신의 천재적 발상을 미국의 건국을 기념하는 문서에 새겨 넣기 원했다. 1825년 쓴 글에서 제퍼슨은 "독립선언서는 미국의 정신을 표현하기 위해 만들어졌다. 이 글에 실려 있는 모든 권위는 대화의 형태든, 편지 또는 출판물이든, 그리고 아리스토텔레스, 키케로, 로크, 시드니⁴ 등이 저술한 공공의 권리에 관한 기본 저서에 쓰여 있든 막론하고, 이 시대의 정서를 서로 조화시키는 데 그 목적이 있다"고 설명했다. 독립선언서의 주요 작성자 중 하나였던 존 애덤스는 제퍼슨과 동일한 표현을 사용하며 다음과 같이 말했다. "독립선언서에는 아리스토텔레스와 플라톤, 리비우스⁵와 키케로, 시드니, 해링턴,⁶ 그리고

---

4   앨저넌 시드니(Algernon Sidney, 1623~1683), 로크와 동시대 영국의 정치가. 『정부에 관한 담론』을 썼다.

5   티투스 리비우스(Titus Livius Patavinus, 기원전 59~후 17), 고대 로마의 역사가. 『로마 건국사』 집필.

6   제임스 해링턴(James Harrington, 1611~1677), 영국의 정치사상가. 『오시아나 공화국』을 통해 자신이 이상으로 그리는 국가관을 밝혔다.

로크 등이 언급한 원칙이 담겨져 있다. 이것은 자연의 원칙이며 영구적 이성에 기반한 것이다. 그리고 이 원칙의 기반 위에 국민의 권리를 위임받은 정부가 이제 세워진다."

독립선언서는 권위를 갖춘 강력한 선언으로 시작된다. "자연과 자연의 하나님의 법칙the Laws of Nature and of Nature's God"에 의해 부여받은 권위를 강조하는 미국 독립선언서는 미국인들이 세우는 정부가 추구하는 가치가 홉스나 아우구스티누스, 루터 등 특정 철학자의 사상을 일방적으로 반영하는 것이 아니라는 점을 강조하고 있다. 독립선언서는 고대 자연법 사상과 성경적 가치관의 결합으로 탄생한 문서였다. 권력이 자연법을 추구하는 방향으로 활용된다면, 또 자유를 추구할 권리와 부합하는 방향으로 권력이 이용된다는 보장이 있다면, 사람들은 그 권력을 위임받을 수 있다는 점을 독립선언서는 명시하고 있었다.

독립선언서를 기초한 제퍼슨은 그 점을 분명하게 나타낸다. "우리는 이 같은 진리들이 자명하다고 간주한다." 하지만 실제 현실에서 그와 같은 진리들은 자명하지 않았다. 인류 역사에서 대부분의 경우 그 같은 진리들은 전혀 자명하지 않았다. 이 부분에서 제퍼슨은 고대 사람들이 말한 '올바른 이성right reason' 개념을 인용한다. 올바로 사고할 수 있는 사람들, 다시 말해 만물의 본성 뒤에 자리 잡고 있는 의미를 바라볼 수 있는 사람들은 인간의 삶과 행동을 뒷받침하는 근본적인 진리들을 발견할 수 있다는 것이

제퍼슨의 요지였다.

그렇다면, 제퍼슨이 언급한 진리들이란 무엇일까?

첫째로, "모든 인간은 평등하게 창조되었다"는 것이다. 물론 모든 인간은 동일한 능력을 깃고 태어났다는 뜻이 아니다. 제퍼슨은 바보가 아니기에 그런 생각에는 당연히 동의하지 않았을 것이다. 사실 제퍼슨은 독립선언서를 쓸 때 조지 메이슨이 작성한 「버지니아 권리장전Virginia Declaration of Rights」(1776)을 초안 삼아 작업을 진행했다. 버지니아 권리장전의 문장은 독립선언서보다 훨씬 더 구체적이었다. "모든 인간은 평등하게 자유롭고 독립한 존재로 태어났다"는 원래 문장을 제퍼슨은 "모든 인간은 평등하게 창조되었다"는 간결한 버전으로 변형했다.

모든 인간이 평등하게 자유롭고 독립적인 존재라는 개념은 인간이 "하나님의 형상대로 창조되었다"는 성경의 사상과, 개인 차원의 이성을 강조한 고대 그리스 전통이 결합되어 탄생한 결과물이다. 성경과 그리스 철학은 오랜 세월에 걸쳐 다음 세대로 전수되는 과정에서 단순히 인간이 하나님의 형상대로 만들어진 이성을 가진 존재일 뿐만 아니라 덕을 추구하며 자유를 통해 결단하고 사고할 수 있는 존재라는 인식을 꽃피우게 되었다. 제퍼슨이 언급한 "자유롭고 평등하며 독립적인 존재로서의 인간"은 바로 이와 같은 맥락 가운데 탄생한 개념이었다.

제퍼슨은 계속해서 인간이 "창조주로부터 양도할 수 없는 권리를 부여받았으며 생명, 재산, 그리고 행복을 추구할 권리가 이에 해당된다"고 천명했다. 비슷한 표현이 로크의 글에도 나타나는데, 로크는 인간에게 "생명, 자유, 그리고 재산"의 권리가 있다고 말했다. 그렇다면 왜 제퍼슨은 재산권 대신 행복을 추구할 권리를 강조했을까? 제퍼슨은 재산권이 중요하다는 점을 결코 부인하지 않았다. 제퍼슨은 종종 노동의 열매에 대한 개인의 권리를 보장해야 한다고 말했다.

제퍼슨이 행복을 추구할 권리라는 표현을 사용한 이유는, 재산과 이에 대한 소유권이란 말만으론 인간의 권리를 종합적으로 설명하기 충분하지 않다고 판단했기 때문이다. 로크와 마찬가지로 제퍼슨은 행복추구권이 육체와 정신 차원에서 이뤄지는 노동에 대한 개인의 소유권을 포괄한다고 생각했다. 로크는 자신의 책에서 행복 추구에 대해 자세히 설명한 바 있다. 로크의 행복론은 오늘날 많은 사람들에 의해 오독되기도 하는데, 그가 진정 의미한 건 우리가 행복의 개념을 각자 재량껏 정의할 수 있다는 뜻이 아니었다. 『인간지성론』에서 로크는 "우리는 가상적이지 않은 것을 실제적 행복이라고 착각하는 경향이 있는데, 우리 자신을 돌보는 것은 우리의 자유를 위한 필수적인 기반이다"라고 언급했다.

로크는 덕을 바람직한 가치로 내세우면서, 주관주의가 아니라 보다 고차원적인 행복을 추구해야 하며 그 행복은 올바른 이성을 통해 분별될 수 있다고 말했다. 클레어몬트 연구소의 해리 자파는 "리처드 후커나 토마스 아퀴나스의 사상에서 솔직 담백한 아리스토텔레스 철학을 기대하는 건 어렵다"고 이야기했다.

오늘날 많은 사람들은 미국 건국의 아버지들의 종교관에 대해 오해를 하고 있다. 사람들의 오해와 달리 건국의 아비지들은 새롭게 건설되는 공화국에는 덕을 추구하는 신앙인들의 공동체가 꼭 있어야 한다는 사실을 잘 알고 있었다. 종교[7]로부터 파생되는 활력은 건강한 사회의 필요조건이었다. 이런 맥락에서 보면 건국의 아버지들이 왜 예배의 자유를 그처럼 강조했는지 충분히 이해할 수 있다.

건국의 아버지들에 따르면 권리와 의무는 동전의 양면과 같다. 혹자는 건국의 아버지들이 권리를 지나치게 강조한 나머지 의무의 영역을 간과했고 그에 따라 사회 분열의 씨앗을 심었다고 비판하기도 한다. 하지만 이는 건국의 아버지들의 철학을 완전히 오독한 것이다. 조지 워싱턴은 첫 번째 취임 연설에서 말했다.

미국 국가 정책의 기반은 순수하며 변함없는 개인의 도덕 원칙 위에 놓여질 것입니다. (…) 경제와 자연의 원리 가운데는 덕과 행복의 불가분한 연합이 존재합니다.

---

7   건국의 아버지들이 '종교'라고 하면 거의 예외없이 기독교를 의미한다.

절정

미국의 건국 이념은 인류 역사상 진보와 자유에 관해 인간의 지성을 통해 고안된 가장 위대한 실험의 철학적 기반이 되었다. 여기서 다시 한 번 강조할 것은, 미국의 건국 이념은 유대 기독교적 가치와 그리스의 합리성이 오랜 시간 환경에 의해 빚어진 갈등이라는 화염 속에서 단련된 결과물이었다는 사실이다. 미국의 건국 이념은 인간이 만들어 낼 수 있는 최고의 작품이었으며, 개인의 행복을 위한 철학을 구축하는 데 있어 인간이 내놓을 수 있는 최선의 가치 체계였다.

왜 이렇게 극찬에 가까운 설명이 가능한지, 앞서 논의한 행복의 조건 체계를 다시 한번 검토해 보자. 미국의 건국 이념은 개인의 목적의 존재 가능성을 인정한다. 그리고 이 목적은 정부 또는 폴리스 내에서 봉사하는 시민들 사이의 관계성에 의존하지 않는다. 미국의 건국 정신이 보장하는 목적은 유대 기독교 전통의 연장선에 있는 가치와 고대 그리스적 이성의 전통에 기반을 두고 있다. 건국의 아버지들은 인간 이성이 가장 가치 있으며 추구할 만한 덕 그 자체라고 생각했다. 이들이 말한 덕은 용기courage의 형태를 띠고 있었다. 덕을 추구하기 위해 필요한 권리를 보호하기 위해 삶과 재산, 그리고 신성한 명예를 기꺼이 희생하는 그런 태도를 그들은 용기라고 불렀다. 또 그 덕은 절제temperance의 형태를 띠고 있었다. 미국 헌법은 지금까지 지구상에서 쓰여진 건국 문서 가운데 가장 탁월한 지위를 누리는데 이 문서가 타협의 산물이었다는 사실을 아는 사람은 많지 않다. 건국의 아버지들이 말한 덕은 또한 신중prudence의 형태를 띠고 있었다. 정지철학의 영역에서 『연방주의자 논고The Federalist Papers』[8]가 제공하는 실용적 지혜는 여전히 활용 가능했다. 마지막으로 그 덕은 정의justice의 형태를 갖고 있었다. 건국의 아버지들은 인치人治가 아닌 법치法治에 기반한 제도, 다시 말해 각 사람이 마땅히 누려야 할 것을 누릴 수 있는 그런 시스템을 만들기 원했다.

미국의 건국 철학은 개인의 역량을 통해 발생하는 힘을 예찬했다. 건국의 아버지들은 인간이 선과 악을 모두 행할 수 있으며 이성과 열정을 모두 갖추고 있다는 사실을 정확하게 인지하고 있었다. 그런 가운데서도 이들은 이성의 힘을 강력하게 신뢰했기에 결과적으로 인간은 올바른 사고를 할 것이라는 믿음을 가질 수 있었다. 제퍼슨은 1779년 버지니아에서 종교의 자유를 보장하는 법안을 작성하며 말했다. "사람들은 의지에 따라 의견과 믿음을 가지는 것이 아니라, 어쩔 수 없이 자신의 생각을 통해 접하는 증거를 따르게 되어 있다. 전능하신 하나님께서는 자유롭게 생각하

---

8 제임스 매디슨, 존 애덤스, 앨리그잰더 해밀턴, 존 제이 등 미국 건국의 아버지들이 작성한 헌법 해설서. 총 85편의 수록 글은 미국 헌정 질서에 관한 탁월한 통찰을 담고 있다.

도록 우리 인간을 창조하셨고, 우리 생각이 어떠한 제약에도 영향을 받지 않도록 그분의 지고한 뜻을 통해 우리의 생각을 자유롭게 놔두셨다." 존 애덤스는 자유 그 자체를 이성의 힘과 동일시하며 말했다. "자유는 사고와 선택, 그리고 힘을 내포한다. 자유는 사물들 사이에서 선택하는 힘이다. 자유는 도덕에 대해 무관심하며, 그 자체로서 도덕적으로 선하지도 또는 악하지도 않다." 애덤스의 관점에서 이성을 선의 방향으로 인도할 유일한 방법은 사회 차원에서 선의 개념을 주입시키고 일반적인 지식 추구를 장려하는 길뿐이다.

  공동체의 목적에 관한 부분도 한번 이야기해 보자. 건국의 아버지들은 공통의 가치관 속에서 공동체의 목적이 발견될 수 있다고 믿었다. 다시 말해 유대 기독교적 전통과 서구적 권리의 유산으로부터 공동체의 목적을 얻어 낼 수 있다고 믿은 것이다. 문화와 철학의 결합은 신생 국가 미국을 연합된 나라로 만들어 주었다. 그리고 그 나라는 국내외적으로 자유를 확대시키는 일을 감당할 것이었다. 1809년 제임스 매디슨에게 보낸 편지에서 제퍼슨은 "우리는 천지창조 이후로 한 번도 존재한 적 없는 자유의 제국Empire of Liberty을 가지게 될 것"이라고 말했다. 또 "(미국 헌법 이전에 존재했던) 그 어떤 헌법[9]도 광범위한 제국과 자치권에 관해 우리의 헌법과 같이 자세한 추산calculate을 기록해 놓은 경우는 없었다"고 말하며 미국 헌법에 대한 자신감을 표현했다.

물론 건국의 아버지들도 집단의 역량의 필요성을 인정했다. 그들은 미국인 개인들이 덕을 추구할 역량을 가지고 있다고 믿었으며, 또 한편으로 덕 있는 행동을 장려하는 사회 기관들이 부재한 상황에서도 과연 개인들이 선을 추구할까 의구심을 갖고 있기도 했다. 그래서 미국인들은 사회 기관들을 만들고 이를 소중히 여겼으며, 그 기관들을 유지하고 가꿔 나갔다. 1830년대에 쓴 『미국의 민주주의』에서 알렉시스 드 토크빌은 "모든 연령대, 각기 다른 환경 가운데 살아가는 미국인들이 모두 동일한 생각으로 결합되어 있다는 사실"에 대해 놀라움을 표현한다. 이어서 토크빌은 "지구상 가장 민주적인 나라는 오늘날 그 시민들이 공동으로 갖고 있는 동일한 열망과 목표를 추구하는 기술을 가장 완벽하게 체득한 사람들이 살아가는 곳인데, 미국인들은 삶의 대부분의 영역에 이와 같은 새로운 과학을 적용해 왔다"며 미국인들을 극찬한다. 동시에 토크빌은 정부가 전면에 나서서 이 같은 자발적 결사의 모임을 대체해 버린다면 "민주적 시민들의 도덕과 지성이 소멸될 수 있다"는 현명한 충고를 제시한 바 있다.

건국의 아버지들도 같은 생각이었다. 그래서 그들은 정부의 권한을 과감하게 제한하려 한 것이다. 개인의 권리를 보호하기 위

---

9   constitution(헌법)은 국가의 '기틀'이기도 하다. 18세기에 근대적 헌법(constitution)이 탄생하기 전에도 국가가 있는 한 기틀(constitution)은 있었다.

해서, 다시 말해 사회적 행동으로 나아갈 집단의 역량을 담보하기 위해서, 건국의 아버지들은 강력한 중앙 집권 권력을 정부에게 부여하길 거부했다. 제임스 매디슨은 이 내용을 『연방주의자 논고』 51번 글에서 다음과 같이 요약한다.

> 만약 사람이 천사라면 어떤 정부도 필요하지 않을 것이다. 만약 천사들이 사람을 통치한다면 정부에 대한 대내적, 대외적 통제는 불필요할 것이다. 사람에 의해 사람을 관리해야 하는 정부를 구성하는 데 당면하는 심각한 어려움은 바로 여기에 있다. 먼저 정부로 하여금 피통치자들을 통치하게 만들고, 그다음으로 그 정부가 스스로를 통제하게 만들어야 한다는 사실이다.

지금까지 미국의 건국 이념처럼 인간의 자유를 보장하는 데 강력한 기반이 된 사상은 없었다. 물론 그 철학은 심지어 건국의 아버지들 사이에서도 충분히 보편화된 개념은 아니었다. 예를 들어 그 이념은 실생활에서 흑인이나 여성에게도 확대 적용되어야 했지만, 건국의 아버지들도 그 시대에 만연했던 악으로부터 완전히 자유롭지 못했다. 미국 건국은 자기모순적 요소를 담고 있었다. 위대한 자유의 주창자였던, 그래서 노예제를 "인간의 본성과 싸우는 잔인한 전쟁"이라고 말한 제퍼슨 자신이 노예를 가지고 있었고, 노예인 샐리 헤밍스와 사이에 여섯 명의 자녀를 낳았다. 제임스 매디슨 역시 노예를 가지고 있었으면서, 노예제가 "순전히 피부색의 차이"로 인해 발생하며, "인간에 의해 인간에게 자행되는 가장 억압적인 제도"라고 비판했다.

그럼에도 불구하고 미국의 건국 원칙은 보편성에 기반하고 있었다. 자연과 자연의 하나님Nature and Nature's God만큼이나 보편적이었다. 노예였다가 탈출해 노예제 폐지 운동가로 이름을 날린 프레드릭 더글러스는 악으로 점철된 드레드 스콧Dred Scott 판결[10]을 비난하는 연설에서 미국의 건국 철학에 담긴 보편성의 원칙을 설명하며 다음과 같이 말한다.

> 미국의 헌법과 독립선언서, 그리고 공화국 건국의 아버지들의 정서는 피부색이나 계급, 출신과 관계없이 자유와 이 나라 모든 국민의 지위 향상을 위해 필요한 가장 광범위한 계획을 뒷받침하는 강력하고 포괄적인 발판을 우리에게 마련해 준다.

미국의 건국을 통해, 그리고 자신들이 꿈꿔 온 이상을 성취하기 위해 쉼 없는 탐구를 한 결과 실체화된 건국의 아버지들의 철학은 역사상 인류에게 주어진 가장 위대한 축복이었다. 미국은 수

---

10 1857년 있었던 미국 연방대법원 판결. 흑인들은 미국 헌법에 따르면 시민으로 취급받을 수 없다는 것이 골자였다.

십억의 사람들을 해방시켰다. 또 수십억의 사람들을 부유하게 만들었으며, 사람들의 생각과 마음의 문을 열었다.

하지만 서구 세계의 꽃이라고 할 수 있는 미국의 건국 철학은 그 승리를 오래 만끽하지 못했다. 미국의 건국 이념은 점진적으로 쇠퇴하고 있다. 그리고 그 쇠퇴와 함께 인류의 행복을 지탱하는 기반이 무너져 내리고 있다. 우리는 우리의 시대에 바로 그 찬란한 유산이 완전히 사라지는 걸 목도할지도 모른다.

어떻게 그와 같은 몰락이 가능할까?

점진적으로, 천천히, 그러다 갑작스럽게 말이다.

목적을 죽이고,
역량을 파괴하기

거의 매년 미국에서는 정교분리의 원칙을 놓고 치열한 논쟁이 벌어진다. 헤드라인은 매번 변하지만 갈등의 본질은 동일하다. 십계명이 적힌 기념물을 공공장소에서 없애야 할지에 대한 법원의 판결이라든지, 공립 학교에서 기도가 허용되어야 하는지, 또는 신앙심을 가진 빵집 주인이 동성 커플을 위해 웨딩 케이크를 만들어 줘야 하는지 등 이슈가 논쟁의 주제가 된다. 근본적인 갈등은 동일하다. 미국이 세속적 기반 위에 세워졌는지, 아니면 신앙적 기반 위에 세워졌는지, 그게 아니라면 두 기반 모두 위에 세워졌는지에 관한 쟁점이다. 사실 이보다 더 중요한 논쟁은, 미국에서 종교를 제한하고 세속주의를 장려하면 더 나은 세상을 만들 수 있는지 아니면 그 반대가 될지를 놓고 발생한다.

앞에서 나는 미국을 건국한 핵심 이념이 세속적 이성과 종교적 도덕성이라는 두 원칙을 기반으로 하고 있다고 주장했다. 근대성 modernity은 이 두 개의 기둥 위에 세워졌고 종교 전쟁과 세속 논쟁이라는 연단鍊鍛의 불을 통과하면서 배양되고 완전해졌다. 우리는 실용적이고 목적의식이 충만하며 도덕적인 동시에 야심 찬 문명을 건설했다. 이 문명 속에서 개인의 역량과 공동체의 역량은 조화를 이뤄 왔다. 미국 시민들은 유대 기독교적 가치관과 개인의 권리를 신뢰했으며 서로를 북돋우며 함께 성장해 왔다. 서구 문명 속에서 개인의 목적과 공동체의 목적은 정돈돼 있었다. 개인들은 부여받은 자유를 통해 덕을 함양했으며 각종 공동체들은 행복 추구를 위한 틀을 만드는 기능을 수행하고 있었다.

하지만 소위 계몽주의[1]를 신봉한다는 사람들은 전혀 다른 이론을 내놓는다. 그들은 개인의 권리를 강조하는 근대 서구의 철학이 종교를 거부하고 이성을 적극적으로 받아들인 결과물이라고 말하기 시작했다. 자칭 이성의 시대를 긍정하는 사람들은 현재 우리가 위대한 계몽주의 사상가들이 제시한 철학에 기반한 삶을 산다고 말한다. 이들이 말하는 계몽주의 사상가들이란 어느 날 갑자기 맨땅에서 솟아나 새로운 형태의 사고를 한 신인류로

---

1   이 책에서 샤피로는 '계몽(주의)(Enlightenment)'을 냉소적으로 쓰고 있는 데 주의. 샤피로가 말하는 계몽(주의)이란 종교 무용론자들의, 이성 절대주의에 기반한 계몽(주의)이다.

서, 고대 철학과 싸워 당당히 승리를 거둔 자들을 의미한다. 사실 **계몽**이라는 단어에는 전前 계몽주의 시대에 종교가 인간의 발전을 도운 것이 아니라 방해했다는 함의가 이미 내포되어 있다. 여기서 더 나아가 계몽주의라는 단어는 유대 기독교적 가치관과 하나님이란 존재 그 자체가 근대 서구 문명이 진보하는 데 훼방을 놓는 장애물에 불과하다는 인식을 내포하고 있다. 계몽주의를 신봉하는 사람들은 텔로스를 추구하는 고대 그리스적 방법론이 잘못되었다고 조롱하며 현실은 물질적 세계를 기반으로 하고 있다는 가정을 신뢰한다. 이들은 또한 계몽적 사고는 목적론을 폐기하고 그 빈 공간을 유물론으로 대체함으로써만 진전될 수 있다고 주장한다. 이들은 하나님을 죽이고 객관적 목적이 존재한다는 생각을 떨쳐 버릴 때 계몽이 진짜 계몽일 수 있다고 말한다. 이들에 따르면 계몽주의는 종교와 그리스적 목적론이라는 흔적 기관을 제거해 버린 후 서구 문명을 과거와 비교할 수 없이 새로운 단계로 격상시킨 핵심 사상이었다.

하지만 불행히도 이 같은 주장들은 너무나 잘못된 생각이다.

지금까지 지켜본 것처럼 역사는 필요하다. 만약 역사적 맥락이 필요하지 않다면 계몽주의는 세계 어느 장소, 어느 시대에서도 발생했어야 하지 않을까. 어쩌면 계몽주의는 그리스적 목적론과 유대 기독교적 종교 전통이라는 장벽이 없는 사회에서 오히려 먼저 탄생했어야 할지도 모른다. 하지만 실상은 그렇지 않았다.

유럽 바깥의 지역에서 계몽주의가 발생하지 않은 이유는 간단하다. 계몽주의를 탄생시킨 개인의 권리에 관한 철학이 인간은 하나님의 형상대로 창조되었고 개인 차원의 덕이 중요하다는 성경적 관점으로부터 비롯되었기 때문이다. 이 철학은 계몽주의의 핵심 사상이 되었다. 지식 탐구에 관한 부분도 마찬가지다. 계몽주의 시대에 활짝 꽃을 피운 지식의 탐구는 하나님께서 우주를 향한 마스터플랜을 갖고 계시며, 인간은 자유의지와 이성이라는 축복을 통해 그 신적인 계획을 발견할 수 있고, 우리는 하나님을 추구함으로써 우리가 살아가는 환경을 물질적, 정신적으로 개선하는 도덕적 의무를 갖고 있다는 기독교적 신앙에 그 뿌리를 두고 있었다. 역사에서 나타난 진보에 대한 헌신은 유대 기독교적 종교 전통과 궤를 같이해 왔다. 가장 중요한 점은 유대 기독교 사상과 그리스 철학이 목적을 신뢰한다는 점에서 서로 공통분모를 갖고 있었다는 사실이다.

하지만 수정주의적인 관점으로 계몽주의를 바라보는 사람들은 다음과 같은 반박을 제기한다. 유대 기독교적 신앙과 이성의 역할을 강조한 그리스 철학이 서구 문명을 건설하는 데는 나름대로 유익했을지 모르지만, 훗날 서구 문명이 발달 과정에서 그 잠재성을 온전히 개발하는 데는 오히려 장애물로 작용하지 않았느냐는 것이다. 유대 기독교적 가치와 그리스 철학이 서구 문명의 기반이었다고 말하기는 힘들지 않은가, 오히려 그 철학들은 비계飛

階, scaffold²와 같아서 서구 문명이 튼튼하게 건설되고 나면 제거해야 할 대상 아니었을까, 우리는 계몽주의에서 원하는 사상과 철학을 일부 선별하여 받아들인 후 나머지 요소들은 그냥 폐기처분해도 괜찮지 않은가, 하는 것이다.

앞으로 확인하겠지만 우리는 그런 시도를 이미 해보았다. 결과는 대실패였다.

현실의 영역에서 역사상 다른 모든 철학적 발전이 그래 온 것처럼 계몽주의 역시 명과 암을 모두 갖고 있었다. 앞서 살펴본 것처럼 계몽주의는 미국의 건국 철학과 서구의 고전적 자유주의를 탄생시켰는데, 이 두 개념은 모두 아테네와 예루살렘의 직접적인 결과물이었다. 그렇다면 계몽주의의 부작용이란? 부작용은 유대 기독교적 가치와 그리스적 목적론이 의도적으로 파괴되면서 불거지기 시작했다. 서구 문명의 힘과 영광은 유대 기독교적 가치와 그리스 철학이라는 두 개의 기반을 모두 긍정하는 사상가들에 의해 만들어졌다. 이 두 기반을 허물려고 하는 사람들은 결국 원하는 바를 달성할지도 모른다. 하지만 그들의 승리는 오늘날 서구가 날마다 앓고 있는 의미의 부재에 따른 실존적 위기를 더욱 심화시키게 될 것이다. 결과적으로 그들이 추구하는 이성에 대한

---

2 건축공사를 할 때 높은 곳에서 작업할 수 있도록 자재 운반 등 용도로 설치하는 임시 가설물.

확신마저도 옛 것을 허물려고 하는 본성으로 인해 자체적으로 소멸되고 말 것이다. 이성에 대한 그들의 헌신이 아무리 객관적이었다고 하더라도 말이다.

덕에서 도덕적 상대주의로

서구 철학에서 신을 제거하려는 시도는 복합적인 배경에서 시작됐다.

먼저 종교에 대한 반감은 로마 가톨릭이 영향력을 상실한 시점부터 형성되었다. 로마 가톨릭의 점진적 쇠퇴는 종교적 분열과 권력의 진공 상태를 초래했는데 이 현상은 종종 잔혹한 폭력을 수반했다. 유대 기독교 신앙을 비판하는 사람들은 기독교 내부에서 발생한 종교 전쟁을 지적했다. 그들은 종교적 근본주의가 인간을 자유롭게 하는 것이 아니라 오히려 제약하고 있다는 주장을 뒷받침하는 증거를 찾은 듯했다.

둘째로, 종교적 근본주의의 영향력이 확대됨에 따라 이에 대한 반작용으로 지식인들 사이에서는 무신론과 불가지론agnosticism[3]이

---

3   초험적인 것의 존재와 본질은 인식 불가능하다는 철학적 입장. 신의 존재를 긍정도 부정도 하지 않는다.

엄청난 인기를 끌었다. 루터주의와 칼뱅주의는 부분적으로 가톨릭교회의 확연한 세속화에 대한 반작용으로 나타난 사상이었다. 가톨릭교회는 종교개혁 이후 발생한 저항 운동을 가라앉히기 위해 내부에서 진행되던 세속화의 흐름을 단속하기 시작했다. 가톨릭이라는 바운더리 내에서 유지되던 견제력이 상실되자 파편화된 종교는 점점 세속 학문에 대한 장애물로 작용하기 시작했다. 마침내 가톨릭교회에 의해 이뤄지던 종교적 통제가 산산조각 났고 사람들은 가톨릭에 반대하는 자신의 입장을 표현할 여유를 가지게 된다. 베스트팔렌 조약의 주요 목적은 소수 종교들에 보다 폭넓은 종교의 자유를 보장해 주는 것이었다. 그와 동시에 베스트팔렌 조약으로 인해 당시 새롭게 부상하던 불가지론 철학이 탄력을 받게 된다.

유대 기독교적 도덕과 아리스토텔레스의 덕으로부터 단절되려는 철학적 움직임을 최초로 선보인 사람은 마키아벨리다. 마키아벨리가 종교를 가졌는지 아니면 정체성을 숨긴 무신론자였는지에 대해선 학자마다 의견이 분분하다. 하지만 분명한 건 마키아벨리가 성경에 대해 존경심을 가지고 있었다는 사실이다. 『군주론』에서 마키아벨리는 전쟁 지도자로서 모세를 조명한다(모세는 "그저 하나님의 뜻을 실행하는 자에 불과했다"고 익살스럽게 말하고 있긴 하지만). 그리고 약간은 뻔뻔한 태도로 "이스라엘 백성이 이집트 땅에서 노예가 되어 탄압 당한 건 모세에게는 필요한 상황 설정이었다. 그래야 이스라엘 백성들이 모세의 리더십을 따라 속박에서 구원될 수 있기 때문이다"라고 말하기도 했다.

덕을 강조하는 그리스 철학에 관해서도 마키아벨리는 특유의 조롱하는 어투로 용어 그 자체의 의미를 뒤틀어 버린다. 마키아벨리는 인간은 더이상 덕virtue에 의해 통치되는 것이 아니라, 특정 목적을 달성하는 과정에서 운fortuna이 초래하는 혼돈을 극복하기 위해 필요한 선과 악이 결합된 힘인 비르투virtù에 의해 통치를 받아야 한다고 강조한다. 마키아벨리에 대해 하비 맨스필드[4]는 다음과 같이 말했다. "마키아벨리는 르네상스 인문주의를 고전 철학과 기독교의 영향으로부터 떼어 놓길 원했다. 그래서 고전적 수사를 향한 존중에 포함된 거품을 제거하고, 르네상스가 고전 철학과 가까워지려는 시도를 비판했으며, 기독교와 친근해지려는 경향을 제한하는 가운데, 고전적 신사들의 전유물이었던 덕에 대한 신뢰를 부정함으로써, 르네상스 인문주의가 군사적 가치관과 영광으로 무장해야 한다는 걸 끊임없이 상기시킨 것이다."

전통적인 목적론으로부터 서구 철학을 분리시키려는 마키아벨리의 반복적 시도를 공개적으로 수용한 최초의 학자는 홉스다. 홉스는 종교적 계시의 영역에 엄격한 논리의 기준을 적용했

---

4 미국의 정치철학자, 번역가. 버크, 마키아벨리, 토크빌 등 주요 정치철학자들의 책을 영역했다.

다. 그는 계시만으로는 충분하지 않다는 사실을 깨달았다. 홉스는 "하나님께서 누군가에게 꿈을 통해 말씀하셨다는 건 누군가가 꾼 꿈에서 하나님이 그 사람에게 말씀하셨다는 이야기와 똑같은데, 이런 접근을 통해선 꿈이란 것이 그저 자연적 현상에 불과하며 꿈이 과거 기억으로부터 만들어진다고 믿는 사람들을 설득할 수 없다"고 말했다. 또 홉스는 "만약 한 선지자가 다른 선지자를 속일 수 있다면, 누군가가 하나님의 뜻을 안다고 일방적으로 주장하는 걸 어떻게 확신할 수 있겠는가? 그래서 오직 이성만이 신뢰의 대상이 된다"고 언급하기도 했다.

홉스는 단순히 유대 기독교적 도덕 시스템만을 평가 절하하는 것이 아니다. 그는 아리스토텔레스적 목적론도 거부한다. 홉스는 "옛날 철학자들이 쓴 책에서 언급된 최후 목적Finis ultimus이나 최고선Summum Bonum은 존재하지 않으며, 지선至善의 행복은 하나의 대상으로부터 다른 대상을 향해 나타나는 욕망의 끊임없는 진보에 불과할 뿐이기에, 인간은 하나의 욕망을 성취하면 다른 욕망을 향해 나아가게 된다"고 말했다. 단순히 목적인만을 붙드는 걸 통해 의미를 추구하는 인생을 살 수 없다는 입장이었다. 홉스는 자연이 인생의 의미에 관한 정보를 담고 있지 않다고 생각했다. 그 대신 도덕은 이해관계를 놓고 이뤄지는 경쟁으로 요약됐고, 인간의 욕구는 고통, 그리고 궁극적으론 죽음을 피하는 것이 전부라고 설명했다. 홉스는 자연 상태에서 "어떤 것도 부당하지 않으며, 옳고 그름도 정의와 불의도 존재할 수 없다"고 말했다. 또한 "공통된 권력이 없으면 법도 존재할 수 없고, 법이 존재하지 않으면 불의도 존재할 수 없다"고 말했다. 만약 도덕적 상대주의의 근원을 굳이 찾아야 한다면 우리는 홉스의 사상으로부터 그 기원을 발견할 수 있을 것이다.

유대 기독교적 도덕과 아리스토텔레스의 목적론에 대해 회의를 품은 홉스의 태도는 전혀 예상치 못한 사람으로부터 환영받게 된다. 유대인이기도 한 그 사람은 **바뤼흐 스피노자**(1632~1677)다. 스피노자는 정통파 유대인으로 자라났지만 1656년 이단으로 정죄받고 출교 조치를 당했다. 스피노자의 죄목은 그가 성경은 불멸에 대해 언급을 하지 않았고, 하나님은 우주 어딘가에 물리적 형태를 갖고 있으며, 불멸이라고 여겨지는 영혼은 실제 불멸이 아니고 단순한 생명력life-force에 불과할지 모른다고 말했다는 것이었다. 스피노자는 철학사에서 가장 탁월하다고 평가받는 저술들을 하나씩 써 내려가기 시작한다. 특별히 그의 반종교적 사상은 많은 이들의 주목을 끌었다.

홉스가 성경에 대해 모호한 태도를 취한 것과 달리 스피노자는 일절 타협하지 않았다. 스피노자는 종교 지도자들이 편협한 사고를 갖고 있다고 비판했다. 기독교 신앙인들은 성경의 메시지를 오직 개인 차원에서만 누려야 한다고 주장하며 성서 근본주의자들의 문자주의textualism를 배격했다. 스피노자는 기독교인들이 하나님의 말씀 대신 종이와 잉크라는 우상을 숭배하고 있다고 말했다. 또 『토라』는 모세가 직접 기록한 것이 아니라 모세 사후 수백 년 지나 다른 인물에 의해 쓰여졌다고 생각했다. 스피노자는 성경의 기적, 텍스트, 그리고 어떤 계명도 믿지 않았다. 성경이 신성을 갖고 있지 않다는 걸 증명하기 위해 리처드 도킨스[5]가 좋아할 법한 이런 말을 남기기도 했다. "종교는 신을 위한다는 거짓 명분에 기반해 인간 사회에 막대한 증오심을 퍼뜨려 왔고 이를 통해 존재감을 드러내 왔다." 스피노자는 성경이 지적으로 모자란 사람들을 위해 쓰여졌고 멍청한 사람들에 의해 전파되었다고 믿었다. 하지만 정치적으로 기민했던 스피노자는 구약성경을 비방한 만큼은 신약성경을 비방하지 않았다.

스피노자는 자연법에 대해서도 비판적 태도를 갖고 있었다. 자신의 탁월한 지성을 이용해 목적인 개념을 가차 없이 비판해 나갔다. 스피노자는 인간이 우주를 창조한 하나님이라는 개념을 만들어 냈다고 주장했으며, 그 하나님이 인간에게 목적을 부여했다고 하는 건 순환적 사고일 뿐이라고 주장했다. 홉스와 마찬가지로 스피노자는 자신의 철학을 통해 '선'과 '악'이라는 개념 자체를 폄하한다. 또 인간 본성을 기반으로 한 합리적 자기중심주의egotism를 신봉하는데, 이는 인간이 고통을 회피하고 쾌락을 추구

---

5   진화생물학자. 『이기적 유전자』, 『만들어진 신』 등.

하는 것이 당연하다는 것이다. 이 결론 역시 홉스와 유사하다. 스피노자는 스토아 철학에 기반한 수동성을 통해 자신의 철학을 가장 잘 실천할 수 있다고 보았다. 우주의 지식을 추구하는 동시에 우리가 그 우주의 중심이 아니란 사실을 인정해야 한다는 것이다.

홉스는 자신이 제시한 새로운 도덕관을 통해 모든 일을 관장해주는 국가를 꿈꾸었다. 반면 스피노자는 정반대의 결론을 도출한다. 권리를 침해받는 사람들로 인해 발생하는 반란을 억제할 수 있을 정도의 국가면 충분하다는 생각이었다. 스피노자는 종교와 표현의 자유 등 사적 영역은 국가가 나서서 금지하거나 허용할 분야가 아니라고 믿었다. 굳이 스피노자의 정치관을 말하자면 원칙론이 아니라 현실성에 기반한 자유주의libertarianism 정도라고 평할 수 있겠다. 스피노자에 따르면 우리는 무엇이 옳고 무엇이 도덕적인지 판단할 능력이 없다. 따라서 품위 있는 사람이라면 자신이 가진 주관적 기준을 타인에게 떠맡길 수는 없는 노릇이다. 하지만 스피노자가 말한 자유가 지속적으로 보장되기 위해서는 개인의 반론을 국가가 묵살하지 않겠다는 분명한 약속이 선행되어야 했다.

유대 기독교의 윤리적 유일신론, 그리고 그리스 철학의 목적론과 단절한 후 확고한 무신론의 방향으로 나아가는 서구의 흐름을 가속화시킨 것은 영국의 경험주의자 **데이비드 흄**(1711~1776)이다. 앞선 홉스나 스피노자와 마찬가지로 흄도 기적을 믿지 않았다.

흄은 자연법칙이 인간의 어떤 증언보다 우리에게 더 빈번하게 이야기를 전달한다고 말하며 기적을 부인했다. 나아가 흄은 다신론이 유일신론만큼이나 합리적이라고 주장했다. 또 흄은 신의 존재를 증명하는 고전적 방법들을 모두 깨뜨리려고 했다. 우주론의 주장을 차용해, 무無에서 유有가 파생될 수 있고 따라서 부동의 동자라는 개념은 태초의 근원을 설명하는 데 필요하지 않다고 말했다. 또한 흄은 설계design 없이도 도토리가 참나무로 자라는 걸 예로 들며 현존하는 질서는 반드시 설계를 필요로 한다는 이론을 반박했다. 무엇보다 흄은 악의 실존을 언급하며 공의로운 하나님이 존재한다는 성서의 개념을 거부했다.[6]

홉스나 스피노자와 마찬가지로 흄은 인간이 물질세계에 존재한다는 사실 하나만으로 삶에는 목적이 있으며 추구해야 할 선을 발견할 수 있다는 식의 주장을 배격했다. 흄은 유명한 '존재·당위is-ought' 논쟁에서 이 문제를 다음과 같이 요약한다. 자연 세계가 특정한 방향으로 존재is한다는 사실이 우리가 무엇을 해야 한다는 당위ought를 부여해 주는 건 아니라는 것이다. 이성을 통해 인간의 목적을 발견할 수 있다는 개념은 그렇게 흄의 철학에서 사라져 갔다.

---

6   즉, 공의롭고 완전한 하나님이 존재한다면 어떻게 이 세상에 불의하고 불완전한 악이 존재할 수 있느냐는 논리.

'오직 이성'[7]으로 건설하기

흄의 무신론은 그의 생전에는 소수 의견에 머물렀다. 당시 대부분의 철학자들이 점차 유대 기독교적 가치로부터 멀어지고 있긴 했으나 그들은 적어도 이신론적deist 우주관을 유지하고 있었다. 당시 철학자들은 선과 악이 인간 재량에 의해 만들어진 구성물construct에 불과하며 따라서 선악 개념은 권력관계에 종속된다는 홉스적 실증주의에 거부감을 표출했다. 대신 시간이 흐를수록 철학자들은 성경 없이 도덕을 재건하는 데 초점을 맞췄다. 당시 철학자들은 인간 행위에 대한 적극적 도덕의 중재자의 역할을 감당하던 하나님을 왕좌에서 끌어내린 후 하나님의 역할을 아리스토텔레스적인 부동의 동자로 제한하고 이후로는 오직 이성만을 통해 자유로이 도덕 시스템을 구축하려 했다. 하지만 이 같은 접근을 한 철학자들은 아리스토텔레스적 목적론에 더 이상 의존할 수 없게 되었다. 결과적으로 우주의 본질을 통해 도덕 목적을 발견할 수 없었다.

흄 이후 철학자들은 백지 상태로부터 새로운 도덕 시스템을 다시 만들어야 했다. 계몽주의 시대 사상가들은 인간이 스스로의

---

7   '오직 성경, 오직 은혜, 오직 그리스도, 오직 믿음, 오직 하나님께 영광'이라는 종교 개혁의 슬로건을 비튼 것.

행복을 극대화시키는 시스템을 구축할 수 있다고 믿었다. 요즘도 현실에서 계몽주의를 계승하는 대부분의 사상가들은 유대 기독교적 가치와 아리스토텔레스의 목적론 없이 도덕적 가정을 세우려고 노력한다. 하지만 이 사상가들의 지적 엔진은 서서히 지쳐가고 있었다. 의도적으로 비워 버린 가스 탱크로부터 에너지를 공급받으려는 자가모순에 봉착했기 때문이다. 어느 순간 엔진이 작동을 멈추는 건 시간문제였다. 하지만 철학자들은 마지막 남은 엔진의 증기를 쥐어짜 내 하나님을 배제한 상태에서 객관적 도덕을 만들어 내려는 흥미롭고 복잡한 도전을 시작한다.

이 분야의 선구자는 볼테르(1694~1778)였다. 볼테르는 이신론자였다. 그는 "내 생각에 필연적이고 영원하며 지고至高하고 지성적인 존재가 반드시 존재하는 건 틀림없다. 이건 믿음의 문제가 아니라 이성의 문제다"라는 유명한 말을 남겼다. 볼테르는 이성을 통해서도 도덕을 추구할 수 있다고 믿었다. 자신의 철학 사전에서 볼테르는 다음과 같이 설명한다. "우리 서로의 도그마가 다르더라도 도덕은 이성을 사용하는 모든 인간들 사이에서도 동일하다는 사실은 아무리 되풀이 말해도 지나치지 않다. 도덕은 빛과 마찬가지로 하나님으로부터 파생된다. 우리의 미신은 어두움일 뿐이다." 하지만 볼테르는 유대 기독교 전통이 미신적이라는 입장을 분명히 했다. 그의 글에는 특별히 유대인에 대한 비하가 많이 담겨 있다. 18세기판 빌 메이어[8]였던 볼테르는 성경에서 터무니 없다고 생각하는 스토리를 조롱하곤 했는데 그는 대놓고 성경이 제시하는 도덕 체계가 혐오스럽다고 말하기도 했다.

그렇다면 어떻게 이성을 통해 도덕을 구축할 수 있을까? 아리스토텔레스의 목적론을 통해서는 도덕을 정립할 수 없다. 볼테르는 자연 가운데 발견될 수 있는 목적이 있다는 주장을 가볍게 묵살하며 훌륭한 철학자 라이프니츠(1646~1716)의 입장을 조롱했다. 라이프니츠는 하나님이 선하시기 때문에, 그리고 그 하나님께서 하나의 세상을 창조하셨기 때문에, 그분이 만드신 세상은 필연적으로 최고의 상태일 수밖에 없다고 했다. 볼테르는 『캉디드』에서 라이프니츠의 주장을 가차 없이 비판한다.

팡글로스[9]는 형이상신우주천치학metaphysico-theologico-cosmo-nigology을 강의했다. 그는 원인 없는 결과란 없다는 사실을 멋지게 증명해 보였다. 팡글로스는 이렇게 말하곤 했다. "존재하는 것들은 그 존재 말고 다른 어떤 것도 될 수 없다는 사실은 쉽게 증명된다. 왜냐하면 모든 것은 목적을 가지고 있고 그 목적이란 가장 좋은 목적일 수밖에 없기 때문이다. 일례로 코는 안경을 얹기 위해 만들어졌고, 따라서 우리는 안경을 쓴다. 다리는 바지를 입기 위

---

8 케이블 드라마 채널 HBO의 *Real Time with Bill Maher*의 호스트.
9 볼테르의 소설 『캉디드』에서 청년 캉디드를 교육하는 박사. 볼테르는 팡글로스를 통해 당시 유럽에 만연한 낙관주의적 세계관을 조롱했다.

해 만들어졌고, 따라서 우리는 바지를 입는다. (…) 모든 것이 좋
다고 말하는 사람들은 사실 헛소리를 하고 있는 것이다. 모든 것
은 최선이라고 말하는 것이 옳다."

팡글로스는 매독에 걸려 한쪽 눈과 귀를 잃고 교수형에 처해진
다. 볼테르는 모든 것이 최선의 상태로 존재하는 세상에서는 결
국 이 같은 일이 발생한다고 생각했다. 자연의 존재들을 보고 도
덕을 발견할 수 있다는 논리는 조롱당한다. 볼테르는 아리스토텔
레스적 '선' 개념을 비웃는다. 볼테르에 따르면 코는 안경을 위해
만들어진 것이 아니다.

그렇다면 볼테르는 무엇으로부터 도덕과 목적을 발견했을까?
자신의 지적 영웅인 프랜시스 베이컨처럼 볼테르는 사람들의 상
태가 물질적으로 개선되는 과정을 통해 도덕과 목적을 발견할 수
있다고 생각했다. 이에 따라 볼테르는 쾌락주의적이고 물질 중심
적인 도덕관을 갖게 된다. 이성을 올바로 활용할 수 있는 사람들
에게는 쾌락의 극대화와 고통의 최소화가 인생 최고의 목적이 된
다는 논리였다. 볼테르가 쓴 시에는 종교적 내숭에 대한 비판과
함께 세속의 쾌락을 포용하는 태도가 고스란히 반영돼 있다. "매
상태와 순간마다 쾌락을 즐기며 / 필멸의 존재들은 하나님의 영
원한 권력을 인정하네 / (…) 최신 스토아 철학자들은 통제를 원하
는데 / 그 본질은 나의 영혼을 강탈하는 것."

볼테르의 도덕은 완전한 자유주의로 나아가는 길을 터놓게 된다. 볼테르는 통제로부터 자유롭고 행동에 구속이 없는 상태를 추구했다. 하지만 시민적 덕이 부재한 시스템은 금방 붕괴되고 만다. 볼테르도 그 점을 잘 알고 있었다. 그래서 볼테르는 자신처럼 똑똑한 사람에게는 해당되지 않지만 일반적인 지적 능력을 가진 사람들은 전지전능한 하나님을 예배해야 한다고 생각했다. 불행히도 인간 본성에 관한 볼테르의 추측은 결국 옳았음이 증명됐다. 볼테르는 도덕을 일종의 족쇄라고 생각해서 이를 제거하려 했다. 문제는 이 족쇄들을 제거함으로써 혼돈과 폭압의 등장을 저지하고 있던 방패막 역시 함께 사라져 버렸다는 것이다. 볼테르의 자유론이 **장자크 루소**(1712~1778)의 열정과 만났을 때 그 결과는 참혹한 단두대(기요틴)로 귀결되었다.

자만심 강하고 날카로웠던 볼테르와 비교하면 **칸트**(1724~1804)는 마치 세속의 성자처럼 느껴진다. 칸트는 생전 프로이센의 쾨니히스베르크를 떠난 적이 없다. 칸트는 분명 쾌락주의자가 아니었다. 하지만 볼테르나 로크와 마찬가지로 칸트도 무엇보다 이성을 철저히 신봉했다. 비록 극한의 지점에서 이성의 한계 또한 체감했지만 말이다. "계몽이란 무엇인가"라는 글에서 칸트는 당대의 중심 철학이었던 '감히 알려고 하라Sapere aude'의 개념을 명료하게 설명했다. 칸트의 시대를 거치며 '과감하게 지성(understanding, 오성)을 사용하라'라는 이 말이 계몽주의의 모토로 자리 잡게 되었다.

도덕의 영역에 대해서 칸트는 어떤 입장을 갖고 있었을까? 칸트는 우주에 적용되는 이성이 아니라 도덕 본능을 탐구함으로써 덕을 추구할 수 있다고 생각했다. 칸트는 우리 모두가 도덕을 향한 본능을 갖고 있다고 믿었다. 칸트는 인간의 인식이 제한적인 만큼 이성 역시 제한적이라고 생각해, 인간의 역량을 통해 세상을 이해할 수 있다는 주장에 대해 회의적 태도를 갖고 있었다. 칸트는 우리가 내면에 간직하는 도덕 본능을 바라봄으로써 보편적인 도덕을 이끌어 낼 수 있다고 믿었다.

> 생각을 거듭할수록 나의 마음을 감탄과 경외로 채우는 두 가지가 있다. 하나는 내 위에 별이 총총히 빛나는 하늘, 다른 하나는 내 안의 도덕법칙이다.[10]

칸트는 실험이나 경험을 통하지 않고 알 수 있는 연역적 지식을 사용해 새로운 의미와 목적을 발견하길 원했다. 칸트는 어떤 종류의 지식은 인간의 경험에 의존하지 않는다고 생각했다. '2+2'의 답은 인간이 경험해 보든 않든 언제나 4일 것이다. 칸트는 물질의 영역을 초월한 지식을 얻기 위해 플라톤이 시도한 것과 비슷한 방법론을 활용해 탐구를 시작한다. 다만 플라톤이 형상(Form,

---

10 『실천이성 비판』의 마지막 구절. 칸트의 묘비명이기도 하다.

이데아)의 영역을 탐구했다면 칸트는 인간의 마음을 들여다봤다는 차이가 있다. 칸트는 인간이 마음속에 자체적인 도덕 논리를 갖추고 있다고 믿었다. 그리고 그 도덕 논리는 절대 진리인 정언定言 명령categorical imperative[11]에 기반하고 있다고 생각했다. 칸트가 말한 정언명령은 인간을 수단으로 취급하지 않고 목적 그 자체로 대해야 한다는 당위에 기반하고 있었다. 행동은 좋은 결과를 만들어내기 때문이 아니라 행동 그 자체로 선하다는 논리다. 또 칸트는 선을 추구하는 행위가 우리를 자유롭게 한다고 말했다. 칸트에게 종교를 판단하는 척도는 그 종교가 마음이 요구하는 도덕률에 얼마나 부합하고 있는지에 달려 있다. 칸트의 말을 빌려 요약하면 "네 의지의 준칙이 언제나 동시에 보편적 입법의 원리가 되도록 행위하라"는 것이다.

종교를 갖지 않은 일반인들에게는 칸트의 주장이 상당히 아름답게 들릴 것이다. 그리고 실제 진지한 삶의 의미와 목적에 관해 철학이 만들어 낼 수 있는 최고의 답을 칸트가 제시한 것도 사실이다. 하지만 칸트의 관념론은 불완전했고 오랜 시간이 지나지 않아 허물어지게 된다. 모든 법은 일반화될 수 있어야 한다는 주

---

11 "A이거나 B"라는 선언(選言)명령이나 "만약 A라면 B이다"라는 가언(假言)명령과 달리, 어느 경우에나 보편타당하게 성립하는 명령. 칸트 정언명령의 가장 유명한 형태들은 바로 아래 나오는 "네 의지의 준칙이 언제나 동시에 보편적 입법의 원리가 되도록 행위하라"와 "인간을 수단으로 취급하지 말고 목적 그 자체로 대하라"이다.

장을 골자로 하는 칸트의 정언명령은 인간 행동을 위한 좋은 가이드라인을 제공해 준다. 그리고 어떤 점에선 성경의 황금률[12]을 떠올리게 만들기도 한다. 하지만 칸트의 정언명령은 보다 복잡하고 고차원적인 도덕적 상황에 대한 답을 제공해 주지 못한다. 칸트가 이야기하는 것처럼 우리는 거짓말을 할 때마다 잘못을 저지르고 있는 것일까? 예를 들어 나치의 위협을 피해 숨어 있는 유대인들을 보호하기 위해 거짓말을 하는 것은 어떻게 판단해야 할까?

게다가 칸트가 주장하는 정언명령은 객관적인 **강제성**을 담보하지 않았다. 차라리 모든 사람들이 칸트의 법칙을 따라야 하고 다른 법칙들은 깨뜨려도 된다고 말하는 건 어떨까? 각자가 스스로를 유익하게 만드는 법칙을 통용시켜야 한다고 굳이 주장하지 않더라도 칸트의 도덕률만큼 논리적인 도덕 시스템은 얼마든지 찾아볼 수 있다. 실제로 칸트의 정언명령은 선험적a priori인 이유에 따라 인간 도덕을 조직해서 정리하는 하나의 시스템에 불과할 뿐이다.

제러미 벤담(1748~1832)은 이성을 사용해 칸트가 말한 정언명령과 비슷한 도덕 시스템을 구축하려 했다. 다만 칸트의 도덕률과

---

12 "남에게 대접을 받고자 하는 대로 너희도 남을 대접하라"(마태복음 7:12, 누가복음 6:31)라는 예수의 가르침.

달리 벤담이 구축한 시스템은 보편적 도덕 원리가 아니라 공리 (utility, 효용)에 기반하고 있다는 차이가 있었다. 벤담은 인간 행동은 행복을 증진하거나 가로막는 목적으로 구축돼야 하며 그 행복의 정도는 기쁨과 고통을 기준으로 측정되어야 한다고 생각했다. 홉스와 같은 철학적 노선을 공유한 벤담은 국가가 있기 전 권리는 존재하지 않았다고 단언했다. 또 인간은 태어날 때 자연권을 부여받는다는 주장에 대해 말도 안 되는 헛소리라고 일축했다.

볼테르와 칸트, 그리고 벤담은 모두 이성이 단독으로 도덕을 창출해 낼 수 있다고 믿었다. 하지만 그들이 말한 도덕은 서로 일치하지 않았다. 사실 엄밀히 따지고 보면 볼테르와 칸트, 벤담이 주장한 도덕은 그들이 무의식중에 사고했다 하더라도 상당 부분 유대 기독교 전통과 그리스 목적론의 요소를 차용하고 있었다. 물론 그들은 자신들이 유대 기독교 전통과 그리스 철학을 철저하게 타파하고 극복했다고 주장했지만 말이다.

이런 배경을 공부하다 보면 답을 찾지 못한 질문을 하나 맞닥뜨리게 된다. 만약 이성 하나만으로 도덕 법칙을 세울 수 없다면 우리는 무엇을 통해 도덕을 세울 수 있을까? 만약 이성에 대한 믿음이 제자리를 찾지 못하고 흐트러져 실제 뭔가 어두운 영향력이 인간에게 불순한 동기를 제공한다면 그때는 어떤 상황이 발생하게 될까?

역량의 죽음

유대 기독교적 가치와 그리스 목적론이 파괴되었다고 해서 이성이 미신으로부터 해방된 것은 아니었다. 일부 핵심 철학자들에게 이 현상은 이성 그 자체의 죽음과 비슷하게 다가왔다. 이러한 설명은 어찌 보면 직관에 어긋나는 것처럼 보일 수도 있는데, 결국 철학자들이 이성을 지나치게 강조하며 성경과 아리스토텔레스를 내팽개쳐 버렸기 때문이다. 하지만 계몽주의의 흐름은 단순히 이성을 이용해 유대 기독교적 가치관과 목적론에 의문을 제기하는 것 정도에 그치지 않았다. 계몽주의는 이성에 집중함으로써 인간의 생각을 탐구하려 했다. 그 결과 계몽주의는 우주 가운데 가장 영롱하게 빛나는 보석인 인간을 낮은 위치로 끌어내렸고 신성의 영역에 참여하던 인간을 동물 가운데 하나로 전락시켜 버렸다. 인간 세상에서 신을 제거해 버림으로써 계몽주의는 인간을 육신을 가진 생명체의 하나로 전락시켰고 삶의 방향을 이끌어 줄 초월적 존재는 철저히 배제되고 말았다.

마키아벨리와 베이컨 두 사람 모두 정념의 힘을 인정했다. 하지만 동시에 그들은 정념보다 이성에 의해 지배를 받아야 한다는 점 역시 깨닫고 있었다. 마키아벨리는 이성의 인도를 받는 지도자들이 정념을 올바로 사용할 때 정념은 긍정적 효과를 발휘할 수 있다고 보았다. 베이컨은 우주의 본질을 이해하는 데 이성이

성공적으로 활용될 수 있고 그렇게 되면 인류는 발전한다고 생각했다. 마키아벨리와 베이컨 누구도 자유의지에 대한 믿음을 심각하게 손상시키지는 않았다. 마키아벨리가 비르투를 강조한 이유는 최상의 계획마저도 좌절시킬 수 있는 괴팍한 운명, 즉 포르투나를 극복하기 위해서였다. 마키아벨리는 의지를 통해 운명을 극복하려 했다. 목적 성취를 위해 가능한 수단을 총동원해야 한다는 그의 지론은 바로 여기서부터 비롯되었다.

하지만 홉스는 전혀 다른 생각을 갖고 있었다.

그리스적 목적론을 무너뜨리는 데 열중한 홉스는 우주에 발견 가능한 목적이 있다는 관점을 단순히 공격하는 정도에 그친 것이 아니었다. 그는 인간이 보다 광범위하게 이성을 활용할 수 있다는 시각에 대해서도 부정적 입장을 내비쳤다. 홉스는 "일반적으로 인간의 정념이 이성보다 훨씬 더 강력하다"고 말했다. 이성은 행복을 가져다줄 수 없으며 철학적 삶의 목적으로 취급될 수도 없다는 논리다. 홉스의 관점에서 행복은 애초에 존재하지 않는다. 그에게 삶은 오직 분투와 안전 보장, 그리고 정념의 연속이다. 홉스에 따르면 이성은 우리를 '만인의 만인에 대한 투쟁'에서 구원할 수 없다. 홉스는 오직 국가 권력으로 대변되는 리바이어던만이 인간을 구원할 수 있다고 믿었다.

이성에 대한 홉스적 회의론은 인간이 이성보다 정념을 따라 살아가는 존재라는 데카르트의 철학에도 영향을 미쳤다. 하지만 스피노자야말로 과거의 철학과 가장 급진적 단절을 선언한 철학자였다. 스피노자는 자유의지라는 개념 그 자체를 부정해 버렸다. 스피노자는 인간의 존재를 우주 가운데 내던져진 돌덩어리에 비유했다. 그런데 그 돌덩어리들은 자신이 스스로 움직일 수 있다고 믿는다는 것이다. 스피노자는 말했다. "자신이 기울이는 노력만을 겨우 인지하는 이 돌덩어리는 스스로가 완전히 자유롭다고 착각할 것이다. 그리고 자신이 우주 가운데 움직이고 있는 이유는 스스로의 의지 때문이라고 믿을 것이다. 모든 사람들이 자유를 갖고 있다고 떠벌리지만 실상 그 자유는 자신이 인식하는 욕망에 지나지 않는다. 사람들은 그 욕망이 어떻게 결정되었는지를 설명하는 근본 원인에 대해선 어떤 정보도 갖고 있지 않다." 스피노자는 인간이 이성을 통해 자신이 처한 곤경을 보다 잘 이해할 수 있으며 그 과정을 거치면서 어느 정도 제한된 자유를 부여받는다고 생각했다. 하지만 동시에 이러한 행동의 자유는 심각하게 제한되어 있다고 주장했다.

이 상황에서 흄은 다시 한 번 이성을 완전히 제한하려 했다. "이성은 정념의 노예이며 정념의 노예여야만 한다"는 유명한 말을 남긴 흄은 선배 사상가들의 철학을 논리의 극단까지 밀어붙였다. 흄은 또 "이성은 사람들의 생각과 달리 도덕적 선악의 근원이 될 수 없다"고 말했다.

흄과 동시대를 산 루소(두 사람은 친구였다) 역시 인간 본성을 설명하는 흄의 주장을 받아들였다. 하지만 루소는 흄이 시도하지 않은 방식으로 정념의 중요성을 한껏 끌어올렸다. 루소는 정념이 선한 것이라고 말했다. 인간은 완벽해질 수 있다는 뜻이다. 루소는 도덕이 공감으로부터 비롯된다고 생각했다. 루소에 따르면 사회계약을 이루기 전 태초의 인간은 자연과 조화를 이루며 편안하고 '나태하게indolent' 살아갔다고 한다. 루소는 사회계약이 인간 본성을 완벽하게 만들기 위해 맺어졌다고 말한다. 인간 본성을 계발하기 위해 사회계약이 탄생했다는 것이다. 루소에 따르면 사람들이 함께 모여 공동체를 이루며 살 때가 "가장 행복하고 편안하던 시대"였다. 하지만 공동체 내에서 탐욕이 싹트기 시작하면서 사람들은 생존을 위한 생계를 유지하는 수준에서 벗어나 잉여를 추구하기 시작했다. 루소는 재산권이 자연 상태의 인간에게 종말을 고하게 됐다고 주장했다. "땅을 지정해 그곳에 울타리를 두르며 이건 내 것이라 선포하고 사람들이 그걸 믿어 줄 만큼 단순하다는 걸 깨달은 첫 번째 사람이 바로 시민 사회의 진정한 창시자"라는 말이 그 주장을 잘 설명해 준다. 하지만 이렇게 시민 사회가 만들어지고 나자 인간들은 '일반의지general will'의 행사를 통해서만 행복을 느낄 수 있었다. 이에 대해 매리 앤 글렌던[13]은 『광장과 탑The Forum and the Tower』(2011)에서 "모든 사람이 자신과 소유

---

13 하버드대 로스쿨 교수, 주 바티칸 대사 역임.

물에 대한 권리를 공동체에 이관하는 협약은 그 공동체에서 이뤄지는 모든 일들에 대해 고민하는 각 개인의 의지를 반영한 입법을 보유한 국가를 만들어 낼 것"이며, 그 국가는 "인간 본성을 변화시키는 일에 헌신하는 혁신적인 지도자에 의해 영도될 것"이라고 말했다.

당시 철학자들 사이에서는 이성에서 벗어나 정념을 추구하려는 흐름, 다시 말해 유대 기독교적 가치와 그리스적 목적론을 배척하는 흐름이 상당한 인기를 누렸다. 하지만 이 흐름은 변두리에 머물렀을 뿐 대중들에게까지 큰 영향을 주진 못했다. 이 모든 것은 다윈주의의 탄생과 함께 엄청난 변화를 맞이하게 된다. 찰스 다윈은 1859년 저술한 『종의 기원』에서 하나님에 대한 언급 없이 세상의 기원을 설명하는 최초의 과학적 지식을 제공해 주었다.

다윈의 진화생물학이 등장함에 따라 생명의 기원을 설명하는 통합적 이론이 갑작스럽게 제시된다. 그 설명의 결론은 간단하다. 모든 것이 우연accident에 불과하다는 것이다. 인간은 하나님의 형상을 따라 창조된 것이 아니라 그저 자연선택에 따른 연쇄적 진화의 결과로 나타나게 되었다는 것이 다윈 이론의 골자다. 이런 우주 속에는 텔로스가 존재할 수 없다. 단지 자연이 존재할 뿐이고 인간은 그 자연의 일부다. 다윈의 관점에 따르면 인간은 동물이다. 하나님은 불필요하다. 인간의 이성은 보다 나은 환경에 적응하기 위한 뇌의 고도의 작용의 결과물이다. 객관적 진실은 맹목적 신조쯤으로 치부되고, 인간의 정신은 진리의 발견이 아니라 죽음과 고통을 피하기 위해 견과류나 산딸기를 찾을 때 사용되는 도구쯤으로 전락해 버렸다. 도덕 역시 마찬가지였다. 도덕은 단순 관습이나 환경 적응에 따른 혁신의 결과물로 인식되고, 이에 따라 동물들 역시 초보적인 '도덕'을 가질 수 있게 된다. 동물들이 인간의 이성과 유사한 그 어떤 요소도 갖추지 않고 있음에도 말이다.

당시 지식인들은 다윈주의를 고대 철학과 완전히 절연해도 좋다는 최종 허가로 받아 들였다. 태초로부터 장구한 시간이 흐른 끝에 마침내 유럽에서 종교라는 미신은 구시대의 유물이 되어 버렸다. 마침내 고대 그리스의 유산으로부터 탈출하게 된 것이다. 인간은 스스로를 동물의 범주에 포함시키면서 마침내 신성의 사슬로부터 해방되었다. 사실 대니얼 데네트[14] 같은 무신론자들의 글을 읽을 때면 다윈주의가 사람들에게 가져다준 흥분이 여전히 살아 느껴지는 것 같기도 하다. 데네트는 이렇게 썼다. "다윈의 이론은 눈에 보이는 모든 것의 심장부까지 꿰뚫고 들어가는 보편적 용매이다. 우리가 물어야 할 질문은 그 용매가 지나간 자리에 무엇이 남게 되는가이다." 그리고 그가 내린 답은 "우리가 생각하

---

14 미국의 무신론 철학자. 리처드 도킨스, 샘 해리스, 크리스토퍼 히친스 등과 함께 무신론 진영의 4대 거두로 일컬어진다.

는 가장 중요한 이론들이 더욱 강력하고 순도 높은 버전으로 변화된다"는 것이다.

그런데, 정말 그리 되었나?

과학 세계가 유대 기독교적 가치와 그리스적 텔로스를 마침내 능가하게 되었다며 자축하고 있을 때, 서구가 앞으로 어떤 미래를 맞이하게 될 것인지를 엄숙히 경고하는 두 인물이 등장한다. 한 명은 러시아의 소설가, 다른 한 명은 독일의 철학자였다.

경고

표도르 도스토옙스키(1821~1881)는 도덕적 의무에서 해방된 인류에 대해 심각한 우려를 갖고 있었다. 도스토옙스키는 무신론 세계에서 점점 고개를 드는 사드 후작(1740~1814)의 얼굴을 보았다. 이제는 이름이 널리 알려진 사드 후작은 프랑스의 사디스트[15]이자 강간범이고 아동성애자로, 인간적 책임을 무시하고 자신의 욕망으로부터 지고의 행복을 찾으려 한 사람이었다. 사드는 악명 높은 방식으로 신의 존재를 부정하면서 "우리는 정념을 비난하지만 바로 이 정념의 불꽃을 통해 철학의 횃불이 밝혀진다는 걸 간과하

---

15 바로 사드 후작(Marquis de Sade)이라는 그의 이름에서 나온 말.

고 있다"고 말했다. 도스토옙스키는 이런 사드적 관점이 하나님을 배제한 시스템이 궁극적으로 다다르게 될 종착점이라고 판단했다. 애초에 부도덕이라는 개념이 존재하지 않는다면 인간의 본능적 행동을 제약하는 모든 요소들이 사라지고 말 것이라는 말이다. 도스토옙스키는 유물론적 세계관을 가진 사람이 종교적 세계관을 가진 사람보다 훨씬 더 위협적인 존재가 될 것임을 내다봤다. 선택에 대한 책임 없이 자신 스스로를 물질 덩어리로 치부해 버리는 사람들은 언제든 인간으로서 품격을 저버릴 수 있겠기 때문이다. 도스토옙스키는 그렇게 되면 인간이 삶의 의미와 목적을 찾아가는 과정에서 결국 근대 세계를 만들어 낸 유대 기독교 전통과 그리스적 목적론보다 훨씬 더 어두운 세계관을 가지게 된다고 생각했다.

도스토옙스키는 유럽을 잠식하고 있는 유물론적 세계관에 우려를 나타냈다. 『카라마조프 형제들』에 나오는 그 유명한 '대심문관' 장에서 이반 카라마조프는 예수를 괴롭히는 한 스페인 심문관 이야기를 한다. 이 대목을 통해 도스토옙스키는 세속적 안위를 위해 의미를 포기해 버린 인간 군상을 묘사한다. 대심문관 장에는 이런 대목이 등장한다. "그대들은 세월이 지나면 인류가 성인들의 입을 빌려 더 이상 범죄는 없고 따라서 죄악도 없으며 오직 굶주림만 남았다고 선포하게 되리라는 걸 아는가?" 도스토옙스키는 독재자의 출현이 굶주림에 대한 해결책이 될 것이라고 넌

지시 말한다. 굶주리는 사람들을 만족시키는 지도자는 신적 존재로 숭배받을 것이기 때문이다. 도스토옙스키는 인간이 두려움에 사로잡힌 나머지 하나님으로부터 부여받은 자유를 이용해 그분을 찾지 못할 것이라 생각했다. 그 대신 사람들은 소아증[16]으로 회귀하는 동시에, 먹을 것에 대한 걱정으로부터 해방시켜 주고 순종의 아늑함을 제공해 주는, 그리고 죄악은 아무것도 아니라고 속삭여 주는 지도자들을 따라다닐 것이라고 생각했다. 『카라마조프 형제들』에서 이반 표도로비치는 "우리는 허약한 자들, 그저 애처로운 어린애들에 불과하지만 어린아이의 행복이 그 어떤 것보다 달콤하다는 걸 그들에게 증명할 것이다"라고 말하는데, 이 구절은 도스토옙스키의 철학을 반영한 것이다.

미래를 향해 나아갈수록 대재앙이 점차 다가옴을 내다보고 있었던 도스토옙스키는 계몽주의에 어두운 그림자가 드리워 있음을 알아차렸다. 그는 하나님으로부터 완전히 단절된 이성 하나만으로는 재앙의 물결을 멈춰 세울 수 없음을 알았다. 사실 도스토옙스키의 관점에서 이성은 악을 촉진하는 자극제였다. 『지하 생활자의 수기』에서 그는 유물론자들의 과학적 낙관론을 강력히 비판하면서, "사람들의 본성을 완벽히 재교육시키는 상식과 과학"을 통해 인간의 연약함이 없어질 수 있다는 주장을 철저히 비웃

---

16 성인이 되어서도 육체적, 정신적으로 어린이에 머물러 있는 상태.

는다. 도스토옙스키는 인간이 선택할 능력을 갖고 있지 않지만 과학 이론을 적용함으로써 도덕을 발견할 수 있다는 주장에 코웃음을 쳤다. 그건 불가능하며 사람들은 그와 같은 논리에 반기를 들 것이라고 그는 말했다. 인간은 그런 식으로 만들어지지 않았기 때문이다. "인간이 원하는 건 독립된 선택이야. 그걸 이루는 데 아무리 많은 값을 치르더라도, 또 어떤 결과가 나오더라도 인간은 독립된 선택을 원하게 되어 있단 말이지. 그리고 물론 악령만이 선택이 무엇인지 알고 있어"(『지하 생활자의 수기』).

인간은 이성과 과학이 가져다줄 수 있는 이상의 무엇인가를 추구하는 존재들이다. 인간은 이성과 과학이 바라는 대로 개인의 이익만을 앞세우는 동물 같은 존재가 아니라 그 이상이다. 도스토옙스키는 유대 기독교적 가치와 그리스적 목적론과 단절된 과학적 유물론이 전 세계를 불살라 버리는 화마火魔가 될 것이라고 예견했다. 그 결과 피와 고통, 공포와 혼란을 동반한 허무의 시대가 이어질 것이라고 내다본 것이다. 도스토옙스키에게 있어 하나님의 죽음은 곧 인간의 죽음이었다.

의지의 승리

프리드리히 니체(1844~1900)가 말한 신의 죽음은 이성을 통해 목적을 발견할 여지를 남겨 두지 않았다. 흄과 마찬가지로 니체는 이성만으로 도덕을 설립하는 건 거짓말에 불과하다고 생각했다. 또 그런 태도는 이성의 옷을 입고 변장해 나타난 본능을 교묘하게 가리고 있을 뿐이라고 주장하며 다음과 같이 말했다. "무언가가 옳다는 당신의 결정은 당신의 충동과 호감, 비호감 등을 통해 이미 과거에 여러 번 표현됐다." 니체는 18세기와 19세기를 거치면서 얻어진 교훈을 강화했다. 니체는 계몽주의의 얼굴에서 섬세함이라는 가면을 벗겨 낸 것이다.

니체는 이성과 정념 모두가 무언가 더 심오하고 원시적인 요소와 맞닿아 있다고 생각하며 이 둘을 힘에의 의지(권력의지)와 연관시켰다. 니체는 사람들이 더 이상 자신의 행동의 도덕적 가치에 대해 생각하지 않아도 된다고 말했다. 그 대신 "우리는 우리 자신이 되어야 한다. 새롭고, 독특하며, 어떤 것과도 비교될 수 없는 존재가 되어야 한다. 우리 자신을 위한 법을 만들어 나가고, 우리 스스로를 창조해 나가야 한다"고 주장했다. 니체는 급진적 주관주의가 과학적 유물론에 대한 유일한 해답이라고 생각했다. 그리고 주관성의 도래와 함께 도덕의 죽음이 찾아올 것이라고 내다봤다. 니체는 다가올 미래를 찬양했으며, 의지의 힘을 바라보며 열광했다.

니체가 말한 힘에의 의지란 무엇인가? 그건 자기 완성에 이르려는 의지다. 『차라투스트라는 이렇게 말하였다』에서 니체는 시형식을 빌려 이렇게 설명한다.

> 신 앞에서! 그러나 신은 이미 죽었다! 그대, 보다 고귀한 인간들
> 이여, 이 신이야말로 그대들에게 가장 큰 위험이었다. 이제야 비
> 로소 인류의 미래라는 산이 진통을 시작한다. 신은 죽었다. 이제
> 우리는 갈망한다, 초인이 살아나기를. 오늘날 가장 근심이 많은
> 자들은 묻는다. "어떻게 하면 인간이 불멸할 수 있을까?" 하지만
> 차라투스트라는 최초의 인간, 유일한 인간으로서 이렇게 묻는다.
> "어떻게 하면 인간은 초극될 수 있을까?" 초인은 나의 가슴속에
> 있다. 그러므로 나의 최대이자 유일한 관심사는 인간이 아닌 초
> 인이다. 인간이 관심사가 아니라는 건 내 이웃이 관심사가 아니
> 라는 것이다. 가장 가난한 사람들도, 가장 불쌍한 사람들도, 그리
> 고 가장 최고의 사람들도 내 관심사가 아니다. 내 관심사는 오로
> 지 초인 하나뿐이다.

니체는 유대 기독교적 가치들을 파괴하고 싶어 했다. 그는 공
리주의로부터 시작하여 칸트의 정언명령에 이르기까지 모든 도
덕 시스템의 뿌리에는 유대 기독교 전통이 자리 잡고 있다는 사
실을 간파했다. 그래서 니체는 흔적으로 남아 있는 그 전통적 기
반을 파괴하는 것만이 인간을 해방시킬 수 있는 유일한 길이라고
판단했다. 니체는 유대 기독교적 기반이 인간의 진보를 가로막고

있다고 생각했다. 니체에게 유대 기독교적 기반은 연약함을 위해 강인함을 희생하고 빈곤과 무능을 찬미하는 '노예의 도덕slave morality'에 불과할 뿐이었다.

니체는 새로운 도덕이 필요하다고 생각했다. 니체는 인간이 하나님의 도움 없이 스스로 도덕을 창조할 수 있으며 그 도덕은 오직 힘과 의지의 기반 위에 정립되어야 한다고 믿었다. 그렇게 만들어진 도덕은 더 이상 어떻게 하면 인간 자신을 "최고의 상태로, 오랫동안, 가장 즐겁게" 유지하는가 따위에 연관되지 않을 터였다. 이런 것들은 하찮은 덕에 지나지 않다고 생각했다. 대신 니체는 정직과 투쟁, 강인함과 용기에 가치를 부여했다. 니체는 속박받지 않는 인간을 높이 평가했다.

니체가 발견하고 격찬한 현상은 이미 수 세대에 걸쳐 진행되고 있었다. 두 세기 동안 유대 기독교적 가치와 그리스적 목적론은 철학에 의해 철저히 파괴되었다. 파괴되는 것까지는 아니더라도 멋진 신세계 같은 유토피아brave new utopia[17]를 건설한다는 명목으로 유대 기독교 전통과 그리스 철학은 이미 구시대의 유물 취급을 받고 있었다. 그 유토피아는 하나님 없이 완전해질 수 있다고 믿는 인간, 이성의 사람들에 의해 통치되는 수정궁, 또 고통의 회

---

17 올더스 헉슬리의 소설 『멋진 신세계(Brave New World)』(1932)에서. 문명이 극도로 발달해 과학이 모든 걸 지배하는 세상이 도래하더라도 그건 결코 유토피아가 아닐 것임을 풍자한 소설이다.

피나 쾌락의 극대화로 충만한 결정론적인 세계가 될 것이었다.

　인간의 앞에는 두 갈래 길이 놓여 있었다. 가장 높은 곳에 올라가 통치하든지, 아니면 자신의 길에 놓인 모든 것들을 파괴하든지. 과연 어떤 선택이 이뤄질까? 세계는 곧 그 질문에 대한 답을 발견하게 될 것이었다.

다시 만들어지는 세계

우리는 그냥 합리적이면 되지 않을까?

이것이 오늘날 우리 시대의 요청이다. 가치와 판단에 대해선 이제 잊어버리자는 것이다. 사람들은 서로를 합리적으로 대해 주는 걸로 충분하지 않을까? 관용이 유대 기독교적 사상을 대체할 수 있다는 태도다. 사람들은 내면 깊은 곳에서 무엇이 옳고 그른지 이미 다 알고 있다. 우리가 내면의 별을 잘 따라간다면 문명은 단순히 생존에 그치는 것이 아니라 오히려 번영할 것이라는 주장이다.

이 같은 생각은 계몽주의적 사고의 흔적을 담고 있다. 하지만 동시에 계몽주의적 희망의 어두운 면을 간과하고 있기도 하다. 19세기와 20세기의 역사를 간과하고 있다는 뜻이다. 두 가지 종류의 계몽주의가 있었다는 사실을 아는 사람들은 그리 많지 않다. 하나는 아테네와 예루살렘에 기반한 것이고, 다른 하나는 아테네와 예루살렘 없이 이뤄진 계몽주의다. 지난 역사를 돌이켜보면 어떤 유형의 계몽주의가 더 나은 결과를 만들어 냈는지는 분명하다.

계몽주의는 미세한 차이를 두고 갈라져 서로 다른 두 진영을 이루었다. 한쪽에는 아테네와 예루살렘을 거쳐 영英제국의 형성과 영광스러운 미국 혁명, 그리고 새로운 세계로 나아가는 장구한 역사의 집약인 미국식 계몽주의가 자리 잡고 있었다. 반면 다른 한쪽에는 발견할 수 있는 목적과 신적 계시를 초월해 새로운 세상을 만들 의도로 아테네와 예루살렘을 거부한 유럽식 계몽주의가 자리 잡고 있었다.

미국 독립 혁명과 프랑스 혁명을 나란히 놓고 분석하면 계몽주의 사상의 두 흐름을 확연하게 대조해 볼 수 있다. 미국 독립 혁명은 하나님으로부터 부여된 개인의 권리에 관해 로크의 원칙을 수용했고, 사회적 덕의 가치를 인정했으며, 개인의 양도할 수 없는 권리를 보전하는 국가 시스템을 선호했는데, 이것은 루소의 '일반의지'와 전통적 가치에 대한 볼테르식 조소, 그리고 도덕을 배제한 이성의 적용을 통해 인간이 완전함에 도달할 수 있다는 낙관론에 기반한 프랑스 혁명과 극명한 대조를 이뤘다.

프랑스 혁명은 목적에 대한 유토피아적 인식에 기반하고 있었다. 혁명을 통해 인간은 결국 구시대의 제약으로부터 자유롭게 될 것이라는 논리였다. 여기서 제약이라는 건 단순히 정치적 제약만을 뜻하지 않는다. 영혼에 대한 제약과 인간 자유 그 자체에 대한 제약을 의미했다. 프랑스 혁명을 따른 사람들은 종교에 의한 제약을 가장 심각한 족쇄로 생각했다. 프랑스 철학자들은 종교를 서구 도덕과 합리성을 지키는 방어막이 아니라 서구 문명의 진보를 가로막는 장애물로 인식했다. 유명한 『백과전서』를 편집한 드니 디드로(1713~1784)는 "마지막 사제의 창자로 마지막 왕의 목을 졸라 죽일 때까지 인간은 절대 자유롭지 못할 것"이라고 말했다. 그리고 "최후의 사제가 죽고 난 다음 비로소 인류는 자연 상태로 회귀하여 신과 같은 능력과 지혜를 누릴 수 있을 것"이라고 생각했다. 프랑스인 철학자이자 프랑스 혁명파였던 니콜라 드 콩도르세(1743~1794)는 "인류의 진보를 내다보고, 방향을 지시하며, 진보의 속도를 높이라"고 말하며 과학이 인간을 결점으로부터 구원할 것이라 단언했다.

자연적 열정과 합쳐진 제한 받지 않는 이성은 곧 유해한 결합물을 만들어 내게 된다.

미국의 계몽주의가 로크, 윌리엄 블랙스톤, 몽테스키외, 그리고 성경 등을 포용하며 앞으로 나아간 반면(참고로 미국 최초의 상원 회의는 1789년 3월 4일 열렸다), 프랑스 혁명은 유토피아의 재건을 목표로 삼았다. 1789년 7월 14일, 프랑스 시민들은 바스티유 감옥을 습격했다. 곧바로 그들은 왕을 폐위시키고 사제를 강단에서 끌어내렸다. '이성숭배교The Cult of Reason'가 새로운 프랑스의 첫 번째 공식 종교가 되었다. 혁명파였던 아나샤르시 클로츠에 따르면 혁명 후 수립된 프랑스에서는 오직 하나의 신, 인민Le Peuple만을 숭배했다. 기독교적 하나님의 서룩함은 완전히 상실되었고 그 자리는 이성으로 채워졌다.

프랑스인들은 이성의 축제를 즐기기 원했다. 그 축제를 통해 프랑스 전역에 있는 교회들은 이성의 제단으로 변형되었다. 그 제단의 중심은 노트르담 대성당이었다. 그곳에서 국민군과 오페라 극장의 음악가들은 자유의 찬가를 부르며 자유를 신처럼 모셨다. 제의의 개막을 알리는 노래는 〈임하소서, 오 자유여, 자연의 딸이여Descend, O Liberty, Daughter of Nature〉였다. '철학에게'라고 적힌 비문이 입구에 헌액되었으며 이성의 여신이 내뿜는 불꽃이 그리스식 신전에 안치되었다. 이성에 대한 과도한 숭배를 경멸했던 막시밀리앙 로베스피에르는 '최고존엄숭배교The Cult of Supreme Being'라는 차분한 종교를 만들었는데 이 모임 역시 무신론적이었으며 이성숭배교 추종자들과 비슷한 교리를 공유했다. 이곳에서 축제가 얼마나 잘 기획되었던지 혁명파 예술가였던 자크 다비드는 축제 기간 동안 어머니들은 자녀들에게, 또 늙은이들은 학생들과 손주들에게 언제 웃음을 지어야 하는지를 세부적으로 준비해 대본을 나눠주기도 했다.

1794년 3월, 로베스피에르는 이성숭배교의 지도자들을 처형했다. 그리고 1794년 7월 로베스피에르 자신이 처형됐다. 나폴레옹은 집권 후 모든 광신 집단을 일시에 해산시켰다. 세속적인 교회를 만들기 위해 유대 기독교에 기반한 종교 시설을 없애 버린 사람들에게 예비됐던 건 냉혹한 단두대였다.

프랑스 혁명은 인간의 이성을 사용해 우주를 탐구함으로써 삶과 존재에 대한 객관적 규칙을 발견하는 걸 골자로 하는 고대 그리스적 덕을 집단의 덕, 또는 급진적 주관주의로 대체하려고 했다. 로베스피에르는 새로 수립된 프랑스 공화국을 찬양하는 연설에서 덕을 다음과 같이 정의했다. "덕은 다름 아닌 조국과 그 조국의 법을 사랑하는 것이다." 덕의 개념이 폭력을 포함하여 모든 걸 내포함을 강조하기 위해 로베스피에르는 "만약 평화 시기에 덕이 인기 있는 정부의 동력이라고 한다면, 혁명의 때에 인기 있는 정부의 동력은 **덕**과 **공포** 두 가지다. 덕 없는 공포는 파괴적이고, 공포 없는 덕은 무능력하다"고 말했다. 이신론조차도 경멸한 유물론자 디드로는 도덕적 상대주의의 맥락에서 덕을 규정했다. 디드로는 "세상에 존재하는 덕은 단 하나, 정의뿐이다. 의무도 하나, 행복해지는 것이다. 필연적인 결과도 하나, 삶을 과대평가하지도 죽음을 두려워하지도 말 것"이라는 말을 남겼다. 프랑스의 역사학자 로베르 모지는 디드로에 관해 다음과 같이 말했다. "디드로에게 행복은 자기 자신이 되는 것이었다. 다시 말해 우리 존재 각각에게 독특하게 적용되는 진리를 보전하는 것이었다. 디드로가 말한 행복은 정념을 표현함으로써 모습을 드러내는데, 따라서 그건 덕과 양립할 수 없는 개념이었다."

일반의지를 보장하기 위해 유대 기독교적 가치와 고대 그리스의 덕을 포기한 프랑스 시민들의 결정은 1789년 8월 26일 국민의회에서 통과된 프랑스 인권선언의 강렬한 언어에도 잘 반영됐다. 개인의 권리 보장에 대한 집단적 열망을 표명한 미국 독립선언과 달리 프랑스 인권선언은 인간의 지위가 더 큰 집단의 일부로서 그에게 부여된 역할에 따라 변화한다는 주장을 담고 있다. 따라서 프랑스 인권선언에 명시된 개인의 권리는 그 권리를 침해하려는 각기 다른 집단의 권리가 나타날 때마다 얼마든지 후순위로 밀려날 수 있다. 예를 들어 프랑스 인권선언에는 다음과 같은 부분이 포함되어 있다. "인간은 권리에 있어 자유롭고 평등하게 태어난다. 사회적 차별은 일반의 이익에 근거할 때만 허용될 수 있다." 하지만 여기서 두 번째 문장은 첫 번째 문장을 완전히 무력화시켜 버린다. 만약 인간이 권리에 있어 평등하다면, 그 권리가 어떻게 다수의 의견에 따라 좌지우지될 수 있다는 말인가?

답은 명확하다. 프랑스 인권선언에 명시된 권리는 하나님으로부터 비롯된 것이 아니고, 정부의 탄생 이전에 선행되었던 개념도 아니다. 선언에는 "모든 주권의 원리는 본질적으로 국가에게 있다. 어떠한 단체나 개인도 국가로부터 명시적으로 유래되지 않은 권리를 행사할 수 없다"는 문구도 포함되어 있다. 이 원리에 따르면 모든 권리는 국가로부터 파생된다. 따라서 모든 권리가 국가에 귀속되는 것 역시 놀라운 일이 아니었다. 프랑스 인권선언은 홉스가 말한 리바이어던의 실체적 탄생을 알렸다. 물론 프랑스 인권선언에서도 비침해성의 원칙[1]이 비중 있게 다루어져 있긴 하다. "자유는 타인에게 해롭지 않은 모든 것을 행사할 수 있음이다. (…) 그 자유에 대한 제약은 법에 의해서만 규정될 수 있다." 하지만 이 같은 세부 원칙은 곧이어 나타나는 조항, "법은 일반의지의 표명이다"가 등장하자마자 무력화된다. 종교적 권리는 "법이 정한 공공질서를 교란하지 않는 한 침해받지 않는다"고 되어 있다. 표현의 자유가 보장된다고는 하지만 "(그 범위는) 법에 의해 규정된다"는 한계가 있다. 프랑스 인권선언에서는 집단이 개인을 통치하고, 일반의지가 개인의 의지보다 우선이다.

프랑스 혁명에 영감을 제공한 대표적 철학자 두 명은 볼테르와 루소다. 물론 두 사람에게 직접 물어보면 모두(특별히 볼테르의 경우) 어떤 기여를 했다는 걸 부인할 가능성이 높다. 볼테르가 사망한 지 13년이 지난 후, 당대의 예술가였던 자크 다비드는 약 1천 명가량의 인원을 동원해 행렬을 만들어 볼테르의 시신을 팡테옹으로 운구했다. 팡테옹은 생트주느비에브에 위치한 수도원이었는

---

1   Non-Agression Principle (NAP). 누구도 타인의 신체 또는 재산을 동의 없이 침해해선 안 된다는 원칙.

데 프랑스 혁명 기간 이름이 변경된 이후 세속적 용도로 사용되었다.[2] 역사학자 레이몬드 조나스가 언급한 것처럼 볼테르의 운구 행렬은 성체 축일Corpus Christi[3]과 연관된 가톨릭 종교 의식을 흉내 낸 것이었는데, 바스티유와 루브르 앞에서 운구 행렬이 멈춰서는 장면은 가톨릭 의식 중 성체 가假안치소 앞에 사람들이 멈춰서는 모습을 그대로 모방한 것이었다. 심지어 그 행렬은 파리 시민들을 위해 '불타는 고통'을 몰아냈다고 알려진 성녀 주느비에브의 유골 행진을 회상하게 만들기도 했다.[4]

로베스피에르에게 결정적 영향을 끼친 철학자는 루소였다. 루소에 관하여 로베스피에르는 "신성한 사람이여, 당신은 나로 하여금 나 자신이 될 수 있게 만들어 주었도다"라고 회상하기도 했다.

물론 루소는 로베스피에르가 처형되고 난 다음에야 비로소 볼테르와 동급의 칭송을 받게 되었다. 어찌 됐든 루소의 명성은 빠르게 퍼져 나갔다. 사람들은 에름농빌에 있던 루소의 시신을 무덤에서 꺼내 파리로 가져왔고, 모든 사람들이 볼 수 있도록 그의

---

2   팡테옹에는 나폴레옹, 루소, 볼테르, 에밀 졸라 등 프랑스의 국가 공로자나 위인의 묘가 있다.

3   그리스도의 몸과 피로 이루어진 성찬 예식의 제정과 신비를 기념하는 가톨릭 축일.

4   성녀 주느비에브(Sainte Geneviève) 사망 후 1129년 전염병이 파리를 강타했다. 전염병이 얼마나 심각했는지 사람들은 그걸 '불타는 질병'이라고 불렀다. 파리 시민들이 주느비에브의 유골을 앞세워 행진을 벌이자 전염병이 잠잠해졌고, 이후부터 사람들은 주느비에브의 유골에 신성한 힘이 깃들어 있다고 믿기 시작했다.

관을 튈르리 궁전으로 옮긴 후, 최종적으로 팡테옹으로 가져가 볼테르의 무덤 옆에 안장했다. 루소의 관이 운반될 때 그의 동상이 함께 전달되었으며 그가 저술한 『사회계약론』이 벨벳 쿠션 위에 가지런히 안치됐다. 파리에서는 루소의 연극이 다시 상연되었고 프랑스 전역에서 루소의 운구 행렬과 비슷한 행렬이 줄을 이었다.

프랑스 혁명은 악독하고 피비린내 가득한 사건이었다. 1793년부터 1794년까지 1년 사이 혁명 정권 아래서 수만 명의 사람들이 처형당했고, 침략군과 맞서기 위해 징집된 병사 중 약 25만 명이 전쟁터에서 목숨을 잃었다. 그리고 프랑스 혁명 직후 등장한 나폴레옹 보나파르트는 유럽 대륙 전역을 새로운 격변의 시대로 몰아넣었다.

자유, 평등, 박애라는 부푼 꿈을 안고 시작된 프랑스 혁명이 도대체 어디서부터 잘못된 것일까? 프랑스 혁명이 잘못된 길을 걸은 것은 과거의 교훈을 무시했기 때문이다. 프랑스 혁명의 관점에서 서구의 역사는 억압과 야만으로 점철되어 있었다. 거기에 새로운 비전을 불어넣음으로써 변화를 가져오고자 했던 것이다. 하지만 문제는 그 '새로운 비전'이 인간의 선함이라는 모호한 개념에 기반하고 있었다는 사실이다.

프랑스 혁명을 가장 명쾌하게 비판한 사람은 해협 건너편(영국)에 살던 에드먼드 버크(1729~1797)였다. 버크는 미국 식민지에 우호적인 휘그당 소속으로 의정 활동을 하면서 프랑스 혁명에 대해 강력한 비판을 내놓았다. 버크는 프랑스 혁명이 인간 본성과 과거 전통을 이해하지 못했기 때문에 실패했다고 말했다. 혁명 발발 초기인 1789년 버크가 서술한 『프랑스 혁명에 관한 성찰』은 근대 보수주의자들에게 혁신적 통찰을 제공해 주었다. 책에서 버크는 급진주의를 버리고 합리적 통치를 강구해야 한다고 주장한다. "개인들에게 자유의 효과는 그들이 원하는 걸 할 수 있다는 것이다. 따라서 우리는 언제 불평으로 바뀔지 모르는 위태로운 축하를 말하기 전에 개인들이 무엇을 원하는지를 파악할 수 있어야 한다"고 버크는 말했다. 버크는 프랑스 혁명이 서구 문명의 근간을 이루는 두 가지 기반, 다시 말해 신사gentleman 정신과 종교 정신을 붕괴시킬 것을 두려워했다. 버크는 유럽을 지탱해 온 전통과 유대 기독교적 가치가 소위 말하는 합리성에 의해 잠식되고 나면 이성이 정치권력에 의해 속물적으로 남용되는 상투적 어구로 전락하지 않을까 우려하며 말했다. "그들의 자유는 자유롭지 않다. 그들이 말하는 과학은 주제넘은 무지에 불과하다. 그들의 인간성은 야만적이며 잔인하다." 또한 버크는 프랑스 혁명의 야만성이 결국 개인의 생명과 재산을 강탈하는 결과로 이어질 것이라고 경고했다.

어떻게 버크는 미래를 내다볼 수 있었을까? 그 이유는 다른 데 있지 않았다. 버크는 고대 서구 문명으로부터 전수된 그리스적 텔로스와 유대 기독교적 도덕의 중요성을 확실히 이해하고 있었기 때문이다. 버크의 세계관에 대해서 철학자 러셀 커크는 다음과 같이 말한다.

> 계시와 이성, 그리고 우리 감각을 초월하는 확신은 우리를 지으신 이가 존재하신다는 것과, 그분께서는 전지전능하시며, 인간과 국가는 하나님의 은혜에 따른 창조물이라는 사실을 증언해 준다. (…) 우리는 어떻게 하나님의 생각과 의지를 이해할 수 있을까? 신성한 방법과 판단을 통해 수천 년에 걸친 인간 경험이 인간종species의 사고 속에 심어 놓은 편견과 전통을 통해 이해할 수 있을 것이다. 이 세상에서 우리의 목적은 무엇일까? 욕구에 탐닉하는 것이 아니라 신적 규례에 대해 순종을 바치는 것이다.

버크가 옳았다. 하지만 프랑스 혁명은 이후 156년 동안 발생할 변화의 사이클을 이미 시작해 버리고 말았다. 프랑스 혁명의 슬로건인 '자유, 평등, 박애'는 버크의 『프랑스 혁명에 관한 성찰』이 출판된 지 불과 5년이 되었을 때 이미 현실적 정합성이 없음이 증명되었다. 하지만 프랑스 혁명의 사조는 앞으로 한 세기 반에 걸쳐 정치적 유토피아 사상과 그 파괴적 후유증이 발생하는 동력을 제공하게 된다. 프랑스 혁명의 '자유'는 도덕적 상대주의를 거쳐 전제정치로 귀결된다. '평등'은 모든 것을 통달한 통치자들이 사회 각계각층의 지배권을 독점하는 새로운 유형의 카스트 시스템을 양산하게 되었다. 그리고 '박애'는 결국 민족주의에 기반한 종족주의로 전락하게 된다.

민족주의라는 유토피아

시민들을 강제 징집해서 유럽 최초의 근대 병영 국가가 된 혁명 프랑스의 사람들은 일반의지의 절정을 이루는 국민국가nation-state가 탄생했다며 자축하고 기뻐했다. 프랑스인들은 그저 루소의 유산을 충실히 계승하고 있을 뿐이었다. 프랑스 혁명은 역사에서 낭만적 민족주의가 주도적 역할을 하게 만드는 결정적 계기를 마련한다. 프랑스 혁명 이후 시민권의 정의가 바뀌게 된다. 혁명 전에 시민권은 힘 있는 권력자들의 뜻에 따라 좌지우지되는 대상이었다면, 혁명이 끝난 후부터는 일반의지의 형성 가운데 대다수의 국민이 평등한 지분을 가진 시민으로 권한을 부여받게 된 것이다. 하지만 시민권 개념은 곧 새로운 형태의 종속 상태로 퇴화하게 된다. 프랑스 시민들은 자신의 권리가 국가로부터 파생된다고 생각하게 되었다. 윌리엄 브루베이커 하버드대 교수가 지적한 것처럼 "프랑스 혁명은 국민국가를 만들어 낸 것뿐만 아니라 국가시민권national citizenship이라는 근대적 개념 및 이데올로기를 만들어 냈다." 이에 대해 카를 마르크스(1818~1883)는 "프랑스 혁명이라는 거대한 빗자루는 이 모든 고대 유물들을 쓸어 버렸다. 그와 동시에 혁명의 장애물이었던 근대국가 조직의 상부 구조에 대한 접근을 방해하는 모든 제한과 사회적 토양을 일소해 버린 것이다"라고 말했다. 권력을 중앙에 집중시킴으로써 프랑스 혁명은 인간과 국가 사이에 존재해 온 모든 경계선을 허물어 버렸고, 개인들이 스스로를 거대한 전체의 일부로 느끼게 만들었다.

새로 탄생한 프랑스는 전쟁 방식에도 대변혁을 일으켰다. 혁명으로 탄생한 국민회의는 1793년, 사회 불안을 잠재우고 오스트리아와 전쟁을 치른다는 두 가지 목적을 이유로 역사상 최초의 대규모 징집 명령을 발동했다.[5] 혁명 전 프랑스에서 입대를 한다는 건 선택받은 소수의 전유물이었다. 또 귀족 가문 출신 남성들만 고위 장교에 지원할 수 있었다. 하지만 국민회의의 징집 명령 발동으로 프랑스는 대규모 전쟁 수행 능력을 확보하였고 일정 수준의 능력 위주 평가meritocracy를 도입할 수 있었다. 1793년 8월 23일자 프랑스 국민총동원령은 다음과 같이 되어 있다.

지금 이 순간부터 우리 공화국 영토에서 적들이 패주할 때까지

---

[5] 18~25세의 건강한 신체와 정신을 가진 남성은 모두 징집 대상이 되었다. 프랑스 혁명 정부는 근대사상 이런 대규모 징집을 시행한 최초의 사례다.

모든 프랑스인들은 육군 복무를 위해 영구적으로 징집됨을 알리는 바이다. 젊은이들은 싸운다. 결혼한 남성들은 무기를 만들고 보급품을 수송한다. 여성들은 텐트와 전투복을 만들고 병원에서 복무힌다. 이런이들은 넝미를 리넨으로 비꾸는 작업을 한다. 노인들은 광장에 나가서 전투에 참가하는 전사들의 사기를 드높이고 왕에 대한 적개심과 공화국의 단결을 끊임없이 노래한다.

프랑스의 국민총동원령은 전쟁의 본질을 근본적으로 변화시켰다. 그리고 역사적 도구로서 국가와 국가에 소속된 시민의 개념 역시 완전히 변화하게 된다. 역사상 가장 유명한 군사사학자인 프로이센 장군 카를 폰 클라우제비츠는 프랑스의 국민총동원령이 국민의 열정을 자극했으며 그럼으로써 막대한 군사적 어려움 가운데서도 연합된 시민들이 분연히 일어설 수 있음을 전 세계에 보여 주었다고 평가했다. 클라우제비츠에 따르면 원래 프랑스인들은 극도로 약해진 프랑스 군대 문제만 해결하면 된다고 생각했다. 하지만 1793년에 모든 이들의 예상을 깨뜨리는 변수가 발생하게 된다. 어느 순간부터 갑자기 전쟁은 프랑스인들이 직접 다뤄야 하는 일이 되어 버린 것이다. 프랑스에서 더 이상 어떠한 전통적 제약으로부터도 구속받지 않게 된 군사력과 전쟁은 엄청난 분노를 가감 없이 표출하게 된다. 프랑스 혁명은 광범위한 맥락에서 국민국가와 민족주의의 탄생을 초래했을 뿐 아니라 총력전

total war이라는 새로운 개념이 도입되는 데 기여하였다. 전쟁의 진행 과정에서 민간과 군의 경계가 허물어지고, 정부 주도의 목적을 달성하기 위해 전 국민을 무기화하는 총력전의 개념이 프랑스 혁명 이후 보편화된다.

프랑스 혁명의 힘이 내부적으로 붕괴됐음에도 불구하고 프랑스 군대의 힘은 전혀 영향을 받지 않았다. 나폴레옹이 주도한 쿠데타는 이미 명백해진 사실을 분명하게 강조했을 뿐이었다. 군사력에 기반한 민족주의가 미래의 진행 방향이었으며, 다른 국가들은 그 흐름에 대항하기 위해 분투해야 한다는 사실이었다. 국민국가는 진보와 역사의 도구였다. 유럽의 다른 나라들도 곧 비슷한 열망을 갖고 프랑스의 모델을 따라 민족주의로 방향을 선회하게 된다. 이 흐름이 위험을 내포하고 있었던 이유는 인종에 기반한 팽창주의적 민족주의가 점차 대두되고 있었기 때문이다.

물론 민족주의 그 자체는 좋은 목적을 이루기 위한 강력한 원동력이 될 수 있다. 철학자 요람 하조니[6]는 두 가지 원칙 위에 세워진 국민국가를 우호적으로 평가한다. 첫째, 하조니는 이것을 "정통성 있는 정부를 구성하기 위해 필요한 도덕의 최소한"이라고 표현했는데, 이 최소한은 개인의 자유가 있는 생명과 만인의 존엄성을 보존하기 위한 최소 필요조건을 포함하는 개념이었다. 둘

---

6   이스라엘의 철학자, 성서학자, 정치사상가. 『민족주의의 미덕』 등.

째로, 하조니는 민족 자결권을 언급했다. 자국의 정치적 독립을 보장할 정도로 강력하고 응집력 있는 권한이 국가에 부여되어야 한다는 것이었다. 다수의 국민국가가 존재하면 보편적 독재의 출현을 억제할 수 있고 철학적, 법적, 정치적 다양성을 보장할 수 있게 된다. 베스트팔렌 체제는 다양성에 대한 이 같은 존중을 보장하기 위해 탄생했다. 미국예외주의American exceptionalism[7]는 하조니가 말한 기준을 충족시킨다. 미국 독립선언서와 헌법은 국민적 신조를 제공함으로써 시민들을 연합시켰고, 미국 시민들 간에 공유된 역사와 문화는 국가를 하나로 결합시키는 접착제로서 기능하기 때문이다.

하지만 민족주의는 악한 목적을 위해 사용될 수도 있다. 도덕적 최소기준을 충족시키지 못할 때 민족주의는 위험해진다. 예컨대 자국민을 탄압하는 수단이 될 수 있고, 성격은 변하지 않는다[8]는 명분으로 사람들을 감금할 수 있다. 민족주의가 제국주의화될 때 심각한 위험이 발생한다. 민족주의가 보편성을 갖고 있다고 여겨지고 타국의 정당한 권리를 침해하는 것이 민족주의를 주장하는

---

7 '미국예외론'이라고도 한다. 독특한 기원과 발전 과정을 가진 미국은 중세를 거쳐 근대로 이행한 유럽 등 세계 다른 나라들과 여러 가지 면에서 예외적으로 다르다는 주장.

8 인종, 피부색, 성별, 출신, 체질, 골상 등을 이유로 타고난 성격의 우열은 변하지 않는다는 낡은 믿음. 대표적으로 나치 독일이 이에 근거하여 유대인을 학살했다.

국민들에 의해 용납되는 수준에 이르렀을 때, 또는 '민중Volk'이 누리는 국익을 핑계로 정복이 정당화될 때, 민족주의는 심각한 국면을 맞이하게 된다. 혁명 프랑스는 빠른 속도로 제국주의화되었다. 그것은 결코 우연이 아니었다.

혁명 프랑스의 부상은 주변 국가들이 낭만적 민족주의를 받아들이는 데 영향을 끼쳤다. 프로이센의 요한 피히테(1762~1814)는 자국민들에게 "모든 근대국가의 국민들 가운데 인간의 완전성을 가장 잘 구현할 이들은 여러분이며 따라서 앞으로 성취될 인간의 완전성 역시 그대들의 어깨에 달려 있다"고 호소했다. 게오르크 헤겔(1770~1831)은 역사상 민족주의의 힘을 가장 열렬히 옹호한 철학자였다. 동시에 그는 19세기 당대에 가장 큰 영향력을 가졌던 철학자 중 한 명이기도 하다. 헤겔에 따르면 개인은 '국가의 생명life of the state'에 의해 규정된다. 국가는 개인들에 의해 만들어질지 모르겠지만, 결국에는 중요도에서 국가가 개인보다 우선하게 되는 것이다. 헤겔은 국가가 인간과 문명을 빚어 나간다고 보았다. 또 국가에 의해 만들어진 동시에 국가를 위해 일하는 공무원들이 이성에 기반하여 국가적 의지를 관철해 나간다고 분석했다. 헤겔은 한 민족의 합리적 의지의 결집체인 국가들은 서로 간의 관계에서 발생하는 문제를 분쟁이라는 방식을 통해 조정해 나간다고 했다. 개인의 생각과 견해는 '시대정신Zeitgeist'이라는 미명 하에 흡수되어 희석되었다.

시대정신은 역사의 씨앗을 품고 있다. 그리고 역사에 의해 탄생한다. 헤겔의 관점에서 역사는 옳고 그름을 판별해 주는 위대한 결정권자였다. 헤겔은 도덕이나 이성이 아니라 역사의 진보에서 하나님의 존재를 확인했다. 역사는 전진하면서 인간을 마음대로 사용하기도 하고 또 내버리기도 한다. 역사는 정正, thesis과 반反, anti-thesis 사이의 충돌을 통해 세상을 더 나은 방향으로 인도하는데 결국 합合, synthesis의 형태로 조화를 이루게 된다고 헤겔은 말했다. 전쟁은 역사가 진보하는 데 사용되는 주요 도구가 될 수 있다. 헤겔은 "합리적 정신spirit은 의식을 통해 세계의 질서에 개입한다"고 말하면서 "의식은 정신의 무한한 도구이고, 총검이며, 포탄인 동시에, 본체다"라고 썼다.

19세기 들어 각국이 낭만적 민족주의라는 새로운 개념을 포용하게 되면서 유대 기독교적 가치와 그리스적 텔로스는 점차 자리를 잃어 가게 된다. 각국은 역사의 진보를 이룩한다는 깃발 아래 인종과 배경을 중심으로 연합하기 시작하고 힘을 통해 민족주의를 확대시키게 된다. 또한 민족주의는 개인과 집단의 역량이 사실상 동일한 것이라고 주장함으로써 개인과 집단의 역량 문제를 통합시켜 버렸다. 개인의 정체성은 집단에 귀속된 구성원으로서의 정체성에 의해 결정된다는 논리였다. 그 논리에 따르면 집단은 개인에게 영혼과 힘, 그리고 목적을 부여해 준다는 결론에 도달하게 된다.

언어와 문화를 통해 국가가 집단적 정체성을 확립한다는 건 상투적인 설명이다. 하지만 그렇게 해서 형성된 문화가 하나님에 의해 인간에게 부여된 기본권을 진작시키느냐, 또 그 문화가 집단의 보전이라는 명목으로 개인의 권리를 박탈하는 구실을 제공하느냐 하는 것은 의문이다. 낭만적 민족주의는 애국심이 아니다. 하지만 낭만적이고 제국주의적인 민족주의에 대한 호소는 역사상 끊임없이 이어져 왔다. 그리고 초월적 가치로부터 완전히 해방된 낭만적 민족주의의 강렬한 호소는 수백만이 넘는 사람들의 목숨을 불태우고 말았다.

평등 사회라는 유토피아

프랑스 혁명은 유대 기독교적 하나님을 말살해 버렸다. 그 결과 초월적 가치관이 차지했던 자리는 현실적인 유물론 철학으로 대체되게 된다. 성경은 사람이 빵으로만 살 수 없다고 말했다. 반면에 프랑스 혁명의 철학은 빵이 없다면 다른 어떤 것도 중요하지 않다고 주장했다. 근대 역사상 가장 중요한 정치 팸플릿인『상식』의 저자 토마스 페인(1737~1809)은 프랑스 혁명이 사회적 평준화를 향해 나아가는 데 꼭 필요한 핵심 사건이었다고 평가했다. 열렬한 무신론자였던 페인은 유대 기독교적 도덕의 가치를 거부하는 동시에 재분배에 기반한 유물론적 시각을 갖고 있었다. 특별히 페인은 유럽 사회를 특징지었던 계급 구분을 문제 삼았다. 페인은 글에서 "귀족 계급은 땅을 경작하는 농부가 아니라 순전히 지대地代, rent의 소비자에 불과하다"고 말했다. 또한 페인은 그 귀족들이 빈곤과 비참함에 시달리는 인류의 상당수를 착취하며 삶을 영위하고 있었다고 주장했다. 하나의 극단이 또 다른 극단을 양산한다는 것으로, 한 사람이 부유해지면 다수의 사람들은 필연적으로 가난해질 수밖에 없으며 이러한 시스템은 지속될 수 없다고 페인은 생각했다. 노동자의 손은 나이를 들면서 힘을 잃는 반면 고용주는 시간이 갈수록 풍요를 누리게 된다고 생각한 페인에게 프랑스 혁명 정부가 명예시민권을 부여한 건 결코 놀라운 일이 아니었다.

페인은 원사회주의자proto-socialist라고 할 수 있는 그라쿠스 바뵈프의 열렬한 지지자가 되었다. 바뵈프의 추종자들은 빈곤이 사회의 가장 심각한 재앙이라고 말하면서 빈곤 문제를 그대로 놔두는 건 심각한 공적 범죄라는 주장을 펼쳤다. 페인은 이들의 주장에 동조하면서 재산 소유에 따른 부동산 지대地代, rent에 세금을 부과하고 이 수익금을 시민들에게 분배해야 한다고 주장했다. "개인의 재산은 사회의 존재에 따른 효과라고 볼 수 있다. 사회의 도움 없이 개인이 사적 재산을 얻는다는 건 불가능하다. 왜냐하면 개인이 황무지인 땅을 개간할 수는 없기 때문이다"라고 말한 페인은 국가가 모든 사유재산에 대해 소유권을 가져야 한다고 생각했다. 페인이 꿈꾼 이상을 성취하기 위해서는 혁명이 필요할 것이다.

프랑스 혁명은 공산주의 유토피아로 귀결되지 않았다. 하지만 카를 마르크스는 프랑스 혁명이 공산주의를 향해 나아가는 시장market의 진화에서 첫 발자국이 되었다고 평가했다. 1851년 프랑스에서 발생한 쿠데타에 대해 1852년 마르크스가 기록한 『루이 보나파르트의 브뤼메르 18일』에서 마르크스는 프랑스 혁명이 "근대 부르주아 사회로부터 발생하는 억압을 제거하고 새로운 사회의 기반을 닦는 과업을 부여받았다"고 말했다. 하지만 프랑스 혁명이 고전적 공화주의 이상과 연관되어 있었기 때문에 시민들을 계급의 족쇄에서 해방시킬 수 있는 계급 봉기의 발생을 원천적으로 차단하게 되었다고 분석했다. 마르크스는 계급을 해방시킬 진정한 혁명은 유럽 대륙에서 들불처럼 번져 가는 공산주의 운동을 통해 거의 성취되었다고 생각했다. 마르크스는 공산 유토피아가 곧 도래할 것이라는 기대를 가졌다. 마르크스와 엥겔스가 1848년 『공산당 선언』에서 말했듯 "하나의 유령이 유럽을 배회하고 있(었)다. 공산주의라는 유령이."

그렇다면 이 유령의 정체는 무엇이었을까?

오늘날 마르크스의 격언적 신조는 전설이 되어 버렸다. "능력에 따라 일하고 필요에 따라 분배한다"라든가 "만국의 노동자여, 단결하라" 등의 구호 말이다. 마르크스의 철학은 하나님을 완전히 배제한 세상에서 의미를 발견하려는 급진적이고 새로운 시도를 대변하고 있었다. 토마스 페인이 그랬던 것처럼 마르크스는 자유 시장이 착취가 만연한 시스템이라고 생각했다. 마르크스는 제품의 가격이 "사회적으로 필요한 노동 시간"에 따라 결정될 수 있다고 생각했다. 다시 말해 해당 제품을 만들기 위해 투입된 평균 노동 시간에 따라 상품의 가치가 결정된다는 것이다. 마르크스는 생산자들이 사회적으로 필요한 노동 시간을 인위적으로 끌어내리거나 노동자들이 장시간 노동하도록 강요함으로써 이윤을 취하고 있다고 생각했다. 자본가들은 노동자 착취를 통해 부유해진다는 논리였다. 반면 노동자들은 그들의 머리 꼭대기 위에서 군림하며 과도하게 노동을 착취하는 자본가들 때문에 생산의 열매를 맛볼 수 없는 구조적 시스템에 갇혀 있었다.

마르크스는 이 시스템이 인간의 존엄성을 해친다고 보았다. 인간은 단순한 생존이 아니라 "아름다움의 법칙에 따라" 생산하도록 만들어졌고, 노동은 인간을 해방시킨다는 것이 마르크스의 지론이었다. 하지만 "생산의 결과물을 인간으로부터 떼어 놓는 과정에서 소외된 노동은 인간을 종種적 삶species-life, 다시 말해 인간의 진정한 종적 목적species-objectivity으로부터 분리시키고, 무기물 덩어리인 육체는 인간으로부터 분리된다"고 마르크스는 말했다.

그렇다면 마르크스가 이상적으로 생각한 노동 시스템은 어떤 종류의 인간을 만들어 내게 될까? 집단의 도움을 통해 개인으로서 정체성을 발견하는 인간이 양산될 것이었다. 마르크스는 "오직 공동체 내에서만" 개인은 자신에게 부여된 재능을 모든 방면으로 발산할 수 있다고 주장했다. 오직 공동체 안에서만 개인의 자유가 보장될 수 있다는 뜻이다. 공동체 안에서 개인들은 공동체 구성원들 간의 결사를 통해 개인의 자유를 얻게 된다고 마르크스는 말했다.

결국 인간의 본성은 자본주의의 붕괴를 통해 회복될 것이고 자본주의의 붕괴는 새로운 인간, 보다 개선된 인간의 탄생을 초래하게 될 것이라고 마르크스는 주장했다. 마르크스의 약속은 비단 물질적 영역에 국한되지 않고 초월적 영역과도 연관돼 있었다. 루소와 마찬가지로 마르크스는 인간 본성으로 회귀하는 것이 문명을 훼손하는 결과를 초래한다 하더라도 추구할 만한 선한 가치라고 생각했다. 마르크스의 관점에서 집단과 교감을 이루는 유일한 방법은 역사를 변화시키는 것이었다. 헤겔과 마찬가지로 마르크스는 보다 밝은 미래로 귀결될 수밖에 없는 역사의 흐름을 보다 많은 사람들에게 알려주길 원했다. 그러나 인간이 스스로의 운명을 변화시키기 위해 역사의 진행 가운데 적극적으로 뛰어들어야 한다고 생각한 점에서 마르크스는 헤겔과 달랐다. 마르크스의 관점에서 인간은 동물이고 환경의 일부로 간주됐다. 하지만 동시에 인간은 자신이 살아가는 환경을 변화시킬 수 있고, 그렇게 함으로써 스스로를 변화시킬 수 있는 존재다. 그걸 성취하기 위해 필요한 유일한 조건은 구체제를 전복시키겠다는 확고한 의지다.

마르크스는 인류가 엄격하고 지속적인 혁명을 통해 완전함에 다가갈 수 있다고 생각했다. 사유 재산을 절폐함으로써 소외를 종식시킬 수 있고, 가족을 해체함으로써 자녀에 대한 부모의 착취와 아내에 대한 남편의 착취를 근절할 수 있다고 믿었다. 엥겔스와 공저한 『공산당 선언』에서 마르크스는 다음과 같은 화두를 던진다. "사람들의 물질적 사정, 사회적 관계, 그리고 생활 영역에 따라 그들의 생각과 관점, 개념, 한마디로 그들의 의식 자체가 바뀐다는 것을 이해하는 데 그렇게 깊은 통찰이 필요하다는 말인가?" 그렇다. 마르크스가 말한 대로 낡은 도덕은 철폐될 것이었다. 새로운 인간이 탄생함에 따라 도덕 그 자체는 완전히 한물간 취급을 받게 될 것이었다. 왜냐하면 마르크스에 따르면 모든 낡은 도덕 체계는 사회에서 어느 한 집단이 다른 집단을 착취하는 데 기반을 두고 있기 때문이다.

이런 세계관 속에서 유대 기독교적 하나님은 매장당해야 했다. 마르크스는 "진정한 행복을 얻기 원한다면 사람들에게 망상적 행복을 제공하는 종교를 없애 버려야 한다"고 말했다. 인간과 우주 만물의 존재에 관한 목적을 탐구하는 그리스 철학은 사회 그 자체를 수정하는 방향으로 다시 세팅되어야 했다. 새로운 시대가 열리게 된 것이다. 새로운 인류가 그 시대를 선점하기 위해 떨쳐 일어날 것이었다.

다행이라 해야 할지 모르겠지만 마르크스는 세상을 바꾸는 변혁에 대비한 구체적 프로그램을 머릿속으로 구상하고 있었다. 마르크스가 구상한 과정은 다음과 같다. 먼저 프롤레타리아는 정치적 우위를 이용하여 부르주아로부터 모든 자본을 차례차례 빼앗고 모든 생산 수단을 국가의 통제 아래 집중시킬 것이다. 당연히 이런 조치는 재산권 침해라는 독재적 결과를 초래하게 된다. 이런 정책이 경제적 측면에서는 안정적이지 못한 것으로 보일지 몰라도 빠른 시일 내에 제도적으로 정착될 것이다. 토지에 대한 소유권이 철폐되고 급격한 누진세가 도입되며 망명자들 및 반역자들의 재산은 몰수될 것이다. 국가 내에서 신용이 중앙화집권화된다(민간 은행들이 아니라 오로지 국가가 관장하는 기관을 통해서만 신용이 보장된다). 교통 통신 수단들이 국가의 관리 하에 들어가고 국가에 의해 생산 수단의 확대가 이뤄진다. 노동이 강제되고(모두에게 동일한 노동의 의무가 부과됨), 거주 지역은 정부의 강제에 의해 재편되며, 무상 교육이 전면적으로 실시된다. 마르크스는 이런 정책들이 추진된다면 마법과 같이 근대 사회의 모든 병폐가 짠 하고 사라질 것이라고 내다봤다. 계급들 사이의 적대감이 모두 사라지고 집단으로부터 발생하는 영광이 영원히 지속될 것이라고 생각했다. 그 결과 계급과 계급 사이 대립으로 얼룩진 낡은 부르주아 사회 대신 각자의 자유로운 발전이 전체의 자유로운 발전의 기반이 되는 새로운 연합체가 탄생할 것을 예견하기도 했다. 마르크스는 이 같은 이상 사회가 도래하면 개인은 집단과의 연대를 통해 자신의 정체성을 발견하고 집단은 연합된 개인으로서 기능하게 될 것이라고 예측했다.

마르크스는 인류의 미래에 관하여, 특별히 의미와 목적의 시스템에 대하여 변혁적인 비전을 제시했다. 마르크스는 현실 영역에서 자신이 제안한 정책을 실현하는 건 고통을 수반한다는 사실을 인정했다. 하지만 그와 같은 고통은 결과적으로 인간이 메시아적 시대로 진입하는 데 밑거름이 될 것이고, 그 메시아적 시대 속에서 집단 지성은 개인의 목적과 연합하게 될 것이라고 주장했다. 마르크스의 유령은 세상을 지배하게 되었고 복수심으로 충만한 신이 문명 위에 드리우게 된다. 훗날 마르크스의 철학은 수백만의 사람들을 노예 상태로 몰아넣었다. 여기서 그치는 것이 아니라 포스트모던 시대의 자유와 개방적 분위기에 편승해 아름다운 유토피아라는 망령으로 종종 출몰하게 된다.

관료제라는 유토피아

민족주의와 집단주의 영향이 확대된 데는 일반의지에 대한 루소 스타일의 숭배가 뿌리로 작용하고 있었다. 하지만 어떻게 일반의지가 그와 같이 실질적으로 제도화될 수 있었을까? 일반의지의 통제 밖에서 이뤄지는 개인행동은 오히려 일반의지를 약화시키기 마련이다. 민족주의적인 국가 외부에서 이뤄지는 개인행동은 오히려 국가 권력을 손상시킬 수도 있다. 집단보다 탁월한 개인의 존재를 인정하면 인간 전반을 변화시키기 위해 필요한 평준화 작업을 손상시킬 여지가 다분했다.

그렇게 되지 않으려면, 개인의 탁월함에다가 국가에 대한 봉사라는 멍에를 씌워야 한다. 그리고 그 멍에는 관료제beaurocracy라고 불리게 될 것이다. 관료제(주의)라는 말은 책상 또는 사무실이라는 뜻의 프랑스어 '뷔로bureau'와 권력을 뜻하는 그리스어 '크라토스kratos'가 합쳐져서 만들어진 혼합어다. 따라서 단어 자체를 놓고 본다면 '책상 권력', 또는 '사무실 통치'라는 의미가 된다. 관료제는 프랑스 혁명이 발생하기 전 이미 프랑스 전역에 만연해 있었다. 프랑스 혁명은 또 하나의 독자적인 관료제를 만들어 낸 것에 불과했다. 프랑스 혁명 역시 구체제(앙시앵 레짐, ancien régime)가 초래한 관료제라는 악습을 타도한다는 명분으로 시작되었다.

국가 권력의 강화를 주장하는 사람들은 국민의 뜻을 충족시킬 수 있어 보이는 관료제를 열렬히 옹호했다. 물론 그들은 국민을 철부지로 취급하는 관료들이 자신들과 상의하지 않고 일을 처리할 것이라곤 상상하지 못했다. 민주정을 옹호한 알렉시스 드 토크빌은 관료제가 새로운 형태의 억압적 과두제에 불과하다고 평가 절하한 반면 헤겔은 관료들의 존재 목적이 일반의지를 관철시키는 것인 만큼 그들이 '보편계급universal class'[9]에 속해 있다고 보았다. 관료들은 윤리학과 조직론 교육을 받아야 한다. 만약 시스템의 취지대로 관료들이 올바르게 국가를 경영한다면 국민들의 애국심은 자연스럽게 고취될 것이다. 헤겔은 "개인의 관심사가 되는 실체적이고 특정한 의식은 국가의 이익과 목적 가운데 보존 및 유지된다"고 말했다. 관료제에 대한 헤겔의 애정은 훗날 독일의 사회학자 **막스 베버**(1864~1920)에 의해 더욱 심화 및 확대된다. 베버는 능력을 기반으로 한 관료제를 통해 더 나은 세상을 만들 수 있다고 생각했으며 "지식에 기반한 통제의 행사"를 주장했다.

하지만 중앙집권화된 권력을 숭배하는 헤겔 및 마르크스의 과두제적 접근법은 그들이 신봉해 마지않는 계몽주의 철학의 근본적 기반과 상충하는 것 아닌가? 자신들이 모든 일에 통달했다고 착각하는 관료 패거리들의 하향식 통치는 개인의 권리와 직접적인 충돌을 일으키는 것 아닌가?

이 난관을 해결한 철학자가 **오귀스트 콩트**(1798~1857)다. 엉뚱하게도 콩트는 관상학 같은 사이비 과학을 추종하기도 했는데 이것 때문에 오늘날도 종종 폄하를 받고 있긴 하다. 하지만 우리가 여

---

9   헤겔에 의해 개념화되고 마르크스에 의해 대중화된 용어로, 자신의 사익(self-interest)을 위해 일하지만 그 행동이 인류의 보편적 필요를 충족시킬 때 그런 사람들은 '보편계급'에 해당한다.

전히 콩트가 만들어 놓은 세계관의 프레임 속에서 살아간다는 건 부인할 수 없다.

콩트는 관료적 과두제의 철학적 기반을 제공했다. 콩트는 무신론에 기반한 과학을 말했다. 흔히 사회학의 아버지라고 평가받는 콩트는 인간의 발달은 종교적 사이비 권위pseudo-authority와 함께 시작되었다고 생각했다. 사람들은 자신에게 내재된 미신적 경향으로 인해 모호한 도덕적 코드가 신으로부터 부여되었다는 착각을 하고 있다는 것이다. 하지만 프랑스 혁명 기간 동안 권력의 중심은 왕과 사제로부터 과학으로 옮겨지게 된다. 콩트는 프랑스 혁명이 실패한 이유가 과학에 의한 통치라는 역사 흐름의 방향을 수용하지 않았기 때문이라고 생각했다. 혁명가들이 인권 같은 보편적 가치로부터 의미를 찾으려고 하는 실수를 범했다고 지적했다. 개인의 권리 보장은 국가의 필요성 및 권력과 상충하기 마련이다. 콩트는 프랑스 혁명의 실패가 진실을 드러내 줬다고 생각했다. 냉정한 과학적 진실, 다시 말해 과학적 실증주의scientific positivism를 통해서만 진실에 도달할 수 있다는 것이다.

콩트는 1822년 『사회 재조직을 위한 과학적 작업』이라는 책에서 인간은 지식을 통해 인류를 재조직할 합리적 법칙을 만들어 낼 수 있다고 주장했다. 이것이 콩트가 일생 내내 신봉한 철학이었다. 콩트에 의하면 전문성이야말로 통치의 근간이다. 콩트에게 있어 초월적 가치를 연구하는 것은 시간 낭비에 불과할 뿐이며 오직 인간의 삶에 실질적인 도움이 되는 영역에서만이 초월적 가치가 의미를 가졌다. 콩트에게는 과학이 곧 종교이고 또 철학이었다. 모든 영역에서 마찬가지였다. 따라서 콩트가 교회를 대체할 인본주의라는 종교를 만들어 사람들에게 제시했다는 사실은 결코 놀라운 일이 아니었다. 콩트가 만든 인본주의적 교회는 성공하지 못했다. 사람들은 하나님과 예배를 부정하고 사이비 과학을 제단에 올려놓고 예배의 대상으로 삼는 콩트의 행위를 별로 달갑게 생각하지 않았다. 하지만 콩트의 사상은 고매한 서구 진보주의 시대를 여는 철학적 기반을 마련하게 된다.

콩트와 헤겔의 철학을 포괄하는 대륙의 진보주의는 대서양 건너 미국에서 존 듀이(1859~1952)라는 인물을 통해 본격적으로 영향력을 확대하기 시작한다. 로버트 호로비츠 교수는 존 듀이를 놓고 "민주주의에 관한 한 20세기 최고의 미국 철학자"라고 극찬했다. 듀이는 사회과학을 통해 새로운 세상과 새로운 인류를 만들어 낼 수 있다고 믿었다. 듀이는 물질만능주의materialism가 미국을 괴롭히는 심각한 병폐라고 생각했다. 마르크스와 마찬가지로 듀이는 생산과 소비 때문에 인간이 무의미한 악순환 속으로 빠져들게 된다고 주장했다. 하지만 좋은 소식도 있었다. 듀이는 그 악순환의 고리가 마르크스가 말한 잔인한 계급 투쟁을 거치지 않고도 충분히 끊어질 수 있다고 믿었던 것이다.

듀이는 지능intelligence이 악순환의 고리를 끊는 유일한 해결책이라고 생각했다. 인간이 충분히 똑똑해진다면 모든 문제를 해결할 수 있을 것이라고 믿었던 것이다. 듀이는 "이 모든 악의 문제를 해결하는 가장 효과적이고 직접적인 접근은 과학적 방법론이라고 알려진 효과적 지능을 개발하기 위한 지속적이고 체계적인 노력을 기울이는 것이다"라고 말했다.

그러나 듀이는 또 다른 문제가 있다는 사실을 인지했다. 듀이는 과학은 주로 합의된 목표만을 추구한다고 말했다. 예를 들어 우리는 암을 치료하기 위해 연구를 한다. 왜냐하면 모든 사람들은 암이 나쁘고 따라서 박멸되어야 한다는 의견을 공유하기 때문이다. 그렇다면 정치의 영역에서 어떤 공동 목표가 우리를 연합시킬 수 있을까? 자유인가, 평등인가, 덕인가? 이 모든 것은 분명 아니라고 듀이는 판단했다. 듀이는 그런 가치들을 진리로 받아들이지 않았다. 오히려 듀이는 미국 건국의 아버지들이 이런 가치들을 보편직 진리로 신봉한 것을 두고 "어느 시대 어느 장소에서도 무난히 통용되는 불변의 진리"라며 그들의 말을 그대로 되받아 비꼬기도 했다. 듀이의 답은 간단했다. 다윈에게 물어보라는 것이다.

갑자기 여기서 다윈이 왜 언급되는지 의아하게 생각하는 사람이 있을지도 모르겠다. 듀이는 만물은 시간이 지날수록 변화하고 더욱 복잡하게 진화하며 이 진화의 과정이 선하다는 다윈의 주장을 신뢰했다. 따라서 듀이의 관점에서 우리가 해야 할 일은 이 같은 '성장growth'을 촉진시키는 것이다. 여기에는 육체적 성장, 정서적 성장, 지적 성장 모두가 포함된다. 듀이는 "사람들을 자유롭게 해방시키고 인종, 성별, 계급, 그리고 경제적 형편 등과 관계없이 인간 개인의 역량을 개발하는 것이 우리가 추구해야 할 목적"이라고 말했다.

하지만 이러한 듀이의 접근은 또 다른 의문점을 남긴다. 민주주의는 어떻게 바라봐야 할까? 사람들 간에 동의를 받는 문제는 어떻게 처리해야 하나? 만약 듀이가 말한 '성장'에 대해 내가 별로 관심이 없다면 어떻게 되는 것일까? 그렇다면 나는 충분히 '똑똑하지' 못한 걸로 취급받을 수 있다. 듀이는 민주정이라는 체제 안에서 다양한 참여자들을 분석한 후 종합적 성장에 가장 가치 있게 사용될 잠재력을 가진 단체들을 편드는 쪽으로 국가가 운영되어야 한다고 생각했다. 더 나아가 듀이는 국가는 똑똑한 관료들이 승인하는 종류의 성장을 달성하기 위해 어린아이들을 재교육시켜야 한다는 주장을 펼친다. 듀이의 관점에서 아이들은 단지 국가의 부속품에 불과한 것이다.

다시 중요한 질문으로 돌아가 보자. 그렇다면 누가 국가의 운영 방향을 결정할 것인가? 듀이는 결국 아주 단순한 답을 내놓는다. 우리도 그건 잘 모른다는 것이다. 정부는 반드시 국민의 삶을 개선시키는 방향으로 변화 및 적응해 나가야 한다는 건 분명했다. **실용주의**Pragmatism는 듀이의 표어가 되었다. 어떤 방법이든 목표를 달성할 수만 있다면 괜찮다는 뜻이다. 정부는 가용한 수단을 모두 동원하여 권리를 보장해 줘야 한다. 시민들이 '성장'을 이룰 수만 있다면 어떤 것이든 국가가 나서 보장해 줘야 한다는 것이다. 국가는 시민들을 원하는 방향으로 빚어 가고, 시민들은 자신이 원하는 방향으로 국가를 빚어 가다 보면, 헤겔이 말한 것처럼 두 요소가 '합'을 이루는 시기가 도래할 것이라고 듀이는 생각했다. 듀이는 "국가는 완성된 객관적 영혼이며 표면화된 인간 이성"이라고 말했다. "국가는 법과 자유의 원칙을 타협시키는데, 법과 자유 사이의 휴전truce이나 외적 조화를 강제하는 방식을 통해서가 아니라, 당면한 이익의 총체를 법으로 삼고 개인의 동기를 통제함으로써 이를 달성할 수 있다."

헤겔과 콩트가 주장하고 듀이가 뒷받침한 과학 기반 전문성 중심의 국가 경영 철학은 우드로 윌슨 행정부 때(1913~1921) 현실화되어 열매를 맺게 되었다. 윌슨은 헤겔을 공부했다. 또 윌슨은 콩트와, **적자생존**survival of the fittest이라는 단어를 만들어 낸 허버트 스펜서라는 철학자를 열렬히 추종했다. 윌슨은 미국 건국의 아버지들이 잘못된 생각을 가지고 있었다고 판단했다. 사회계약론과 양도할 수 없는 권리를 말한 존 로크와 토마스 제퍼슨의 주장이 터무니없다고 평가 절하했다. 윌슨은 자유란 형태를 달리하며 변화할 수 있는 가치이며 따라서 어떤 세대든지 그 세대 내에서 새롭게 규정되는 자유의 개념이 존재할 수 있다고 생각했다. 이런 관점의 연장선에서 정부는 영구적인 진리를 보호하는 기관이 아니라 단순히 진보를 관할하는 기관에 불과하다. 이에 대하여 미국의 역사학자인 로널드 페스트리토는 "'발전'이나 '진화'가 과학적 용어로 인식되는 오늘날 진보수의자들의 유일한 요구 사항은 미국 헌법을 다윈의 원칙에 따라 재해석할 권한을 허락받는 것이다. 그들은 국가가 기계가 아니라 하나의 생명체라는 사실을 인정받길 원한다"고 지적했다. 윌슨의 비전 속에서 공동체는 언제나 개인보다 앞선다. 윌슨은 과학적 사고로 무장한 전문가들이 국가를 가장 효과적으로 경영할 수 있다고 믿었다. 그리고 윌슨은 자신 같은 탁월한 대통령들이 루소적 일반의지의 보고寶庫로 기능하며 국가를 이끌 수 있다고 생각했다. 윌슨은 대통령은 "법과 양심 사이를 자유롭게 왕래할 수 있으며 자신의 역량이 허락하는 만큼의 재량을 사용할 수 있다"고 주장했다.

윌슨 이후로 미국의 지도자들은 더 이상 독립선언서나 헌법을 통치 기반으로 삼지 않게 된다. 대신 미국 정부는 존 듀이나 윌슨이 주창한 실용주의에 귀를 기울이기 시작한다. 점점 비대해지는 관료주의, 과학적 전문성에 대한 맹신에 가까운 자기 확신, 그리고 시민들의 사고를 '위로부터' 빚어 내려는 권위에 대한 호소가 미국에서 주류 방법론으로 자리 잡게 된다.

대재앙

유대 기독교적 도덕과 그리스적 목적론이 부재한 상황에서 앞서 언급된 비전들은 찬란하고 흥미로운 목적을 인간에게 불어넣었다. 미국의 건국 철학은 개인의 목적, 공동체의 목적, 개인의 역량, 공동체의 역량 등 한 문명을 건설하기 위해 필수적인 네 가지 요소 모두를 뒷받침해 주는 사상의 정점에 서 있었다.

하지만 낭만적 민족주의와 집단주의적 재분배 정책, 그리고 과학적 진보주의는 개인의 목적을 완전히 제거해 버렸다. 인간의 삶에 의미를 부여하기 위해 필수적이라고 여겨져 온 네 가지 요소 가운데 개인의 영역은 철저히 배제된 채 집단의 목적과 집단의 역량이 강화되기 시작한다. 개인은 집단의 구성원으로 소속되어 있을 때에만 가치 있는 존재로 인정받았다. 개인은 집단화되어 일반의지를 만들어 내는 국가의 통합된 문화로 작용할 때에만 가치를 인정받을 수 있었다. 경제적 계급의 구성원으로서 인류의 본성 그 자체를 타도하고, 국가에 의해 양성되는 시민들로서 그들의 전문성이 보다 중요한 대의를 위해 사용되길 기대하는 태도가 바람직하다고 인식되기 시작한다.

사람들은 곧 새로운 시스템 속에서 의미를 **발견**하게 된다. 하지만 오랜 기간 동안 통용되어 온 도덕을 철폐하고 집단에 대항하는 개인의 존재를 말살시켜 버린 새로운 체제가 가져오게 될 결과는 이미 불을 보듯 뻔했다. 바로 피의 살육이었다. 19세기와 20세기에 걸쳐 나타난 최악의 범죄 행위들은 낭만적 민족주의, 집단주의적 재분배 정책, 그리고 소위 말하는 과학적 통치에 직간접적으로 근거하고 있었다.

물론 다들 알다시피 최악의 사례는 독일에서 발생했다. 오토 폰 비스마르크 정권은 낭만적 민족주의를 적극 수용했는데 특별히 독일을 통일하는 과정에서 민족주의에 대한 추종은 그 절정을 이뤘다. 비스마르크는 '문화투쟁Kulturkampf'이라고 알려진 정책을 통해 독일 국민들 간의 연대를 강화하려고 했다. 교회가 독재 정치를 가로막는 장애물이 될 것이라고 생각한 비스마르크는 문화투쟁 기간 동안 독일에 있는 가톨릭교회를 파시즘적인 방법으로 탄압했다. 국민자유당 소속 의원 게오르크 융은 1875년 5월에 열린 프로이센 의회에서 문화투쟁의 핵심 원칙을 요약하여 발표했다.

여러분, 이 시대를 살아가면서 반드시 종교를 가져야 한다고 생각하는 사람이 있다면, 특정한 의복을 착용해야 한다고 느끼는 이가 있다면, 터무니없는 서약에 충성을 맹세하고, 집단으로 무리 지어 다니며, 모든 언행을 통해 우리 신생 프로이센 왕국의 영광을 심각하게 가로막는 로마(교황청)에 대해 무조건적 충성을 맹세하는 사람이 있다면, 그런 사람들은 이 나라에서 살아갈 수 없습니다. 이러한 이유 때문에 나는 위에서 언급된 종류의 사람들과의 관계를 하루빨리 끊어 버리라고 말하고 있는 것입니다.

게오르크 융의 발언은 앞으로 독일에 들이닥쳐 올 악의 존재를 암시하고 있었다. 그 악의 중심에는 집단주의적 재분배 정책을 실시하는 과두제적 규제 정권이 자리 잡고 있었다. 하지만 문제는 이 정부 형태가 새로운 국가적 비전을 제시하는 모델인 것마냥 각광을 받았다는 사실이다. 우드로 윌슨은 1887년 비스마르크의 프로이센 시스템을 언급하면서 "가장 잘 연구되고 거의 완벽에 가까운 제도"라고 하여 그 시스템에 상당 부분 동조하면서, "제왕다운 결단을 통해 개발된 경탄할 만한 시스템"이라는 찬사를 덧붙였다.

낭만적 민족주의는 독일 민족에게 끊임없이 생기를 불어넣었다. 낭만적 민족주의를 옹호한 주요 인사는 아이러니하게도 휴스턴 스튜어트 체임벌린[10]이었다. 체임벌린은 낭만적 민족주의적 감성을 담은 리하르트 바그너의 음악을 듣고 그 주장에 호감을 갖게 되었는데 바그너는 열렬한 반유대주의자이자 "음악 속의 유대적 성향Jewishness in music"(바그너의 반유대적 논문 제목이기도 하다)에 극도의 혐오감을 표출하는 사람이었다. 글에서 바그너는 악명 높은

---

10 영국계 독일 작가이며 작곡가 바그너의 사위. 정치철학, 자연과학 등에 관한 글을 썼다.

유대인들에 대항하는 독일인들의 강직함을 찬양하며 "유대교의 멍에에서 해방되는 것은 우리에게 가장 필요한 일 가운데 하나"라고 썼다. 바그너는 유대인들이 "외계인들"이며 그들의 언어와 목소리는 "꽥꽥, 끽끽, 윙윙, 킁킁"대는 소리로 가득 차 있고 그들의 음악이 인위적이고 인공적이라고 비하했다. 심지어 유대교에서 다른 종교로 개종한다고 하더라도(바그너는 특별히 펠릭스 멘델스존[11]을 특정해서 분노를 표출할 때가 많았다) 그 같은 유대인적 특징들은 사라지지 않을 것이라고 악담을 퍼붓기도 했다.

체임벌린은 바그너의 민족주의적volkisch 관점을 완전히 받아들였을 뿐만 아니라 괴팍한 성격을 가졌던 바그너의 둘째 부인 코지마와도 친분을 쌓는다. 이 과정에서 체임벌린은 유대인과 독일인 사이의 이분법이라는 바그너의 관점을 발전시켜 그것을 하나의 전체적 세계관으로 확장시킨다. 그 세계관은 체임벌린의 베스트셀러 『19세기의 기초』에 잘 드러나 있다. 책에서 체임벌린은 세계사를 유대인과 아리아인 사이의 거대한 투쟁으로 묘사한다. 그 책 덕분에 체임벌린은 빌헬름 2세 황제와 친분을 쌓게 된다. 빌헬름 2세가 체임벌린의 책을 탐독했기 때문이다. 빌헬름 2세는 특별히 책의 내용 중 "게르만 인종이 가장 생명력 있기 때문에 현재

---

11 작곡가 멘델스존은 유대인이지만 기독교(개신교)로 개종하며 성에 'Bartholdy'를 덧붙여 '멘델스존바르톨디'가 되었다.

와 미래는 독일제국의 것이다"라는 체임벌린의 생각에 큰 감화를 받았다.

아리아인의 우수성을 강조하는 철학은 독일인들의 정신 속에 단단히 자리 잡게 된다. 독일이 1차 세계 대전에서 패배하고 쿠데타로 황제가 쫓겨난 가운데서도 독일 국민 사이에서 낭만적 민족주의는 결코 사그라들지 않았다. 잠깐 동안 땅속에 묻혀 곪아 들어가고 있었을 뿐이다. 1차 대전의 참상을 수습하는 과정에서 '뒤통수 치는back-stabbing' 외부인들[12] 때문에 전쟁에서 승리를 놓치고 말았다는 망상이 독일인들 사이에 들불처럼 퍼져 나갔다. 배신당했기 때문에 패배했다는 논리는 독일인들로 하여금 민주주의나 자유주의를 초월하여 오직 일치단결한 독일을 만드는 것만이 적을 무찌르고 독일을 재건하는 유일한 방법이라는 확신을 갖게 만들었다.

나치는 그렇게 탄생했다.

나치 정권은 인류 역사상 가장 극단적인 유형의 낭만적 민족주의를 독일 국민에게 불어넣기 시작했다. 수십만의 독일인들이 독재자의 눈앞에서 광적으로 환호하고 발맞추어 행진하며 일치감을 과시했다. '하일 히틀러'가 독일인들의 인사말을 대신하기 시

---

12 독일에 거주하는 유대인들을 지칭. 나치는 1차 대전 중 유대인들이 독일을 배신했기 때문에 전쟁에서 패배했다고 선동했다. 이와 같은 음모론을 '뒤통수 신화(stab-in-the-back-myth)'라고 한다.

작하고, 히틀러의 사진이 벽난로 위 장식장에 진열되었다. 이 모든 현상은 개인 숭배의 단계로 들어가려는 명백한 시도였다. 하지만 나치는 독일인들의 심리 속에 바그너 시기 이전부터 깊숙이 내재되어 있던 낭만적 민족주의를 자극했기 때문에 독일 국민들의 완강한 저항을 불러일으키지 않았다. 히틀러는 바그너의 음악을 듣던 십대 시절부터 이미 낭만적 민족주의에 매료되어 있었다. 히틀러의 전기를 쓴 이안 커쇼는 히틀러 자신이 새로운 바그너가 되고 싶어 했다고 분석했다. 철인왕이자 천재, 그리고 독보적인 예술가가 되고 싶어 했다는 것이다. 또한 히틀러는 민족주의 운동을 전개하는 데 있어서 체임벌린으로부터 깊은 감화를 받았다. 히틀러가 주도한 운동은 극단적 민족주의, 인종적 반유대주의와 맞물려 있었고, 특별히 질서, 조화, 위계를 강조하는 게르만 민족 특유의 정신을 통해 독일 고유의 사회 질서라는 신비주의적 관념을 추구하는 방향으로 나아가게 된다.

바이마르 공화국이 붕괴되고 국제적 공조를 바탕으로 한 공산주의의 위협이 독일로 건너오게 되면서 낭만적 민족주의는 독일에서 확고부동한 지지를 얻게 된다. 철학자 마르틴 하이데거는 1933년 학생들에게 "독일 민족을 구원하고 국가 내부의 역량을 강화하기 위해서 너희 자신을 끊임없이 희생하는 용기를 보여야 한다. 오직 총통 한 분만이 독일의 현실이며, 현재 그리고 미래이자 법 그 자체다. 하일 히틀러!"라고 훈시했는데 그 발언은 당시 수백만 독일인이 공유하던 감정을 고스란히 반영하고 있었다. 히틀러 집권 시기에는 오직 '게르만적인 것Germanness'에 대한 강조를 통해서만이 질풍노도Sturm und Drang[13]가 회복될 수 있다는 인식이 지배적이었다. 히틀러는 이 점을 이용해 자신의 프로파간다를 확장시켜 나간다. 하이데거는 1929년 쓴 글에서 "우리 독일인의 정신적 생명에 걸맞은 토양에서 배출된 진정한 힘과 교육을 회복시키든지, 아니면 독일 사회 내에서 점차 확대되어 가는 유대화Jewification를 받아들이든지, 둘 중 하나를 선택해야 한다"고 말했다. 사이비 과학에서나 사용될 법한 언어를 나열해 가며 하이데거는 독일인들이 정통 게르만 인종의 본질에 관해 근본적인 가능성을 깨달아야 한다고 말했다.

　이런 말을 처음 들으면 히틀러가 말한 이상이 무엇인지 혼란스러울 수도 있다. 하지만 조지 오웰은 1940년에 히틀러의 자서전 『나의 투쟁』에 관해 쓴 글에서 나치 독일이 제시했던 이상을 멋지게 요약해 낸다. "히틀러는 사람들이 편안함이나 안전, 짧은 근로시간, 위생, 산아 제한, 그리고 상식 같은 것들만 갈구하지 않는다는 사실을 잘 알고 있었다. 사람들은 비록 간헐적일망정 투쟁과 자기희생을 추구하는 본능을 갖고 있는데 이걸 설명하기 위해 굳

13　본래 18세기 후반 독일의 낭만주의 문학 운동인 '질풍노도 운동'을 가리키나, 여기서는 말 그대로 게르만족의 융성을 '질풍과 노도(storm and stress)'에 비유했다.

이 북과 깃발, 충성의 행진을 언급하지 않아도 된다"는 것이 오웰의 설명이었다.

앞으로 살펴보겠지만 종족과 민족에 대한 로망은 나치의 종식 이후에도 사라지지 않았다.

독일에서 낭만적 민족주의가 부상하는 동안 바로 동쪽에서는 집단주의적 재분배주의를 기반한 정치적 이상이 인기를 끌기 시작한다. 제1차 세계 대전이 마무리될 무렵 러시아에서는 전제군주제가 막을 내리고 그와 동시에 마르크스주의가 영향력을 확대하기 시작한다.

블라디미르 레닌(1870~1924)은 사회주의 혁명을 추구하는 데 평생을 바쳤다. 그 때문에 체포되고 망명을 가기도 했다. 1차 대전이 진행되는 동안 레닌은 국가 권력에 대항해 계급이 연대하여 현존 질서를 전복시키는 공산주의 혁명을 꿈꾸고 있었다. 레닌은 혁명이 불가피하다고 판단했다. 그렇게 자신의 조국 러시아에서 기회가 찾아왔을 때 레닌은 혁명 전위대를 재빠르게 구성하였고 마르크스가 말한 격렬한 폭력을 적극적으로 받아들이게 된다.

마르크스는 폭력을 동반한 혁명을 부정적으로 생각하지 않았다. 1848년 오스트리아 제국에서 발생한 혁명에 관해 쓴 글에서 마르크스는 "구舊사회에 만연한 잔혹한 죽음의 고통과 신新사회에서 나타나는 피로 얼룩진 출산의 고통을 최소화시키는 방법은 오직 하나밖에 없다. 한마디로 혁명의 공포를 확산시키는 것이다"고 말했다. 마르크스는 『공산당 선언』에서 무력에 대한 호소를 끝으로 글을 마무리 짓는다. "공산주의자들의 목적은 현존하는 모든 사회 질서를 폭력적으로 타도함으로써만 이루어질 수 있다. 지배 계급들로 하여금 공산주의 혁명 앞에서 벌벌 떨게 하라. 프롤레타리아가 혁명에서 잃을 것이라고는 쇠사슬뿐이요 얻을 것은 세계 전체다. 만국의 노동자들이여, 단결하라!"

마르크스가 글에 쓴 무장 혁명 사상을 받아들인 레닌은 혁명적 공포를 통해 프롤레타리아 주도의 독재 체제인 "진정한 민주주의"를 이룩하려 하였다. 버니 샌더스[14]의 주장과 비슷한 말을 한 레닌은 1917년 쓴 한 글에서 "자본주의 사회에서 민주주의는 중요하지 않은 소수를 위한 민주주의이고 부자를 위한 민주주의"라고 말했다. 자본주의적 민주주의에서 발생하는 문제를 해결하기 위해 레닌은 두 가지 방법을 제시한다. 한편으로는 "민주주의를 대폭 확대 적용해 **역사상 최초로** 가난한 자들과 인민들을 위한 민주주의를 실시"하는 것이고, 다른 한편으로는 "일련의 조치를 통해 억압자, 약탈자, 그리고 자본가들의 자유를 제한"하는 것이다. "인류를 임금 노예 상태에서 해방시키기 위해서 자본가들을 타도해야 하며 그들을 힘으로 제압해야 한다. 억압과 폭력이 있는 곳

---

14 미국 민주당 소속 정치인으로 사회주의를 옹호한다. 2016년 미국 민주당 대선후보 경선에서 큰 인기를 끌었다.

에는 민주주의와 자유가 존재할 수 없다." 레닌에게 자유는 독재를 필요로 했으며 사실 그에게는 독재가 곧 자유였다. 스탈린주의에서 나타난 공포는 레닌주의에 기반하고 있었다. 역사학자 리처드 파이프스는 "공산주의 지도자들이 피 흘리는 것에 대해 얼마나 강력한 열망을 갖고 있었는지에 대해 오늘날의 언어로 설명하기 힘들 정도"라고 말하기도 했다. 소비에트 공산당 정치국의 원년 멤버였던 그리고리 지노비예프는 적색 테러Red Terror[15]가 시작되는 것을 자랑스럽게 떠벌리고 다녔는데 그 역시 스탈린 주도의 인민재판을 통해 잔인하게 숙청당했다. 지노비예프는 "소련에 살고 있는 1억 명의 사람들 가운데 9천만 명은 우리가 끌고가야 하지만, 나머지 천만 명에 대해서는 달리 할 말이 없다. 그들은 숙청되어야 한다"고 공공연하게 말했다. 파이프스가 지적한 것처럼 소련에서는 실제 천만 명 넘는 사람들이 숙청당했다.

스탈린은 레닌보다 더욱 잔인하게 통치했다. 생을 마감할 무렵 스탈린은 이미 수천만의 사람들을 살해했는데, 그중 1931년부터 1934년에 걸친 농업 집단화에 따라 발생한 우크라이나 대기근 희생자만 500만 명이다.

공산주의는 중국에도 전파되어, 마오쩌둥은 중국에 스탈린주

---

[15] 극우파의 테러를 백색 테러(white terror), 무정부주의자의 테러를 흑색 테러(black terror)라 하는 연장선상에서 1917년 볼셰비키 혁명 후 공산주의 소련에서 자행된 공포 정치에 붙인 별칭.

의를 도입하면서 약 6,500만의 인민을 죽음으로 내몰았다. 이 가운데 대다수는 마오가 주도한 대약진운동 기간에 사망했다. 대약진운동은 토지를 집단의 관리 하에 두어 인간의 본성을 재창조하는 걸 목적으로 하였다. 토지를 국유화하는 정책이 성공하긴 했지만 그 결과 약 3천만에서 4천만가량의 인민이 굶어 죽었다. 마오는 문화대혁명 기간 동안 4만 6천 명의 학자들을 생매장했다는 걸 공공연히 자신의 치적으로 과시하기도 했다. 마오는 특별히 지식인을 탄압했다. 소련의 강제수용소gulag에서 영감을 받은 마오는 '라오가이(勞改: 노동개조)'라고 알려진 노동 교화소를 만들어 수천만 명의 반체제 분자들을 수십 년간 그곳에 감금했다. 오늘날은 북한이 국가 전체가 하나의 거대한 수용소다. 사실 이건 별로 놀랍지 않은데 왜냐하면 북한은 그저 과거 존재한 공산주의 국가들의 찬란한 유산을 그저 성실히 계승하고 있는 것에 불과하기 때문이다.

　러시아 공산주의자들의 소행을 매도하기는 쉽다. 하지만 다른 한편으로 당시 공산주의자들이 서구에서 엄청난 지지를 누렸다는 사실 역시 기억해야 한다. 뉴욕타임스의 월터 듀란티는 공산주의자들이 정적들을 살해하고 있다는 걸 알고 있었음에도 그들의 범죄 행위를 은폐하고 공산주의 프로파간다를 지면에 실어 주었다. 더욱 황당한 건 듀란티가 이 보도로 퓰리처상을 수상했다는 사실이다. 그로부터 약 70년 후에야 뉴욕타임스 편집인은 마침내 듀란티의 과거 보도가 공산주의자들의 프로파간다를 앵무새처럼 반복한 것이었다는 사실을 인정했다. 사실 이건 언론만의 문제가 아니었다. 조나 골드버그가 『리버럴 파시즘』에도 썼지만, 프랭클린 루스벨트 대통령의 신임을 받던 "두뇌위원회Brain Trust[16] 멤버들을 포함해 미국 리버럴 진영의 엘리트들은 마치 성지 순례를 하듯 모스크바를 방문해 소련이 진행하는 사회적 실험을 경탄 가득 찬 눈빛으로 지켜보곤 했다." 그들은 모스크바가 세계의 변화를 주도하고 있다고 믿었다. 뉴딜 정책의 설계자인 스튜어트 체이스가 말했듯이 공산주의자들은 더러운 돈 따위에는 관심이 없었다. 대신 그들은 공산주의자들 모두가 꿈꿨던 것처럼 새 하늘과 새 땅[17]이란 유토피아를 이 땅에 만들어 내려는 불타는 열망을 가슴에 안고 있었다. 앞서 언급한 존 듀이 역시 소련으로부터 큰 감명을 받았다. 존 듀이뿐만 아니라 미국 노동운동에 관여하고 있던 고위 관료 대부분이 소련을 선망의 대상으로 바라봤다. 미국의 흑인 인권운동 지도자 중 한 명이었던 윌리엄 듀보이스는 "내가 어느 정도 속고 있는 것일 수도, 또는 잘못된 정보를 알고 있는 것일 수도 있지만 만약 러시아 볼셰비키 혁명에 관해

---

16 루스벨트가 전문인 위원회를 만들고 붙인 이름. 나중에는 고위급 인물에게 조언을 주는 전문가 집단을 뜻하게 되었다.
17 신약성경 「요한계시록」에 등장하는, 기독교의 하나님의 뜻이 완성되는 최후의 나라, 영원한 천국.

보고 들은 것이 사실이라면 나 역시 스스로를 볼셰비키라고 해야할 것 같다"고 말하기까지 했다. 소련이 붕괴될 때까지 미국 좌파 진영의 주류 인사들은 공산주의가 실행 가능한 이념이라는 착각에 빠져 있었다.

소련이 몰락했음에도 불구하고 집단 가운데서 의미를 발견하려는 시도는 결코 없어지지 않았다. 공산주의가 낭만적 이념이라는 환상은 여전히 미국 좌파 진영을 맴돌고 있다. 2017년만 하더라도 메이저 언론인 뉴욕타임스에 다음과 같은 제목이 달린 기사들이 실렸다. "여성들은 사회주의 체제에서 더 나은 성생활을 하는 걸로 알려져", "공산주의가 미국인들을 감명시켰을 때", "사회주의의 과거로부터 사회주의의 미래를 내다보다."

오늘날 우리는 끊임없이 중국식 중앙 정부 주도의 계획경제가 얼마나 놀라운 결과물을 만들어 내는지를 설명하는 언론의 보도를 접하게 된다. 중국은 조직화된 계획경제를 통해 성장하고 있는 아시아의 신흥 강국이라는 것이다. 뉴욕타임스의 토마스 프리드먼은 2009년 중국의 탁월함을 언급하며 독자들의 흥을 한껏 돋구었다. "일당독재one-party autocracy보다 더 나쁜 것이 딱 하나 있긴 하다. 그건 바로 일당민주제one-party democracy인데, 현재 미국은 이 일당민주제를 시행하고 있다. 일당독재에는 분명 많은 단점이 있다. 하지만 일당독재 체제가 오늘날 중국의 경우처럼 이성적으로 계몽된 지도자들에 의해 운영된다면 그 체제는 엄청난 장점을 가질 수 있다고 본다." 프리드먼이 저 말 하고 약 10년이 지난 현재 시점에서 당시 그가 한 말에 동의하는 사람은 거의 없을 것이다. 하지만 집단적 목적과 집단적 역량을 추종하려는 인간의 열망은 사그라들지 않고 여전히 지속 되고 있다.

사실 이 열망이 얼마나 강력하게 유지되고 있는지, 심지어 러시아에서는 스탈린이 아직도 인기 인물일 정도다. 그가 사망한 지 수십 년의 시간이 지났고 인류에 반하는 스탈린의 야만적 범죄가 만천하에 드러난 지 이미 반세기가 지났는데도 말이다. 2017년 여론조사 기관인 레바다센터 주관으로 이뤄진 조사에 따르면 다수의 러시아인들은 스탈린을 역대 인물 중 가장 '탁월하다'고 생각하는 걸로 나타났다. 전직 KGB 요원이자 현대 러시아의 독재자인 푸틴은 스탈린을 "복잡한 인물"이라고 평가하면서, "스탈린에게 과도한 주홍 글씨를 덧씌우는 것은 러시아의 적국의 주도로 이루어진 프로파간다"라는 발언을 했다. 심지어 스탈린 정권 때 자행된 범죄로 인해 직접적인 피해를 입었으면서도 당시 소련이 국제사회에서 누린 힘과 영광에 향수를 갖고 있는 사람들도 있다. 『세컨드핸드 타임Secondhand Time』으로 노벨 문학상을 수상한 러시아 작가 스베틀라나 알렉시예비치의 책에는 구소련 시절 정권에 의해 투옥되어 거의 죽다 살아난 한 공장 노동자의 이야기가 나온다. 그 노동자는 1년 뒤 출소하게 되는데 출소 후 2차 대전에 참전했다가 포로로 잡힌다. 노동자는 옆에 있는 사람에게 말한다. "우리는 같은 조국을 가지고 있어." 그리고 말을 이어 갔다. "사람들은 무언가를 믿고 싶어 하지. 하나님 아니면 기술의 진보 같은 것들. 오늘날 그 믿음의 대상은 바로 시장market이야. 우리 손주의 방에 들어가 보면 거기 있는 것들은 모두 외제품이더라. 셔츠, 청바지, 책, 그리고 음악 이런 것들. 심지어 애들이 사용하고 있는 칫솔조차 수입품이니 말 다 했지. 손주들의 책장에는 코카콜라나 펩시콜라 깡통들이 쌓여 있어. 참 기가 막힌 일이지. 나는 공산주의자로 죽고 싶어. 그게 내 유일한 소원이야."

집단의 목적과 역량을 추구하려는 열망은 미국에서 관료제라는 제도를 통해 분출되었다. 투표를 통해 국민에게 심판받는 사람들로 구성된 정부에서 소위 말하는 전문가 집단이 요직을 독식하는 정부로 대대적인 전환을 이루게 된 것이다. 하지만 문제는 이런 전문가들이 인간 본성에 대한 전문가는 아니라는 사실이다. 이들은 자신들의 정치적 우선순위를 달성하기 위해 과학이라는 매력적 구호를 제시하면서 다방면에서 중앙집권화를 위한 노력을 진행해 나간다. 경제 영역을 살펴보면 중앙집권화된 계획을 통해 개인 간 불평등의 문제를 바로잡을 수 있다는 주장이 연방정부 내에서 두드러졌다. 프랭클린 루스벨트의 재임 기간 동안 경제 정책은 하향식으로 이뤄졌다. 어떠한 개인도 시장보다 탁월할 수 없다는 지론을 가진 자유주의적 경제학자들의 경고에도 불구하고 루스벨트와 그 측근의 '천재적인' 참모들은 통화를 조작하고 정부 주도로 임금과 물가를 책정했으며, 반대 의견을 내는 사람들을 강압적으로 따돌려 버렸다. 그 결과 미국이 대공황을 극복하는 데 약 10년이 지연되게 된다. UCLA의 경제학자들인 해롤드 콜과 리 오하니안의 결론처럼 "대공황 초기 원래 미국 경제는 무난하게 회복될 걸로 점쳐졌다. 하지만 루스벨트 정권에서 이뤄진 잘못된 정책으로 인해 회복의 시기가 엄청나게 지연된 것이 사실이다." 심지어 루스벨트는 금의 가격을 자신이 생각하는 행운의 숫자 7에 기반해 인상시키기도 했다.[18] 루스벨트 정부의 재무부 장관이었던 헨리 모겐소는 이 황당한 사건을 자신의 일기장에 기록한다. "만약 사람들이 우리가 행운의 숫자를 조합해서 금값을 결정한다는 걸 알게 된다면 매우 큰 충격을 받을 것이다."

해롤드 콜이 지적했듯이 "후대의 경제학자와 정치인들은 아이러니하게도 대공황이 극복되는 데 오랜 시간이 걸렸다는 사실로 인해 자본주의 체제에 대한 신뢰를 오히려 더 잃어버리게 되었다. 좋은 결과물을 만들어 내려면 더 효율적이고 적극적인 정부 개입이 필요하다는 결론을 내리게 된 것이다."

특별히 인종과 성별에 대해서 중앙집권적 정부의 개입은 어두운 결과를 만들어 냈다. 사회과학 운동을 옹호하는 사람들 가운

---

18 루스벨트가 금값을 놓고 한 터무니없는 실험의 전형이다. 어느 날 루스벨트는 침대에서 금값을 21센트 올리기로 결정했는데, 그 이유는 21이 행운의 숫자 7의 배수이기 때문이었다.

데 대부분은 소위 말하는 인종과학race science에 집착하고 있었는데, 이 사이비 과학의 추종자들은 세상에 존재하는 모든 불평등이 타고난 특성 때문이라고 주장했다. 또 이들은 미래 사회가 '바람직하지 않은' 인구로 인해 발생하는 문제를 '해결'하기 위한 노력을 기울여야 한다고 했다. 인종과학이라는 사이비 과학의 영향을 받은 '인본주의적' 오피니언 리더들은 사회적 병폐를 해결하기 위한 방법으로 우생학을 옹호하기도 했다. 역사학자 토마스 레너드의 지적처럼 "미국 경제 개혁을 외친 사람들과 미국 사회학의 설립자들 가운데 상당수가 유전적으로 열등한 사람들은 사회에서 배척돼야 한다는 황당한 주장을 옹호했었다." 놀랍게도 이 리스트에는 시어도어(테디) 루스벨트, 우드로 윌슨, 그리고 올리버 웬델 홈스 등 쟁쟁한 인물들이 포함되어 있었다.

테디 루스벨트는 1913년 쓴 편지에서 이렇게 이야기했다. "우리 사회는 퇴화된 인간들이 그들과 비슷한 자녀를 낳을 권리를 보장할 필요가 전혀 없다. 언젠가 우리는 좋은 시민이 지켜야 하는 필수적이고 최선의 의무는 자신의 유전자를 세상에 남기는 일이라는 사실을 깨닫게 될 것이다. 다시 한 번 말하지만 잘못된 유전자를 갖고 있는 시민들의 재생산을 국가가 나서서 보장해 줄 필요는 없다." 윌슨은 1907년 다운증후군을 앓고 있는 사람들에게 강제 불임 수술을 받게 했고, 뉴저지주 지사로 재직하고 있던 1911년 그와 관련된 법안을 실제로 통과시켰다.

미국 연방대법원 대법관이던 홈스는 철학적으로 실용주의자였고 존 듀이를 열렬하게 추종했다. 그가 주심이 되어 재판한 벅 대 벨Buck v. Bell 판결은 소위 말해 부적합한 인구들에 대해 주정부가 나서서 불임 수술을 강제하는 권리를 인정한 사악한 판결로 수세기 동안 미국 역사의 오점으로 남게 되었다. 판결문에서 홈스는 "우리는 과거 경험을 통해 공공 복리를 위해 시민들은 각자 자신의 삶에서 최선의 상태를 유지하고 있어야 한다는 걸 알게 되었다. 따라서 우리 사회 전체가 무능으로 인해 침체되는 것을 예방하기 위해 남들보다 적은 희생을 감당함으로써 주state의 힘을 약화시키는 사람들에게 국가가 강제력을 행사할 수 있다고 판단하는 것은 결코 놀라운 일이 아닐 것이다"라는 의견을 작성했다. 1920년대와 1930년대에 걸쳐 미국에서는 16개에 달하는 주들이 우생학에 기반한 강제 불임 수술 정책을 받아들였다. 그 이후 약 수십 년 동안 미국 전역에서 강제 불임 수술을 받은 사람들은 약 6만 명에 달했다.

1922년 미국 작가 해리 래플린은 수백만 명의 미국인들에게 불임 수술을 강제해야 한다고 주장했다. 알콜 중독자들을 비롯하여 육체 및 정신의 장애를 가진 사람들에게 불임 수술을 강제하자는 터무니없는 주장을 용감하게 떠벌린 공로로 래플린은 미국 의회 이민귀화위원회로부터 전문가 대접을 받기도 했다. 또 래플린은 극도로 제한적인 이민 정책을 옹호하여, 자신이 쓴 책에서 '우생학에 기반한 불임법'의 구체적 법 조항을 제안하기도 했다. 그로부터 20년이 지난 후 뉘른베르크 재판[19]에서 히틀러의 주치의이자 나치의 의료 업무를 총괄한 칼 브란트는 래플린의 글과 홈스 대법관의 벅 대 벨 판결문을 인용하며 자신의 만행을 정당화했다.

아직까지 활동 중인 미국가족계획연맹Planned Parenthood[20]의 창립자인 마거릿 생어 역시 회원들에게 우생학을 강요한 전력을 갖고 있다. 1921년 쓴 글에서 생어는 장애를 가진 사람들에게 불임 수술을 시키는 것은 "오늘날 우리가 당면하고 있는 가장 긴급한 문제"라고 말했다. 또 생어는 한 연설에서 미국 내에 장애를 가진 약 1,500만에서 2천만 명의 사람들에게 불임 수술이나 격리 조치를 실시해야 하지 않느냐는 발언을 하기도 했다. 생어에게 산아 제한이란 사회 부적합자들을 미리 솎아 내고 결함을 가진 사람들이 2세를 출산하지 못하도록 예방하는 과정에 불과했다. 이러한 '공로'로 생어는 무려 서른한 번이나 노벨 평화상 후보로 추천되었는데, 이는 간디가 추천된 횟수의 두 배나 되는 수준이다.

이런 세계관 속에서 더 나은 세상을 만든다는 건 집단을 위해 살아간다는 걸 의미했다. 그리고 만약 필요하다면 집단을 위해 강압 역시 얼마든지 정당화될 수 있었다. 나치 정권 하에서 이뤄

---

19 2차 세계 대전 후 나치의 만행을 단죄한 전범재판.

20 1916년 창설된, 피임과 낙태에 관한 교육 및 지원을 제공하는 미국의 비영리 단체. 낙태를 강력히 지지한다.

진 우생학 프로그램의 실상이 만천하에 공개되고 난 후부터 미국 진보 진영에서 우생학적 주장은 자취를 감추게 된다. 하지만 많은 관료들에 의해 제시된 중앙집권적 정책의 열기는 결코 수그러들지 않았다.

잿더미에 파묻힌 세계

2차 세계 대전 기간 동안 앞서 언급한 세 종류의 집단주의적 세계관은 서로 격렬한 충돌을 일으킨다. 그 결과 약 6천만에서 8천만의 사람들이 목숨을 잃었다. 낭만주의적 민족주의가 나치 독일을 휩쓸었고 그에 따라 중앙집권화된 관료제와 '과학적' 통치에 대한 숭배에 가까운 추종이 독일에서 발생한다. 이 과정에서 600만 명가량의 유대인들이 총살당하거나 수용소로 끌려가 가스실에서 비참한 죽음을 맞이했다. 소련은 자국민을 국가 유지를 위해 필요한 땔감 정도로 취급했다. 실제 소련 병사들은 스탈린그라드 전선에 투입될 때 전체 병력보다 훨씬 적은 숫자의 총기를 지급받았기 때문에 앞에서 전사자가 발생하면 뒤따라오는 군인이 땅바닥에서 총을 집어들어 가며 전투를 수행해야 했다. 사실상 병사들을 죽음으로 내몬 것이다. 이 부분에서는 미국 역시 자유롭지 않다. 미국은 전쟁 기간 동안 11만 7천 명의 일본인을 강제 구금했다. 이렇게 2차 대전이 끝나갈 무렵 그리스적 텔로스를 배제하고 하나님의 존재를 상실한 '계몽주의'의 위대한 환상은 마침내 그 막을 내리게 된다. 아니, 그 환상은 2차 대전 동안 죽음을 맞이한 병사들의 산더미 같은 시체 아래 파묻혀 버렸다고 말하는 것이 더 옳을지도 모른다.

서구는 갑작스러운 위기를 맞이하게 되었다.

엄청난 기술의 발달에도 불구하고, 아니 어쩌면 어느 정도는 그 기술의 발달로 인해, 인간은 스스로의 존재를 지구상에서 거의 말살시키고 말았다. 과학은 인간에게 목적을 부여해 주지 못했다. 핵무기의 개발은 서구를 거의 소멸 직전의 벼랑 끝 위기로 몰아넣었다. 인간을 재정의하고 신의 존재나 보편적 목적에 기대지 않고 초월적 가치를 발견하려 한 위대한 도전은 결국 실패로 귀결되는 것처럼 보였다. 몇몇 사람들은 소련의 정치적 실험이 결국 승리할 것이라는 일말의 기대를 가지기도 했는데 그마저도 스탈린의 잔혹한 범죄가 세상에 알려지면서 자취를 감추게 된다.

그렇다면 이제 무엇이 인류의 새로운 희망이 될까?

불의 연단鍊鍛

세계는 2차 대전을 견뎌 냈다. 2차 대전의 용광로를 통과하면서 서구는 단순히 생존했을 뿐만 아니라 더 자유로워졌고 더 부유해 졌으며 그 어떤 시기와도 비교할 수 없는 번영을 누리게 되었다. 인간의 부는 기하급수적으로 증가했고 평균 수명도 늘어났다.

하지만 서구 문명의 한가운데에는 여전히 하나의 구멍이 남아 있었다. '의미'라는 구멍이었다. 시간이 지날수록 그 구멍은 점차 더 확대되어 갔다. 마치 인간의 육체를 갉아먹는 암 세포처럼 말 이다. 인간은 의지에 기반한 행동을 통해 그 구멍을 메우려고 했 다. 과학을 통해서도 시도해 보았고 세상을 변화시키는 정치 참 여 정신을 발휘해 보기도 했다. 하지만 그 어떤 시도도 의미의 부 재라는 구멍을 완전히 메워 줄 순 없었다.

2차 대전이 끝나 갈 무렵 유럽의 낙관주의는 사망 선고를 받고 1.8미터나 높게 쌓인 인간의 잿더미[1] 아래 완전히 파묻혀 버리고 만다. 인본주의에 기반한 계몽주의적 이상과 하나님의 존재 및 그리스적 목적론을 부정한 유럽인들의 철학은 비극 속에서 그 수명을 다하게 된다. 히틀러는 자신이 칸트와 헤겔, 그리고 니체의 사상을 충실히 따르고 있다고 생각했다. 스탈린은 마르크스로부터 이념의 세례를 받았다. 우생학자들은 다윈과 콩트로부터 영감을 얻었다. 로크의 시대 이후의 계몽주의는 바벨탑을 쌓는 것과 같았다. 이성과 종교의 조화를 추구하는 대신 종교를 몰아내고 이성으로 그 빈자리를 채워 넣으려고 했기 때문이다. 바벨탑이 하나님에게 도전하면 할수록 그 탑을 건설하는 데 참여한 사람들은 각기 다른 언어를 사용하며 서로 분쟁하기 시작했다.

바벨탑은 무너져 버렸고 이 땅은 황폐하게 변했다.

유럽에서 수백만의 남녀가 목숨을 잃었다. 서구는 인류의 미래를 놓고 도박을 했지만 결국 회오리바람같이 정신없는 상황을 맞이했을 뿐이다.

하지만 하나님은 돌아오지 않았다. 서구 최초의 자유 대헌장인 마그나 카르타는 잉글랜드 존 왕에 의해 1215년 서명되었다. 마그나 카르타는 "하나님을 경배하며, 나와 내 선조들과 후세들

---

1   나치의 유대인 강제수용소 한 곳에서 발견된, 희생자들을 소각한 재의 높이.

의 영혼의 구원을 위하고 하나님의 영광을 위하며 그분의 신성한 교회를 전진시키는 것"이라는 구절을 근거로 왕권을 제한했다. 20세기 중반에 이르기까지 유럽에서 종교적 활동은 하나의 규범이었다. 하지만 2차 세계 대전 무렵 탄생한 아이들이 사춘기를 지날 때쯤을 기준으로 유럽에서 종교를 가진 사람의 숫자는 급락하게 된다.

그렇다고 이성에 대한 확신이 증가한 것도 아니다. 종교의 쇠퇴와 함께 인간 이성에 대한 믿음 역시 시들해지고 말았다. 한 번이 아니라 두 번에 걸친 세계 대전의 화마가 휩쓸고 간 이후 사람들은 "방백들prices을 의지하지 말라"[2]는 성경의 교훈은 확실히 선견지명이었다. 인류가 세상을 진보시키는 집단적 역량을 갖고 있다고 말한 계몽주의의 희망은 모두 물거품이 되고 말았다. 하나님의 존재 없이, 그리고 집단의 필요성이 배제된 상황에서, 남겨진 것이라곤 오로지 개인들밖에 없었다. 쓸쓸한 개인들 말이다.

실존주의 철학은 이런 맥락 가운데 탄생했다.

실존주의는 19세기 덴마크 철학자 쇠렌 키르케고르(1813~1855)에 의해 싹을 틔웠다. 키르케고르는 계몽적 이성을 맹신하는 건 오만한 접근이며 계몽주의 사상은 인간 존재의 철학적 고민에 대해 근본적 해결책을 제시해 주지 못한다고 생각했다. 인간의 순수

---

2   시편 146:3(개역한글판). 개역개정판에서는 '귀인들'이라고 옮겼다.

이성만을 통해 보편적 윤리 체계가 확보될 수 있다고 믿는 건 헛수고에 불과하고, 헤겔이 말한 변증법의 원리에 따라 역사가 항상 정확한 방향으로 전개된다는 주장 역시 복잡한 세계의 현상을 설명하기에는 역부족이다. 우주는 차갑고 혼돈스러운 곳이고 외적 요소를 분석하는 것만으로 인간 존재의 의미를 찾을 수는 없다. 칸트의 보편주의는 지나칠 정도로 희망적이며 콩트의 과학주의는 과도한 자신감으로 둘러싸여 있었다.

이런 것들 대신에 인간 내면을 들여다봄으로써 의미를 발견해야 한다고 키르케고르는 생각했다. 한 개인이 선택해서 살아가는 시스템은 맹신에 불과하지만 그 맹신 속에서 인간은 각각 개인의 존재 의미를 발견한다는 것이다. 키르케고르는 "주관성이 진리다"라고 말했다. 그리고 "무한히 지속되는 결정이나 약속은 객관적으로 존재하지 않으며 따라서 선악의 차이, 그리고 진리와 비진리 사이의 구분 자체를 없애 버리는 게 객관적으로 더 정확하다"고 주장했다. 이런 사고를 통해 키르케고르는 진리가 우리 안에서 발견될 수 있다는 결론에 도달하게 된다. 키르케고르에게 진리가 우리 내면에서 발견될 수 있다는 건 인간이 만든 윤리를 넘어서서 하나님의 존재에 대한 믿음으로 도약leap to faith할 수 있다는 걸 의미한다. 키르케고르가 주장한 "윤리적인 것들의 목적론적 정지suspension"라는 유명한 개념은 이렇게 등장하게 된다. 키르케고르는 이성에 대비되는 개념으로 정념에 주목했다. 그는 정념이 인생에 있어서 가장 중요한 원동력이라고 생각하며 "정념에 따른 결론만이 신뢰할 만하다"라는 말을 남긴다. 물론 키르케고르는 그 정념이 하나님을 찾는 방향으로 발산되기를 희망했다. 하지만 그가 가지고 있던 사고 체계는 사람들을 하나님의 존재가 아니라 주관성에 대한 숭배로 이끌게 된다.

만약 진리가 만물 가운데 내재되어 있다면 이 땅에 존재하는 모든 도덕적 진리는 자동적으로 주관적 해석의 문제로 치부되고 만다. 사실 이건 니체의 관점이기도 했는데, 니체는 "가장 고독하고 가장 감춰져 있으며 가장 일탈적인 사람이 가장 위대하다"고 말했다. "선과 악의 저편에서 덕을 다스리며 의지의 과잉을 누리는 사람, 바로 이런 모습이 위대함이다." 다양한 만큼 전체적이며 충만한 만큼 풍성한 그런 위대함이 니체의 관심사였다.

하지만 실존주의자들은 단순히 도덕적 진리뿐만 아니라 모든 진리가 주관적이라고 주장했다. 이와 관련해 독일 철학자인 카를 야스퍼스(1883~1969)는 "모든 지식은 해석에 불과하다"라는 말을 남겼다. 마르틴 하이데거(1889~1976) 역시 비슷한 관점을 공유했는데 하이데거는 인간임being human의 본질이 존재being 그 자체라는 주장을 하면서 이성이나 정념이 아니라 존재에 강조점을 두었다. 데카르트는 생각으로부터 인간 실존의 증거와 의미를 찾았다. 그래서 "나는 생각한다, 고로 존재한다"라는 유명한 말을 남겼다. 반면 하이데거는 인간의 정체성이 존재 그 자체에 담겨 있다고 주장했다. 이 사실은 실제적으로 무얼 의미했을까? 하이데거는 플라톤으로부터 아리스토텔레스까지 거슬러 올라가 영원한 진리와 인간 이성이라는 고대적 개념을 완전히 해체하길 원했다. 그 후 빌생하는 공백은 무엇으로 재워 넣을까? 스스로의 죽음과 우주 모든 존재의 무의미를 숙고하는 진정성authenticity 그 자체, 이 진정성이 공백을 메우게 될 것이라고 내다봤다. 하이데거는 어느 특정 시점이 도래하면 서구의 정신적 능력이 쇠퇴하고 연결 부위에 금이 가서 빈사 상태에 가까운 상황 속에 그 파괴력이 혼돈으로 뒤바뀔 것이라고 말했다. 그 결과 광기 속에서 모두가 질식해 버릴 것이라는 예언을 남겼다. 하이데거는 공공연히 의지의 힘을 강조하면서 인간은 위대함에 도달하려는 의지와 쇠락을 받아들이는 체념 사이에서 선택을 해야 한다고 말했다. 하이데거는 훗날 나치에 부역했는데 개인의 의지를 다잡고 이 세상에서 스스로의 위치를 확보하는 걸 골자로 하는 하이데거의 철학은 그가 나치에 부역하게 되는 결정에 적잖은 영향을 끼쳤던 것으로 보인다.

하이데거가 실존주의 철학에 큰 족적을 남긴 건 사실이지만 실존주의를 가장 충실하게 설명한 사람은 **장폴 사르트르**(1905~1980)이다. 정치적으로 사르트르는 확고한 마르크스주의자였다. 사르트르는 일생 동안 소련과 마오쩌둥 사이에서 양다리를 걸쳐 놓고 왔다갔다 하며 지지를 표명했다. 하지만 사르트르는 정치적 성향보다 철학을 통해 개인들에게 더 지대한 영향을 끼쳤다. 고대 철학자들이나 계몽주의 사상가들과 달리 사르트르는 실존existence이 본질에 앞선다고 말했다. 쉽게 말하자면 우리는 태어난 후 인간 본성의 영향을 받는 것이 아니라 세상을 직면하며 끊임없이 자신의 존재를 리메이크해 나간다는 것이다. 사르트르에게는 어떤 것도 절대선이나 절대악이 될 수 없었다. 사르트르는 우리에게는 오직 주어진granted 세계가 있을 뿐이라고 말했다. 또 우리의 임무는 그 세계 가운데서 스스로를 재창조해 나가면서 우리가 누릴 수 있는 자유를 적극 활용해야 한다는 것이다. 그래서 사르트르는 이렇게 말한다.

절대선the Good이 존재하며 우리는 정직해야 하고 거짓말을 하지 말아야 한다는 말은 어느 곳에도 쓰여 있지 않다. 왜냐면 우리는 오직 인간만이 존재하는 평원에 살아가고 있기 때문이다. 만약 실존이 본질에 앞선다면 고정불변의 인간 본성에 기반한 해명이 있을 수는 없다. 다시 말하자면 결정론적인 것은 존재하지 않으며 인간은 자유롭고 인간은 곧 자유인 것이다. 반면에 만약 하나님이 존재하지 않는다면 우리는 스스로의 행동을 정당화할 그 어떤 가치나 명령을 가지지 않는다. 그래서 가치의 밝은 영역에서 우리 뒤에는 어떤 변명도 존재하지 않으며 우리의 앞에는 어떤 정당화도 존재할 수 없다. 우리는, 어떤 핑곗거리도 없이, 단독자다. 이것이 바로 내가 인간은 모든 것을 자기 마음대로 선택하는 저주를 받았다고 말할 때 전달하려 하는 메시지다. 저주를 받았다. 왜냐하면 인간은 스스로를 창조하지 않았기 때문이다. 하지만 다른 측면에서는 자유롭다. 왜냐하면 세상에 피투(thrown, 내던져짐)된 이래로 인간은 자신이 하는 모든 일에 대해 책임을 져야 하기 때문이다.

이 글은 아름답다. 실존의 비극으로 점철되었지만 자신 내면에 있는 더 고귀한 가치에 도달할 수 있다는 인간의 희망이 나타나 있기 때문이다. 하지만 동시에 이 글에서 묘사된 인간에게는 이정표가 없다. 그 속에는 공동체의 목적이나 역량에 대한 그 어떤 설명도 담겨 있지 않다. 오롯이 개인의 존재에 치중하고 있지만 안타깝게도 인간 내면에 있는 지표를 제외하고는 그 어떤 지침도 제공하고 있지 않다. 여기서 더 나아가 사르트르는 인간의 본성이 고정되지 않았다고 생각했는데 이 같은 태도는 이 땅에 유토피아를 건설하려고 하는 모든 종류의 계획을 정당화해 주는 기반을 마련하게 된다. 만약 시스템을 변화시킬 수만 있다면 마르크스의 주장처럼 영광의 옷을 입은 신인간New Man이 나타날 것이라는 믿음이 더욱 팽배해진 것이다.

새로운 '자연법'

이성을 숭배한 계몽주의 사조가 20세기 중엽을 지나면서 한계를 드러내긴 했지만 과학에 관한 부분만큼은 꾸준한 관심을 끌었고 실제로 많은 결실을 거두게 된다. 계몽주의가 시작된 후 과학 발전의 속도가 획기적으로 빨라졌다는 사실에 대해서 이의를 제기하는 사람은 없을 것이다. 유럽의 경우를 살펴보면 1850년에는 36.3세였던 평균 수명이 1950년대 들어서는 거의 두 배 증가한 64.7세로 뛰어올랐다. 과학이 곧 미래였던 것이다.

물론 부작용 역시 만만치 않았다. 과학적 원리를 통해 운영되는 정부를 강조한 철학은 양차 대전이라는 공포에 이어 중앙집권화된 전제 정부라는 망령을 세상에 불러들이게 된다. 하지만 과학이 인류를 자유롭게 할 수 있다는 사고는 2차 대전이 끝난 후에도 여전히 주류 사조로 자리 잡고 있었다. 케네디는 1963년 연설에서 "과학은 지식의 통합을 위해 우리가 가지고 있는 가장 강력한 수단이다. 미래 과학의 주요 의무는 경계를 뛰어넘어 발생하는 문제들을 다루는 것인데, 그 경계는 과학 사이의 경계일 수도, 국가 사이의 경계일 수도, 그리고 과학과 인간적 관심사 사이의 경계일 수도 있다"고 말했다.

과학에 대한 사람들의 태도는 급격히 변화했다. 프랜시스 베이컨의 시대만 하더라도 과학의 용도는 인간의 물질적 상태를 개선하기 위해 사용되는 보조적 역할에 머물렀다. 하지만 시간이 지남에 따라 과학은 인간의 물질적 상태뿐 아니라 도덕적 상태까지 관장하는 방향으로 변화를 거듭해 왔다. 비록 과학 그 자체가 도덕의 근원은 아니었지만 말이다. 하지만 하나님의 존재를 완전히 배제해 버리고 집단 중심 사상이 인류 최악의 범죄에 연루되었음이 명백히 드러난 지금의 시점에서 사람들은 과학을 통해 새로운 도덕 규범, 즉 새로운 법을 창조하려고 시도했다. 실존주의자들은 사람들이 주관적 진실을 발견하면 삶의 목적을 달성할 수 있다고 주장했다. 급격하게 변화하는 서구 사상계의 흐름 속에서 과학은 주관적 진실을 존중하는 최후의 보루로 남게 된다.

서구 사상의 전통은 자연법에 기반해 왔다. 인간은 이성을 활용해 우주 가운데 존재하는 보편적 목적을 분별하고 발견할 수 있다는 개념이 자연법 사상의 핵심이었다. 이런 전통 속에서 자연은 인간의 행위를 정당화시키는 것이 아니라 창조 가운데서 보다 광범위한 질서를 인간에게 암시해 주는 역할을 감당한다고 인식되어 왔다. 모든 존재물에는 목적이 있으며 자유로운 인간은 올바른 이성 활동에 따라 그 목적을 발견하고 성취해야 한다는 것이 자연법 사상의 기본 개념이었다. 따라서 자연법 체계 속에서는 해당 존재물이 무엇인지, 그리고 무엇을 위해 만들어졌는지에 따라 우리가 해야 할 일이 결정되었다. 예를 들면 이런 식이다. 망치는 망치질을 위해 만들어졌고, 펜은 글쓰기를 위해, 그리고 인간은 이성을 통해 사고하기 위해 지은 바 되었다는 논리다. 인간은 무엇이 선인지 판단할 수 있고 선을 성취하기 위해 자신이 살아가는 세상을 원하는 방향으로 빚어 낼 수 있다는 것이다.

하지만 새로운 형태의 자연법이 무르익게 된다. 자연 속에서 발생한 모든 것은 '자연적'이며 따라서 참이라는 것이 바로 이 새로운 자연법의 핵심 개념이다. 하지만 이런 해석은 수천 년 동안 통용돼 온 본래의 자연법과는 전혀 다른 의미다. 새롭게 개념화된 자연법에 따르면 인간은 동물에 불과하며 따라서 이성이 아니라 본능에 충실하게 행동해야 한다.

이 시점부터 과학이 인간을 별천지로 인도해 줄 것이라는 낙관론은 서서히 붕괴되기 시작한다. 고대인들은 우리가 자유롭게 도덕적 진실을 찾고 발견할 수 있도록 도움을 준 인간 이성에 기대를 걸었다. 그리고 유대 기독교의 가르침은 인간이 이성을 통해 하나님과 자유의지를 발견하고 그분을 따를 것을 권면했다. 반면 과학에 대한 맹목적 신뢰는 인간의 이성과 의지 모두를 심각하게 훼손하는 결과를 초래하게 된다.

인간은 이성적이지 않으며 자유의지에 따라 행동하지 않는다고 주장한 최초의 학자는 **지그문트 프로이트**(1856~1939)이다. 프로이트는 논단에서는 거물로 통했지만 신경정신과 의사로서는 약팔이 수준이라는 혹평을 받았다. 본업에서 프로이트는 돌팔이였는데 그는 종종 잘못된 처방을 통해 환자들에게 피해를 안겨준 다음 자신이 내린 '획기적인' 처방과 그에 따라 나타나는 환자의 증상에 대해 사실에 근거하지 않은 보고서를 작성하기도 했다. 1896년에 있은 한 강의에서 프로이트는 환자들이 어린 시절 겪은 성적 트라우마를 공개함으로써 18명을 치료한 적이 있다고 말했는데 이에 대해 논란이 불거지자 모든 건 사실이 아니라고 해명을 했다. 프로이트가 스스로를 어떻게 생각했는지를 알아보려면 그가 한 말을 곱씹어 보면 된다. 프로이트는 자신이 과학자나 관찰자, 실험가, 또는 사상가가 아니라고 못 박으며 천성적으로 호기심과 대담함, 그리고 집요함을 갖춘 정복자, 즉 탐험가에 가깝다고 설명했다.

하지만 사람들은 프로이트의 급진적 이론에 엄청난 관심을 나타냈다. 프로이트는 종교가 아동기에 겪는 신경증(노이로제)의 일종에 불과하다고 말하면서 세상은 종교라는 신경증을 극복해야 한다고 주장했다. 프로이트는 선사시대에 사람들이 집단으로 모여서 아버지를 죽이는 풍습이 있었는데 종교는 바로 이 관습에 뿌리를 두고 있다고 말했다. 프로이트에 따르면 꿈은 소원 성취의 일종이고 행동은 무의식적 욕망의 발로이며, 종합적으로 사람들은 자신의 통제 범위를 벗어난 힘의 지배를 받고 있을 뿐이다. 플라톤의 이론을 적극 반영한 프로이트는 영혼의 삼분설을 주장했다. 플라톤은 영혼이 이성reason, 기개spirit, 그리고 욕망appetite으로 구성되어 있다고 말한 반면 프로이트는 도덕적 이성을 뜻하는 초자아superego, 욕망과 이성 사이에 갈등하는 자아ego, 그리고 근원적 욕구를 대변하는 이드id의 세 가지로 인간 정신이 구성되어 있다고 했다. 플라톤은 이성과 기개를 연합시켜 욕망을 극복해야 한다고 주장한 반면 프로이트는 이드를 형성하는 잠재의식을 해방시키는 것이 최고의 해결책이 될 수 있다고 했다. 다시 말해 프로이트는 우리가 머리로 이해할 수 없는 몽롱한 정신분석학적 힘에 의해 인간이 다스림 받는다고 믿었다.

특별히 프로이트는 성sex에 관해서는 신경증적 집착에 가까운 강조를 했다. 성적 신경증이 다른 생산적인 에너지로 승화될 수 있다고 보긴 했지만 결국 프로이트는 인간이 신경증으로부터 해방되어 성적 방탕을 누려야 한다는 이야기를 전달하고 싶었다. 프로이트의 뒤를 이어 **앨프리드 킨제이**(1894~1956)는 강연 및 저술 활동을 통해서 성적 난잡함을 정당화하는 논리를 대중들에게 어필하게 된다. 킨제이는 인디애나 대학 소속 동물학자였는데 그는 성적 충동을 억압하며 스스로 도덕적인 체하는 미국인들의 위선을 드러내는 일에 매료되어 있었다. 프로이트와는 다른 생각을 가지고 있던 킨제이는 사람들이 유대 기독교적 도덕이라는 족쇄를 벗어 버려야 진정한 자유를 누릴 수 있다고 생각했다. 킨제이의 동료 워델 포메로이에 따르면 킨제이는 프로이트의 이론을 철저히 업신여겼다고 한다. 심지어 킨제이는 프로이트가 꾸준하게 도덕적인 판단을 내렸다는 사실에 큰 충격을 받기도 했다.

1948년 킨제이는 일명 '킨제이 보고서'라고 알려진 『남성의 성적 행동』을 출판했고 5년의 공백을 가진 뒤 『여성의 성적 행동』이라는 책을 통해 복귀했다. 엄격한 과정을 거쳐 진행된 걸로 홍보된 이 연구에서 킨제이는 미국 남성 가운데 85퍼센트, 그리고 여성 가운데 48퍼센트가 혼전 성관계 경험이 있으며, 결혼한 남성 중 절반, 또 여성 4명 중 한 명꼴로 불륜을 저질렀다고 주장했다. 킨제이 보고서에는 남성 10명 중 7명이 성매매 여성과 잠자리를 가진 경험이 있고, 10퍼센트는 장기간 동성애적 성향을 유지했으며, 농촌 지역에 거주하는 남성의 경우 약 17퍼센트가 동물과 성관계를 가져 봤다는 충격적인 주장이 담겨 있었다. 또 킨제이는 미혼 여성 가운데 95퍼센트, 기혼의 경우 25퍼센트의 비율로 낙태를 경험해 봤다고 주장했다. 만약 킨제이의 주장이 모두 사실이라면 미국인들은 매춘굴에 살고 있는 셈이었다.

『남성의 성적 행동』은 날개 돋친 듯이 팔려 나갔다. 출간된 지 두 달 만에 20만 권 가량이 팔렸으니 그야말로 엄청난 히트를 친 것이다.

하지만 킨제이의 연구 모델은 치명적인 결함을 안고 있었다. 미국의 언론인 수 엘린 브라우더가 설명한 것처럼 킨제이가 인용한 통계는 현실을 반영하고 있지 않았다. 왜냐하면 샘플 자체가 현실을 반영하고 있지 않았기 때문이다. 킨제이의 조사에 참여한 5,300명의 백인 남성들 가운데 적어도 317명은 성적으로 학대

받은 경험이 있는 미성년자였다. 수백 명은 애초에 성매매 종사 남성이었고, 또 수백 명은 인터뷰가 진행될 당시 감옥에 수감 중인 성범죄자였다. 면접 대상자들 역시 킨제이 연구팀에 의해 자체 선택된 사람들로서 인터뷰에 적극 응한 이들은 애초에 성적으로 문란한 생활을 하고 있었다. 킨제이는 여성에 관한 연구를 진행할 때도 이처럼 끔찍한 방법론을 사용했다. 엉터리 같은 킨제이 보고서를 보고 시카고 대학교 통계위원회 위원장 앨런 월리스가 "원하는 결과를 수집한 것"에 불과하다고 일침한 건 전혀 놀라운 일이 아니었다.

하지만 형편없는 방법론보다 더욱 주목받은 건 킨제이의 주장 그 자체였다. 킨제이에 따르면 인간은 구도덕old morality이라는 족쇄에서 해방됨으로써 더 나은 삶을 살아갈 수 있다. 킨제이의 논리는 간단하다. 도덕에서 해방되는 과정이 지극히 '자연스럽다'는 것이다. 인간은 자연법을 추구하기 위해 더 이상 발버둥 칠 필요가 없다. 생물학적 욕구를 억누르기 위해 이성을 활용할 필요도 없다. 킨제이는 인간이 동물이 될 때 더욱 광범위한 자유를 누릴 것이라고 생각했다. 해야 할 것을 한다기보다는, 만약 그 행위가 기쁨을 가져다줄 수 있다면 인간은 그걸 꼭 해야 할 생물학적 당위성을 부여받게 된다는 주장이다. 킨제이는 실존적 의미를 발견하기 위한 몸부림은 이제 잊어버리자고 말했다. 우리는 **우리 자신이 될 때** 진리를 발견할 수 있기 때문이라는 것이다. 사실 킨제이의 주장은 루소가 언급한 '고귀한 야만인noble savage'을 생물학적 극한으로 몰아간 것에 불과했다.

과학계에서 킨제이의 주장을 뒷받침하는 근거는 점차 힘을 얻어 갔다. 과학자들은 우리에게 더 이상 자유의지를 활용할 역량이 존재하지 않는다고 말했다. 인간은 생물학의 노예인 동시에 우리 자신 속에 내재되어 있는 정교한 회로망에 의해 희롱당하고 있는 로봇에 불과하다는 주장이 힘을 얻기 시작한다.

하버드 대학교 생물학 교수인 에드워드 윌슨이 아마 이런 입장을 가지고 있는 사람 중 가장 유명할 것이다. 윌슨은 인간이 환경 속에서 특정한 방향으로 행동하도록 프로그래밍되어 있고 결코 그 시스템으로부터 벗어날 수 없다고 말했다. 여기서 한 발 더 나아가 인간 고유 본성과 환경 사이의 상호작용을 연구함으로써 인간 행동을 완벽하게 예측할 수 있게 될 것이라고 주장하기도 했다. 윌슨의 관점에서 문화는 환경 사이의 상호작용의 단순한 부산물에 지나지 않았다. 다윈의 진화론이 모든 이론을 압도했다. 윌슨은 자신이 주장한 '모든 것에 관한 이론'을 사회생물학sociobiology이라고 불렀다. 사회생물학이 과학의 위대한 '통섭consilience'을 이끌어 낼 것이고, 신경과학과 진화생물학, 그리고 물리학 등 모든 과학 분야는 융합되어서 결과적으로 끈끈한 덩어리를 이루게 될 것이라고 윌슨은 내다봤다.

따라서 이런 이론 가운데서 인간의 역량은 아무 의미가 없었다.

인간의 목적 역시 증발한 것처럼 보였다. 만약 인간이 어떤 것도 변화시킬 수 없는 부자유한 존재라면, 그리고 이 상황에서 데이비드 흄이 말한 존재와 당위 사이의 구분이 여전히 유효하다면, 다시 말해 자연 또는 본성으로부터 무엇이 도덕적인 것인지 전혀 학습할 수 없다면, 인간이 추구할 수 있는 건 쾌락과 향락밖에 없다는 결론이 도출되기 때문이었다. 이런 세계관 속에서 인간은 쾌락과 고통을 느끼며 생물학에 기반해 자극에 충실히 반응하는 동물에 불과할 뿐이었다.

신계몽주의

과학계에서는 인간과 우주에 대해 기계적이고 유물론적인 시각이 주류를 이뤘다. 하지만 다행스럽게도 이들 가운데 많은 과학자들은 인간의 존재가 완전히 표류하도록 내버려 두진 않았다. 그 대신 그들 중 상당수는 계몽주의의 뿌리에 관심을 가지고 그 분야를 다시 탐구하기 시작한다. 계몽주의 사상가들이 이성의 힘에 매달렸던 것처럼 이들 과학자들은 과학의 힘에 전폭적으로 의존한다. 그 당시만 하더라도 인간 두뇌를 통해 세상을 분석하면 모든 문제가 해결될 것 같은 확신에 찬 분위기가 팽배해 있었다. 당시 사람들은 과학을 통해 삶의 목적을 발견할 수 있을 것이라고 믿었다. 우주의 본성을 연구함으로써 인간은 사고의 통합을 이룰 수 있을 것이라고 생각했다. 실제 윌슨은 자신의 목적이 계몽주의적 탐구를 지속해 나가는 것이라고 밝히면서 다음과 같이 말했다. "미신을 제거하고 현실과 이성만을 통해 사회를 건설해 나간다면 모든 지식은 하나로 융합되어서 위대한 계몽주의 선구자였던 프랜시스 베이컨이 1620년 말한 '인간의 제국'을 만들어 낼 수 있을 것이다."

계몽주의는 인간이 존재로부터 당위를 이끌어 낸 후 다시 당위를 부여할 수 있다는 위대한 철학자들의 가정을 기반으로 삼고 있었다. 하지만 우리가 살펴본 바와 같이 계시로부터 철저히 분리되어 이성에만 의존한 계몽주의는 결국 파리의 길거리를 피로 적셔 버린 프랑스 혁명으로부터 잔인한 군홧발 통치를 구가한 히틀러의 나치 정권에 이르기까지 역사적으로 비극적 결과를 초래했다. 만약 프랑스 혁명이 발생한 1789년에 에드워드 윌슨이 비슷한 낙관론을 펼쳤다면 사람들은 그의 주장에 큰 관심을 보였을 것이다. 하지만 2018년은 전혀 상황이 달랐다.

그럼에도 불구하고 신계몽주의 사상가들은 끊임없이 과학을 통해 인류에게 새로운 목적이 부여될 수 있음을 웅변한다. 다음의 윌슨의 말처럼 말이다.

계시보다 객관적 사실에 대한 연구를 선호하는 것은 종교적 공허감을 만족시켜 주는 새로운 방법론이다. 객관적 사실에 대한 연구는 인간의 정신을 굴복시키는 것이 아니라 해방시킴으로써 우리의 영혼을 구원해 준다. 아인슈타인도 알고 있었던 것처럼 객관성을 담보한 연구의 핵심 기조는 지식을 통합unify하는 것이다. 특정 지식이 충분히 통합되었을 때 우리는 자신이 누구이며 왜 이 곳에 존재하고 있는지를 이해하게 될 것이다.

월슨은 아퀴나스와 칸트의 철학을 거부한다. 월슨은 초월적 존재와 영원한 가치에 힘입어 의미 또는 목적을 창조해 내려는 모든 형태의 시도를 경멸한다. 초월적 존재와 영원한 가치는 근대 과학이 배격한 자유의지의 존재에 상당 부분 의존하고 있기 때문이다.

대신 월슨은 새로운 종류의 믿음을 대안으로 제시한다. 과학에 대한 믿음이 그것이다.

지금 이 시점에서 우리는 과학에 대한 믿음이 우생학과 중앙집권적 통제를 가져다준 것인지 그렇지 않은지에 대해서 쉽게 결론을 내릴 수 있다.[3] 하지만 월슨은 약간 다른 생각을 갖고 있다. 월슨은 과학을 통해 인간을 조종하려고 한 것이 아니라 우리 모두를 규정하는 본성과 조화되는 적용 가능한 가치를 점진적으로 탄

---

3 과학만능주의는 우생학과 전제 · 독재 정치의 이론적 기반 역할을 했다.

생시키길 원했다. 윌슨은 윤리조차도 환경에 따른 생물학적 진화의 결과물이라고 생각했다. 문화는 원인이 아니라 결과다. 윌슨은 사물이 존재하는 그대로를 설명한다.

윌슨은 경험주의자들은 특정 윤리 체계가 성공하느냐 않느냐를 놓고 해당 윤리에 대한 가치 판단을 내린다고 말한다. 윌슨에 따르면 윤리는 대중으로부터 지속적으로 호감을 얻어서 한 사회 내에 자리 잡게 된 규범이다. 따라서 윤리 체계에 대한 판단은 그 윤리가 대중들에게 받아들여지는지에 의해 결정된다.

윤리가 대중에 의해 규정된다고 쳐 보자. 그렇다면 역사 속에서 끔찍한 윤리가 대중들에게 인기를 끈 경우는 어떻게 설명을 해야 할까? 지금도 지구상에서는 수십억 인구가 독재에 시달리고 있으며 윌슨 스스로를 교회에서 멀어지게 만든 그 종교적 편견이 여전히 전성기를 구가하고 있다는 점은 어떻게 받아들여야 할까? 전 세계가 자유주의liberalism의 진보적 위력에 굴복해 버렸다는 프랜시스 후쿠야마[4]의 주장보다 문명의 충돌이 새로운 국면을 맞이하게 됐다는 새뮤얼 헌팅턴[5]의 이론이 더 설득력 있게 보이는 건 어떻게 설명할 수 있을까? 윌슨이 입에 거품을 물고 반대한 특정

---

[4] 『역사의 종언』(1992)에서 정치 체제의 발전에서 자유민주주의가 최종 승리를 거두었으며 더 이상 어떤 체제로부터도 도전을 받지 않을 것이라고 주장했다.

[5] 『문명의 충돌』(1996)에서 앞으로의 전쟁은 국가 대 국가가 아니라 문명 대 문명의 형태로 진행될 것이라고 예측했다.

상수들constants이 인간의 경험과 도덕을 규정지었다는 사실을 어떻게 받아들일 것인가? 예를 들면 종교적 관습이 보편성을 갖고 있고, 그 보편성을 통해 도덕을 정립하는 경우 말이다.

이 부분에서 윌슨은 논리적 비약을 한다. 그리고 "도덕적 행동의 생물학적 뿌리를 탐구하고 그 뿌리의 물적 기반과 토대를 설명하면 우리는 지혜롭고 지속성 있는 윤리적 합의를 이끌어 낼 수 있다는 것이 경험론자들의 주장이다"라고 말했다.

하지만 문제는 윌슨이 이 부분에서 논리적 반박을 위해 자신이 더 이상 활용할 수 없는 도구를 사용하려고 시도하고 있다는 사실이다. 도대체 "지혜롭고 지속성 있다"는 것의 기준은 누가 결정할 것인가? 아마 여론vox populi이라는 답변이 돌아올 것이다. 사람들 사이에서 "더 널리 옳다고 느껴지는" 의견 말이다. 하지만 이 기준은 너무나도 상대적이다. 대중들 사이에서 인기가 있다는 이유 하나만으로 그 주장이 도덕적이라는 보장은 없기 때문이다. 그래서 철학적 난관에 직면한 윌슨은 자신의 주장을 약간 굽혀서 헤겔의 사상에 의존한다. 옳은 것right은 임박한 것imminent이며, 장차 더 나아질 가능성이 있는 것이 곧 올바르다는 주장을 펼친다. 윌슨은 우리가 자연에 존재하는 것으로부터 당위를 학습할 수 있다는 데이비드 흄의 주장을 배격한다. 자연에는 당위가 존재하지 않기 때문에 인간은 자연에 존재하는 것으로부터 당위를 학습할 수 없다는 데이비드 흄의 주장을 배격한다. 자연에는 당위가 아니라 존재만 있다는 것이다. 그리고 그 존재는 언제든 변할 수 있다. 윌슨은 도덕의 진화는 더 나은 세상을 만들기 위한 사람들의 노력에 따른 것이 아니라 정보를 결합시키는 사람들에 의해 발생힌다고 믿는다. 그리고 이 사람들의 노력에 따라 도덕이 정기적으로 업데이트되고 있다고 주장한다. 윌슨은 도덕이 "수많은 알고리즘의 합창ensemble"이라고 생각했다. "알고리즘의 합창 속에서 시계 부품처럼 서로 맞물려 돌아가는 활동들이 미묘한 감정과 선택에 따라 인간의 정신을 이끌어 간다."

하지만 이 같은 주장은 몇 가지 심각한 문제에 대한 해답을 제공해 주지 못했다. 첫째로, 우리는 어떻게 살아야 하는가? 윌슨에게는 이 당위가 없다. 윌슨의 이론에는 우리가 어떻게 **살아가느냐**만 있다. 윌슨의 설명에 따르면 인간은 자신의 **존재**에서 의미를 발견하도록 만들어지지 않았다. 그렇다고 윌슨이 의미의 문제에 관해 대안을 제시한 것도 아니다. 그리고 둘째로, 윌슨은 의미의 발견을 위한 탐구를 묘사하면서 보는 이가 민망할 정도로 능동형 동사를 자주 사용한다. 예를 들면 이런 식이다. 윌슨의 『인간 존재의 의미The Meaning of Human Existence』(2014)에 나오는 구절이다. "우리는 자연선택을 버리려고 한다. 현재 우리 존재를 만들어 낸 과정을 말이다. 왜냐하면 (자연선택이 아니라) 의지 선택을 통해 우리 진화의 방향을 스스로 만들어 나가야 하기 때문이다." 하지만 윌슨에 따르면 여기서 '우리'는 단순히 뉴런 덩어리에 불과할 뿐이다. '방향을 만들어 나간다direct'는 단어는 명백한 능동사이다. 뉴 런 덩어리에 불과한 우리가 행위를 결정하는 데 발휘할 수 있는 재량이 전혀 없는데 도대체 무엇을 만들어 나간다는 뜻인가? 우 리가 인생에서 무엇을 결정할 능력이 없다면, 인간의 존재가 그 저 우주 가운데 내던져져 숙명에 따라 정해진 장소와 시간에 떨 어져 버릴 생물학적 돌덩어리에 불과하다면, 그 인생에 진정 의 미가 존재할 수 있을까?

결국 윌슨은 사르트르의 실존주의로 돌아간다. 비록 윌슨 자신 은 사르트르만큼 인간 의지에 대해 굳건한 믿음을 가졌던 건 아 니긴 하지만 말이다. 윌슨은 말한다. "우리는 완전히 홀로된 존재 이다. 그리고 우리가 혼자라는 사실은 매우 좋은 일이라고 생각 한다. 왜냐하면 그건 우리가 완전히 자유롭다는 걸 의미하기 때 문이다. 과거 사람들이 좀처럼 꿈꾸지 못했던 새로운 옵션들이 우리 앞에는 놓여 있다." 하지만 얼핏 보면 멋져 보이는 주장도 윌슨 자신의 철학과는 상충하고 있다는 점이 아이러니하다. 윌슨 의 과학중심주의에 따르면 우리가 선택할 수 있는 옵션들은 이 미 사라지고 말았다. 윌슨의 세계관에서 '우리'의 옵션은 존재하 지 않는다. 인간은 동물에 불과하고 선택할 자유를 갖고 있지 않 기 때문이다. 그리고 딱히 '옵션'이라고도 할 수 없는 것이, 윌슨 의 관점에서 자연은 인간에게 명령을 내리지 요청하는 건 아니 기 때문이다. 윌슨의 과학주의적 관점에서 '옵션'은 자연이 흘러

가는 경로에 불과하다. 그 옵션은 사람들 앞에 놓여 있고, 우리는 그런 선택을 내리고 싶어 하는지 그렇지 않은지에 대한 인식조차 하지 못한 채 그 길을 한 치의 오차 없이 밟아 나가는 것뿐이었다. 윌슨은 "인간은 지구를 지상 낙원paradise으로 만들 만큼 충분한 지능, 선의goodwill, 너그러움, 진취성을 갖고 있는데, 이것은 우리 자신뿐만 아니라 우리를 탄생시킨 생물권에 살아가는 모든 존재물들에게 유익할 것이다"고 말했다. 하지만 인간의 삶과 개미의 삶[6]이 어떤 부분에서 근본적인 차이가 있는지에 대한 설명이 부재한 상황에서 정작 지상 낙원이 무얼 의미하는지, 인간이 어떻게 능동적으로 그 지상 낙원을 만들어 낼 수 있는지, 또 왜 우리가 그런 노력을 굳이 해야 하는지에 대한 충분한 답변을 제공해 주지 못한다. 윌슨이 "재앙을 방지하는 보다 합리적인 미래를 열어 가기 위해서 우리는 진화론적 관점과 정신적인 관점 모두를 적극 활용하여 인간이란 존재를 이해할 필요가 있다"고 말했을 때 윌슨은 자신이 신봉했던 자연주의적이고 결정론적인 도덕 계보에서 벗어나 초월적 가치의 중요성을 전파하고 있는 것처럼 보였다. 흥미로운 건 윌슨 자신이 초월적 가치를 대단히 혐오한다는 사실이다.

다른 사상가들은 초월적 계몽주의의 가치를 더욱 적극적으로, 그리고 심지어 반과학적인 방법으로 받아들인다. 신과학new science

---

6   진화생물학자로서 윌슨의 전공 분야가 개미 행동 연구다.

이 자유 선택과 자유의지를 배제해 버렸다면, 과학주의의 옹호자들은 그 불편한 사실을 애써 간과하려 한다. 신과학의 영향력이 확대되면서 인간의 보편적 진리가 의심받을 때 과학주의를 옹호하는 사람들은 그 점 역시 의도적으로 간과할 준비가 되어 있다. 그 대신 신계몽주의 사상가들은 과학이란 이름을 통해 계몽주의적 전제를 부활시켰다. 이들은 과학적 진보를 가져다준 바로 그 계몽주의가 인간을 보편적 도덕의 시대로 인도했다고 주장한다.

하버드의 심리학자 스티븐 핑커가 이 같은 주장을 하는 대표적 학자다. 핑커는 『오늘의 계몽주의』에서 계몽주의적 가치를 강력히 옹호한다. 앞서 언급된 윌슨은 칸트를 반과학적이라고 평가 절하한 반면 핑커는 '이해'를 강조하는 칸트의 철학을 적극 받아들인다. 핑커는 강력한 언어로 이성의 힘을 예찬하며 다음과 같이 말한다. "인간의 번영을 증진시키기 위해 이성과 공감을 적용할 수 있다는 계몽주의의 원칙은 너무나 명백하고, 진부하며, 또 어떤 점에선 구닥다리 같아 보일 수도 있다. 하지만 나는 그런 비판이 사실이 아니란 걸 깨달았다." 인간 이성의 발달, 그리고 그 발달의 성과물인 물질적 혜택을 예찬하는 핑커의 태도는 전적으로 옳다.

하지만 핑커의 이론에도 약간 오해의 소지가 있다. 그중 가장 명백한 것은 핑커가 과학만으로 정당화시킬 수 없는 자유의지와 진리의 영역을 이미 기정사실화해 받아들이고 있다는 점이다.

하지만 자유의지와 진리는 핑커가 그토록 거부하는 유대 기독교
적 전통에서 비롯된 개념이다. 핑커는 계몽주의가 마치 하늘에
서 떨어진 것처럼, 따라서 그전에 존재한 어떤 사상 체계들과도
관련이 없는 것처럼 묘사한다. 하지만 그건 사실이 아니다. 핑커
는 '진짜 스코틀랜드인의 오류No true Scotsman fallacy'[7]에 빠져 있다.
핑커는 루소, 헤르더, 셸링 등을 비롯한 다른 '반계몽주의counter-
Enlightenment' 사상가들에게 낙인을 찍는다. 그러면서 이 사상가들
이 당시 계몽주의 진영의 동료 철학자들과 얼마나 깊은 공감대를
가졌었는지를 깡그리 무시한 채 이들을 어둠 속으로 던져 버린
다. 400여 페이지가량에 걸쳐 계몽주의를 설명하는 이 책에서 핑
커는 프랑스 혁명을 단 한 번도 언급하지 않는다. 그런데 좀 특이
하지 않은가? 앞서 살펴본 바와 같이 혁명 후 프랑스는 '이성 숭
배'가 만연한 체제였다. 핑커는 더러운 거름을 밟지 않고 계몽주
의의 아름다운 열매만을 취하려고 한다. 하지만 그 거름은 핑커
가 그토록 포용하길 원하는, 하나님을 배제한 이성에 대한 숭배

---

7   논리적 오류의 한 형태. 예를 들면 A라는 사람이 "스코틀랜드인들은 죽을 끓일 때
     설탕을 넣지 않아"라고 주장한다. 그걸 들은 B는 "하지만 스코틀랜드 사람인 우리
     삼촌은 죽을 끓일 때 설탕을 넣던데?"라고 반박한다. 그러자 A는 "진짜 스코틀랜
     드 사람은(No true Scotsman) 절대 죽에 설탕을 넣지 않아(따라서 너희 삼촌은 진짜 스코틀랜
     드 사람이 아니야)"라고 한다. 이런 식으로 자신이 속한 집합을 무결점의 존재로 상정
     하고 예외적 사례를 집합에서 임의적으로 분리해 주장을 정당화하는 오류를 '진짜
     스코틀랜드인의 오류'라고 한다.

때문에 발생했다는 사실을 잊으면 안 된다. 이 부분에 관해 요람하조니는 다음과 같이 말한다. "오늘날 계몽주의를 열렬히 옹호하는 사람들이 언급하는 주요 진전들은 사실 그들이 생각하는 것보다 훨씬 일찍 시작되어 이미 진행되고 있었다. 그리고 이 흐름에 계몽주의가 얼마나 큰 도움을 주었는지는 사실 그리 확실하지 않다."

더 중요한 건 핑커가 왜 이성이 승리해야 하는지 그 이유를 분명히 설명하지 않고 있다는 사실이다. 핑커는 물질적 성취를 얻는 것이 지극히 당연한 우선순위인 것처럼 이야기한다. 『오늘의 계몽주의』에서 핑커는 인간이 진보하려면 "삶이 죽음보다 나으며, 건강이 질병보다 낫고, 빈곤보단 풍요가, 강압보단 자유가, 고통보단 행복이, 그리고 미신과 무지보다는 지식이 더 낫다는 확신이 있어야 한다"고 말한다. 그런데 사실 이건 순환 논증의 오류다. 예를 들면 이런 식이다. "만약 핑커가 옳다고 가정한다면 핑커는 옳은 것이다." 이 주장은 참일까? 적어도 지구상에 존재하는 사람 가운데 상당수는 핑커가 옳다고 생각하지 않을 것이다. 다시 말해 이런 종류의 논리가 옳은지 그른지는 핑커가 고통과 대조하는 행복의 의미가 무엇이라고 판단하느냐에 달려 있다는 뜻이다. 핑커는 사람들이 36.5도의 체온을 유지하면서, 푸짐한 식사를 하고, 원만한 성생활을 한다면 무조건 행복해질 수 있을 것이라고 상정한다. 하지만 행복은 꼭 그렇게 얻어지는 것이 아니다.

사람들은 끊임없이 그 이상의 무언가를 갈구하고 있다는 뜻을 표출한다. 삶의 질을 측정하는 몇 가지 수치만으로 행복을 측정할 순 없다는 것이다. 정신적(영적) 성취감이 없는 물질적 진보는 인간을 근본석으로 만족시키지 못한다. 사람들에게는 의미가 필요하다.

핑커는 자신이 책에서 제시한 핵심 의문을 애써 피해 가는 것처럼 보인다. 핑커는 "퇴행하는 이념에 대한 호소가 지속되고 있다"고 말하지만 정작 그 원인이 무엇인지는 잘 모르는 것 같다. 만약 인간이 단순히 물질적 웰빙만을 추구하는 유물론적 존재라면 우리는 순전히 공리주의적인 목적만을 고려해서 계몽주의를 받아들여야 한다. 하지만 우리는 계몽주의를 생각할 때 공리주의만을 고려하지 않는다. 왜냐하면 인간이 단순한 물질적 존재가 아니기 때문이다. 핑커의 책은 바로 이 부분에 대해 의문을 가진 한 학생의 질문을 반추하는 것으로부터 시작된다. "나는 왜 살아야 합니까?" 핑커는 이런 취지로 답했다고 한다.

지각이 있는sentient 존재로서 우리는 풍요로운 삶을 누릴 잠재력을 갖고 있습니다. 우리는 학습과 토론을 통해 이성의 능력을 개선할 수 있습니다. 과학을 통해 자연 세계를 설명할 수 있고 예술과 인문학을 통해 인간에 대한 통찰을 얻을 수 있습니다. 우리가 가진 역량을 최대한 활용하여 즐거움과 만족을 얻을 수 있는

데, 이 즐거움과 만족이 바로 우리 조상들의 삶을 풍요롭게 만들어 주었고, 그 결과 우리가 존재할 수 있게 된 것입니다. 우리는 자연 및 문화 세계의 아름다움과 풍성함을 감상할 수 있습니다. 수십억 년 동안 스스로를 지속시켜 온 생명체의 후손으로서 우리 역시 삶을 지속해 나갈 수 있습니다. 이성을 통해 생각해 보면 이런 현상이 우리에게만 국한된 것이 아니기 때문에 우리는 타인에게도 우리가 스스로에게 기대하는 바가 무엇인지 알려줄 책임이 있습니다.

사실 이건 딱히 답변이라고 보기도 힘들다. 그냥 다양한 선택지들을 짜깁기해서 그 혼합물이 우리에게 의미를 제공해 준다고 말하는 것과 마찬가지기 때문이다. 하지만 학생의 질문은 그게 아니었다. 질문은 왜 애초에 그 다양한 선택지들 가운데 굳이 선택을 해야 하느냐는 것이었다. 핑커는 이 질문에 대한 답을 갖고 있지 않다. 왜냐하면 그 질문에 답하려면 인간 이성의 영역을 넘어서서 보편적 진리를 먼저 인정해야 하기 때문이다. 칸트가 말한 '상호성mutuality에 기반한 윤리'에 따라 도덕을 건설하려는 핑커의 어설픈 시도는 매우 손쉽게 무너져 내린다. 이성을 통해서 우리는 모든 인간이 사람이라는 걸 이해할 수 있고, 우리는 자신을 대하듯 타인을 대해야 한다는 핑커의 주장은 사실 이성적이라기보다는 굉장히 종교적이다. 왜 그냥 솔직하게 이야기하지 않는 걸까? 차라리 나의 종족과 계급이 우월하다고 말하는 건 어떨까? 적자생존의 원리에 따라 남들보다 더 강하고 스마트한 유전자를 가지고 있는 사람들만 생존할 수 있다고 솔직하게 말하는 게 낫지 않은가?

　이런 주장들을 웃어넘기기 전에 20세기의 역사를 다시 한번 살펴보도록 하자. 계몽주의 사상을 부활시키려고 시도하는 건 비단 핑커뿐이 아니다. 핑커의 동료 학자들은 이성을 통해 도덕을 정립하고자 했다. 과학사를 전공하고 현재 『스켑틱Skeptic』이라는 잡지의 편집인으로 활동하는 마이클 셔머는 "인간의 사회적 본성 가운데서 진짜 도덕적 가치를 발견할 수 있다"고 주장한다. 셔머는 스스로를 도덕적 실재론자moral realist로 분류한다. 우리는 어떻게 그와 같은 도덕을 발견할 수 있을까? 셔머는 도덕적 가치들이 이성 속에 이미 내재되어 있다고 말한다. 따라서 셔머는 신이 없어도 인간은 홀로코스트가 악하다는 걸 깨달을 수 있다고 주장한다. 왜냐하면 홀로코스트는 사악했기 때문이다. 왜 그럴까? 셔머는 자신 속에 내재된 도덕 법칙을 통해 "지각 있는 존재가 생존하고 번성하는 것"이 최우선순위라는 사실을 감지했다고 말한다. 우리는 모두 생존을 원하고 풍요로운 삶을 원한다. 그것이 인간의 본성이다. 셔머는 인간의 진화가 생존과 풍요를 갈망하는 방향으로 디자인되었다고 말한다. 샘 해리스[8] 역시 비슷한 입장을 갖고 있다. 해리스는 "의식 있는 존재가 웰빙을 누리는 것"이야말로 인생을 가치 있게 만들고 우리에게 의미를 부여해 준다고 말했다. 쾌락을 추구하고 고통을 회피하려는 욕구가 인간의 핵심 기제라고 판단한 홉스처럼 해리스 역시 인간의 생존과 번영이라는 공리주의적 계산의 기반 위에 도덕 체계를 설립할 수 있다고 믿는다.

다시 한 번 말하지만 우리는 인간의 번영을 각기 다르게 규정한다. 해리스는 번영이라는 용어 자체가 변덕스럽다는 걸 인정하며 다음과 같이 말한다. "웰빙의 개념은 육체적 건강의 개념과 같다. 정확하게 규정하기 힘들지만 우리에게 없어선 안 되는 필수 요소이기 때문이다." 하지만 해리스는 이같이 말하며 우리를 안심시킨다. "이 질문에 대한 답변의 범위는 한정되어 있고 과학의 빛이 비춤에 따라 (어두움 가운데 있던) 도덕적 풍경은 더욱 확실하게 모습을 드러낼 것이다." 하지만 실제 그렇게 진행되어 왔는가? 해리스가 인정하는 것처럼 "현 시점에서 인간에게 웰빙을 가져다주는 대부분의 것들은 다원주의적인 계산만으로는 설명되지 않는다."

진실은 여기에 있다. 어느 순간이든 인간에게 웰빙을 가져다주는 요소들은 다원주의적 계산을 벗어나는 경우가 많다. 왜냐하면 대부분의 인간들은 단순히 생식과 생존, 그리고 고통 회피만을

---

8 미국의 정치평론가, 종교비평가, 신경과학자. 무신론자의 시각에서 비교종교학, 철학, 정치 이념, 대중적 과학 지식 등을 풀어 낸다.

목적으로 살아가지 않기 때문이다.

그리고 또 생존 본능에만 초점을 맞춘 이론은 인간 사회에서 활용 가능한 도덕을 만들어 내지 못한다. 예를 들어 다음 같은 단순한 경우를 생각해 보자. 당신은 한 나라의 지도자다. 그 나라는 이웃 나라들보다 기술적으로 진보했으며 지적으로, 그리고 문화적으로 높은 적응력을 갖고 있다. 당신의 나라는 비교적 작다. 그 나라 안에는 불균형적으로 많은 자원을 소모하면서 동시에 우월한 사회 문화 속으로 편입되길 거부하는 사람들이 있다. 당신의 나라는 더 인구가 많고 더 야만적인 나라들에 의해 둘러싸여 있다. 당신에게는 두 가지 옵션이 있다. 첫째는, 주변 이웃들이 당신네 나라를 점령하는 피할 수 없는 순간을 기다리는 것이다. 그렇게 된다면 기술적, 지적, 문화적으로 발달한 인류의 생존은(다시 말해 당신의 나라는) 크나큰 위험에 직면할 것이다. 둘째로, 먼저 이웃 나라를 공격한 다음 당신 나라의 생존을 장기간 확보하는 데 필요한 모든 조치를 선제적으로 취할 수 있다.

바로 이것이 히틀러가 홀로코스트를 정당화한 논리다.

위의 예시를 통해 살펴보자면, 우리의 도덕 명분이 물질적 성공에만 국한되어 있을 경우에는 도덕 자체를 갖지 않는 것보다 훨씬 더 참혹한 상황이 발생할 수도 있다는 점을 깨닫게 된다.

신계몽주의는 지속 가능한가

신계몽주의를 옹호하는 사람들은 유럽에서 발생한 계몽주의가 이성을 사용할 줄 아는 사람이라면 누구나 만들어 낼 수 있는 철학이라고 생각한다. 또 계몽주의가 유럽이라는 특정 장소, 16~18세기라는 특정 시대에 발생한 건 그저 우연에 불과하다는 점도 애써 강조한다. 만약 이게 사실이라면 핑커, 셔머, 해리스, 그리고 필자인 나까지 서로 다른 생각을 가진 사람들이 특정 기본적 가치들에 모두 예외 없이 동의한다는 점이 좀 이상하지 않은가? 유대 기독교적 서구를 기반으로 생성돼 계시의 말씀과 그리스적 목적론의 적용을 통해 바깥세상으로 확장되어 뻗어 나간 그 가치들 말이다.

물론 여기에 대해 이상하다고 느끼는 사람은 별로 없을 것이다. 나를 포함해 앞서 언급한 세 사람은 모두 수천 년의 역사를 기반으로 형성된 서구 문명 속에 태어나서 살아가고 있기 때문이다. 역사는 단순한 해프닝이 아니다. 운동이 발생한다고 그것이 꼭 결과물로 연결되는 건 아니다. 우리가 현재 갖고 있는 개인과 권리에 대한 개념을 설명하기 위해서 우리는 근원적인 이념을 돌아볼 수 있어야 한다.

신계몽주의 철학은 서구 문명을 유대 기독교적 가치와 그리스적 목적론으로부터 떼어 놓으려고 한다. 신계몽주의를 옹호하는 사람들은 과거 수 세기 동안 나타난 수많은 해악이 종교적 미신과 우상화 작업 때문에 발생했다고 주장하지만, 정작 그들이 소중히 여기는 가치들이 고대 이념에 기반하여 설립되었다는 사실은 애써 외면한다.

신계몽주의 사조의 철학자들은 종교를 노예제와 연관시키길 좋아한다. 하지만 이들은 서구 역사에서 신앙심이 충만한 기독교인들에 의해 노예제가 폐지되었다는 걸 간과하고 있다. 또 국제 사회에서 노예제를 종식시키려는 움직임은 서구 국가들이 주도했다는 사실을 잘 모르는 듯하다. 중국은 1909년 노예제가 법적으로 폐지되었고 사우디아라비아의 경우는 1962년이 돼서야 노예제가 폐지되었다. 심지어 계몽주의 사상가들 중 노예제를 반대했던 사람들조차 유대 기독교 문화의 영향으로 그와 같은 판단을 내리게 되었다고 보는 게 정설이다. 유대 기독교적 전통이 '신의 형상으로 만들어진 인간imago Dei'을 핵심으로 하는 천부인권과 자연권에 대한 인식 기반을 제공해 주었기 때문이다. 프랑스의 무신론 철학자 드니 디드로는 노예제에 대해 『백과전서』에서 다음과 같이 이야기했다. "흑인을 돈으로 사서 노예로 만드는 것은 모든 종교적 가치, 도덕, 자연법, 그리고 인권을 침해하는 행위다." 사실 이건 과학적 고찰을 기반으로 이뤄진 논증이 아니라 도덕적 주장이었다. 그 배경에는 가톨릭교회가 지배하던 유럽 사회에 수 세기 동안 스며들어 온 기독교적 가치에 기반한 노예폐지론의 이상이 자리 잡고 있었다.

보통선거권 이야기를 한번 해 보자. 다시 한 번 말하지만 과학이 보통선거를 뒷받침하는 논리를 제공해 준 것이 아니다. 신의 형상으로 만들어진 개인, 그리스적 이성을 탑재한 개인에 대한 믿음이 보통선거를 가능하게 만들었다. 그렇다. 엘리자베스 케이디 스탠턴[9]이 성경에 나타난 성차별에 대항하기 위해 『여성의 성경The Woman's Bible』을 쓰긴 했다. 하지만 그렇게 함으로써 스탠턴은 스스로를 여성 참정권을 보장하는 보통선거의 역사적 흐름과 단절시키는 결과를 초래했다. 보통선거는 스탠턴 같은 전투적 페미니스트들에 의해 성취된 것이 아니다. 여성 참정권 운동은 기독교적 본성을 가진 착한 사람들의 마음에 호소함으로써 성공을 거둘 수 있었다. 실제로도 스탠턴의 운동보다는 프랜시스 윌라드가 주도한 기독교여자절제회Woman's Christian Temperance Union 같은 단체가 여성의 참정권 보장에 훨씬 더 큰 기여를 한 것이 사실이다. 그리고 스탠턴 자신조차 기독교 문화권에서 태어나고 자라났기 때문에 기독교적 가치들을 어릴 때부터 이미 자연스럽게 받아들이고 있었다.

짐크로법에 저항한 운동 역시 비슷한 맥락이었다. 마틴 루터 킹은 가끔 데이비드 흄 같은 철학자의 말을 인용하기도 했지만 그

---

9   미국에서 최초로 대중적 페미니즘 운동을 시작한 인물.

보다 성경을 훨씬 더 빈번하게 인용했다. "나에겐 꿈이 있습니다I Have a Dream"라는 킹의 명연설은 구약성경의 선지자 이사야Isaiah로부터 영감을 얻은 것이다. "나에게는 꿈이 있습니다. 어느 날 모든 계곡이 높이 솟아오르고, 모든 언덕과 산은 낮아지고, 거친 곳은 평평해지고, 굽은 곳은 곧게 펴지고, 하나님의 영광이 나타나 모든 사람이 함께 그 광경을 지켜보는 꿈입니다."[10]

그렇다. 신앙을 가진 사람들은 여성 인권운동과 민권운동을 모두 적극적으로 도왔다. **당연히 그랬다.** 그들이 성경에 의해 만들어진 세상 속에서 살아가고 있었기 때문이다. 하지만 여기서 주의해야 할 점이 하나 있다. 흑인 민권운동과 여성운동을 도운 담론은 성경으로부터 비롯되었지만, 같은 성경의 메시지를 놓고도 서로 상충하는 해석이 나타날 수 있다는 것이다. 이건 목적론을 강조하는 그리스적 이성의 경우도 마찬가지였다. 그리스 철학을 놓고 서로 다른 해석이 도출되기도 한다. 개인의 자유라는 서구적 전통은 어느 한순간 기적처럼 땅에서 솟아나지 않았다. 서구적 가치와 이념은 예루살렘과 아테네 사이에서 발생하는 긴장감으로부터 비롯되었다. 서구 문명은 혼돈이라는 강물을 가로지르는 하나의 거대한 다리다. 만약 양쪽에 걸쳐 있는 다리의 어느 한 기둥이라도 붕괴된다면 그 다리는 소용돌이치는 강물 속으로 빨려

---

10 이사야 40: 4~5 참조.

들어가고 말 것이다.

　서구 문명이라는 나무의 뿌리를 파헤쳐 버리면서 험한 비바람이 찾아왔을 때 줄기가 그 역경을 견뎌 낼 것이라고 기대한다면 그건 순전히 망상에 불과하다. 2017년 12월 나는 이 주제와 관련해서 샘 해리스와 대화할 기회가 있었다. 앞서 소개한 것처럼 무신론자인 해리스는 성경이 형편없는 교훈들로 채워져 있는 구닥다리 문서라고 생각하는 사람이다. 나는 해리스에게 이렇게 말했다. "성경 중 일부를 폐기해야 한다고 하지만 네가 가지고 있는 도덕 체계는 사실 성경이 말하는 도덕 체계 위에 세워져 있어. 그건 수천 년에 걸쳐 발전되어 왔지." 그러자 해리스는 자신이 구상한 윤리 체계는 성경적 가치관이 아니라 보다 광범위한 연구를 거쳐 얻어 낸 성과물이라고 반론했다. 그에 대해 나는 이렇게 답했다. "나는 네가 세계 각국에서 출판된 논문을 참고하지 않았다는 게 아니야. 내가 말하고 싶은 건 네가 어떤 것을 도덕적이라고 생각할 때 전제하는 그 도덕과 선악의 개념이 너의 성장 배경이었던 유대 기독교적 서구 전통의 기반을 통해 만들어진 거라는 사실을 지적하고 싶을 뿐이지."

　계몽주의의 이념은 무無에서 솟아나지 않았다. 그 이념이 탄생해서 성장할 수 있도록 수천 년 동안 배경적 도움을 제공한 물과 산소, 다시 말해 계시와 이성, 텔로스와 목적, 자유의지와 책임 등의 요소를 깡그리 무시한다면 계몽주의는 절대 신계몽주의 철학자나 유물론적 과학자들의 시대를 넘어서 지속되지 못할 것이다. 신계몽주의는 가르친다고 되는 것이 아니다. 서구가 아니라 다른 문화적 토양에 신계몽주의라는 나무를 이식하려 한들 그 나무는 결국 메말라 버리고 말 것이다.

내가 하는 말을 오해하지 말길 바란다. 나는 해리스와 핑커, 그리고 셔머가 하고 있는 활동들을 통해 사람들이 계몽주의적 이상에 대해 관심을 갖게 되었다고 생각한다. 나 스스로도 계몽주의적 이상에 상당 부분 동의한다. 이제까지 다뤄 왔듯 그중에서도 특별히 개인의 자유, 그리고 자연권에 대한 담론을 나는 사랑한다. 하지만 계몽주의 시대 이후 새롭게 옷을 갈아입은 아테네의 추종자들은 초월성을 배제하고 터부시할 것이 아니라 예루살렘의 중요성을 인식하는 사람들과 공통된 명분을 공유해야 한다. 반대의 경우도 마찬가지다. 예루살렘의 중요성을 인식하는 사람들은 아테네를 무시하고 배제하면 안 된다. 지금은 아테네와 예루살렘 사이에 전쟁을 할 때가 아니다. 왜냐하면 익히 알고 있듯이 서구 문명은 현재 훨씬 더 중차대한 철학적 위협에 직면하고 있기 때문이다.

원시종교로의 회귀

2015년에 나는 CNN 계열 방송사 HLN에서 방송되는 〈닥터 드루 쇼Doctor Drew Show〉에 출연했다. 토론의 주제는 케이틀린 제너[1]가 트랜스젠더 커밍아웃을 한 것에 대해 ESPN에서 수여하는 아서 애시 스포츠 용기상Arthur Ashe Courage Award을 받을 자격이 있는지에 관한 것이었다. 물론 케이틀린 제너는 생물학적으로 남성이다. 당시 닥터 드루 쇼에는 다양한 패널들이 참여했다. 그중 한 명의 이름은 조이 터Zoey Tur였는데 그는 여성으로 성전환 수술을 한 생물학적 남성이었다. 패널들은 케이틀린 제너에게 용기상을 준 ESPN의 결정에 만장일치로 동의했다. 내가 발언할 차례가 되어

---

1   미국의 전 육상 선수이자 사업가. 성전환 수술을 하기 전 이름은 브루스 제너.

서 현장의 분위기를 깨뜨리기 전까진 말이다. 나는 왜 미국인들이 케이틀린 제너가 여성이라는 집단 망상에 사로잡혀야 하는지 모르겠다고 말했다. 제너가 스스로를 트랜스젠더 '여성'이라고 부를 수 있다. 제너가 개명을 할 수도 있다. 하지만 제너는 그 어떤 생물학적 기준을 적용한다 해도 절대 여자가 아니다. 그리고 남성과 여성의 생물학적 차이를 인정하지 않는 사회적 분위기가 팽배해지는 가운데 미국은 점점 거짓말을 사실처럼 받아들이고 있었다.

"제너는 여성이 아니다"라는 내 발언을 들은 터는 격분했다. 터는 분노를 표출하며 내게 멍청하다고 말했다. 여기서 그치지 않고 그는 나를 '꼬마little boy'라고 부르며 비하하기까지 했다. 나는 케이틀린 제너가 생물학적 남성이라는 내 입장을 재차 강조하면서 만약 한 남성이 스스로를 여성이라고 믿는다면 그건 정신질환이라고 맞받아쳤다. 남자는 어느 날 갑자기 마법처럼 여자가 될 수 없으며 여자 역시 마법처럼 남자로 변화할 수 없다는 게 내 주장이었다. 터가 모욕을 섞어 가며 나에게 시비를 걸고 있을 때 나는 그에게 질문을 했다. "그래서, 당신의 유전자는 뭔데요, 아저씨sir?"

바로 이 '아저씨'라는 표현이 문제가 되었다. 나는 이 질문으로 터를 도발할 생각이 전혀 없었다. 다만 내 주장을 분명히 하고 싶었을 뿐이다. 생물학이 중요하고 사실이 중요하고 이성이 중요하다는 내 주장 말이다.

하지만 내가 그 말을 하는 순간 지옥문이 열려 버렸다. 터는 미국 전역에 생방송되고 있는 프로그램 도중 내 목덜미를 움켜쥐었다. 그리고 내가 계속 그런 식으로 이야기하면 "앰뷸런스에 실려 집으로 돌아가게 될 것"이라고 위협했다(사실 이 부분은 아직도 이해가 잘 안 되는 게, 보통 앰뷸런스를 타면 병원으로 가지 집으로 가진 않는다). 다른 패널들도 분위기에 편승해서 내가 잘못된 호칭을 사용했다insult the pronoun며 난리를 피웠다.

순식간에 발생한 이 모든 상황이 이성적 토론과는 상당히 거리가 멀었다는 건 두말 할 나위가 없겠다.

불행히도 이제 이성적 담론은 인기가 없다. 이런 걸 생각하다 보면 내가 버클리 대학에 강연하러 방문했을 때 캠퍼스 시위자들이 "표현의 자유는 폭력이다"라고 외치며 반대를 했던 게 좀 이해가 되긴 한다. 이런 정신 나간 세상에 살아가고 있기 때문에 극우파를 비난하는 데 누구보다 앞장서는 정통파 유대인인 나에게 사람들이 나치 옹호자라는 프레임을 씌우고 있는지도 모른다. 이 시대에는 주관성이 전부이기 때문이다.

이성 그 자체가 누군가에게는 모욕감을 안겨줄 수도 있다. 어떤 사람이 다른 사람보다 더 많은 지식을 가지고 있을 수 있고 어느 사람의 관점이 다른 사람의 관점보다 더 올바를 수 있기 때문이다. 이성은 관용을 모른다. 이성은 단지 기준을 요구할 뿐이다. 그래서 어떤 사람들은 이성이 제시하는 기준에 순순히 따르기보다는 이성 그 자체를 파괴하는 것이 낫다고 생각한다.

이성을 적극적으로 활용함으로써 인간은 엄청난 진보를 누리게 되었다. 이같이 우리에게 엄청난 혜택을 안겨준 이성을 경멸하는 사람들이 있다는 것을 다소 의아하게 생각하는 사람들이 분명 있을 것이다. 하지만 인간이 이성 하나만을 통해 삶의 의미를 발견할 수 없다는 사실이 명백히 드러난 순간부터 이성의 죽음은 이미 예견되어 있었다는 걸 기억해야 한다. 야스퍼스나 하이데거, 또는 사르트르가 주창한 실존주의 철학에 의해 인간은 우주 끝자락에 홀로 남겨지게 된다. 광활한 우주 공간에 흩날리는 먼지들의 어색한 결합체로 전락해 버린 인간, 지각이 있지만 목적을 상실해 버렸고, 혼돈에 빠져 있는 우주의 원리를 이해할 수 없는 그런 인간은 더 이상 자신의 삶에서 의미를 발견할 수 없다. 모든 논리는 사회적 힘 사이에서 발생하는 상호작용으로 치부되고 개인이 내리는 모든 선택은 반동적 생물학 정도의 수준으로 전락해 버리고 만다.

물론 이건 전혀 새로운 일이 아니다. 인간이 아주 오래전에 가졌던 생각의 방식으로 회귀한 것에 불과하니까 말이다. 토속 신앙을 유지하던 때의 사고방식 말이다. 고대 그리스인들은 자연을 탐구해서 우주 가운데 존재하는 텔로스를 발견하고 부동의 동자가 디자인한 우주적 구상을 꿰뚫기 위해서 힘썼다. 반면에 2차 대전 이후의 사람들은 이 모든 걸 폐기해 버렸다. 통합된 마스터플랜, 객관적인 도덕 기준, 역사의 진보, 자유의지의 필수불가결한 중요성 등에 관한 이론적 기반을 제공한 유대 기독교적 가치들은 2차 대전 이후 혼돈과 주관주의로 대체되어 버리고 말았다.

계몽주의 사상가들은 과학이 인간을 우주의 중심에서 변두리로 끌어내리긴 했지만 이성을 통해 인간은 의미의 중심으로 좀더 다가갈 수 있게 되었다고 믿었다. 하지만 새로운 과학적 지식이 탄생하고 난 이후부터 이 믿음은 더 이상 유효하지 않다. 신은 인간의 손에 의해 죽임을 당했다. 그리고 인간은 스스로의 손에 의해 죽임을 당한다. 일상 가운데 펼쳐지는 혼돈과 혼란을 납득시켜 주는 그 어떤 설명도 존재하지 않는다. 도덕은 그저 타인의 희생에 의해 발생한 어떤 현상 정도에 불과한 것으로 치부되기 시작했다. 역사는 진보의 이야기가 아니라 억압과 고통에 관한 이야기가 되어 버렸다. 이 부분에 대해 볼테르는 단편소설 「자노와 콜랭Jeannot et Colin」에서 다음과 같이 말했다. "우리가 재치 있게 관찰한 바와 같이 고대사라는 건 사실 사람들이 참이라고 인정해 주기로 한 우화에 불과해. 현대사는 아무것도 건질 만한 게 없는 혼돈과 혼란 덩어리 정도라고 생각하면 되지." 개인들은 선택할 힘이 없었다. 이런 인식 속에서 개인들은 물속의 소용돌이에 따라 이리저리 떠다니는 코르크 마개에 불과할 뿐이었다.

인류의 이야기는 끝났다. 인간은 다시 동물로 전락해 버리고 만

것이다.

만약 —

만약 아테네와 예루살렘을 우리에게 전수해 준 사람들이 애초에 잘못된 것이 아니라면 말이다.

이런 생각을 한번 해 보자. 혹시 아테네와 예루살렘에 기반한 철학을 전달해 준 사람들, 미국의 헌법과 마그나 카르타를 만들었고, 과학적 연구 방법론과 연역적 추론을 개발한 사상가 및 과학자들이 지금껏 인류를 속여 온 건 아닐까? 만약 "인간은 평등하게 태어났지만 지금은 어디서나 쇠사슬에 묶여 있다"는 루소의 말이 사실이라면 어떻게 될까? 그것도 우리가 여태껏 찬양해 마지않은 바로 그 시스템과 사상의 노예가 되어 있다면 말이다. 만약 객관적 진실이란 것이 사람들을 혹하게 만드는 올가미에 불과했다면? 만약 지금껏 강조해 온 이성이 한낱 덫에 불과하다면? 만약 계몽주의 사상과 함께 탄생한 권리 체계가 실상은 소수 기득권을 가진 사람들이 다수를 희생시켜 가며 그 기득권을 지키기 위한 목적으로 교묘하게 만든 개념이라면?

만약 우리가 누리는 시스템 그 자체가 붕괴될 수 있다면?

그리고 만약 그게 가능하다면, 어떤 방식으로 붕괴될까?

해답은 너무나 간단했다. 현재 사회 내에 정립된 가치 규범을 모조리 파괴해 버리고 그 황폐화된 빈 공간을 인간이 토속 신앙을 가졌던 시절, 다시 말해 부족주의적 관습과 동물적인 정념만을 추종하며 살아가던 시절에 통용되었던 규범으로 채워 버린다면 과거로 다시 돌아가는 건 시간 문제였다. 다시 그 자리로 돌아간 후에야 비로소 인간은 밑바닥부터 새롭게 시작할 수 있을 것이다. 다시 건설하기 원한다면 먼저 모든 것은 무너져 내려야 했다.

배빗Babbitt이라는 이름의 덫

사실 이것은 같은 서구 문명권이긴 하지만 유럽보다 미국에서 더 큰 문제가 되었다. 유럽은 두 차례에 걸친 세계 대전으로 황폐화되었다. 그리고 유럽은 이미 오래전 종교를 버렸다. 하지만 미국인들은 2차 세계 대전의 승리를 경험한 후 장밋빛 미래를 낙관하고 있었다. 유럽의 상황과 달리 미국에서는 종교, 특별히 기독교의 지위가 놀랍도록 강력하게 유지되었다. 1950년만 하더라도 전체 미국 인구 중 약 4분의 3 정도가 교회나 성당, 모스크 등에서 종교 활동을 하고 있었다. 1954년에 이뤄진 조사를 보면 미국인들 중 절반가량이 지난 일주일 동안 적어도 한 번은 교회, 성당, 모스크를 방문한 것으로 나타났다. 그 당시 미국인 열 명 중 아홉 명이 스스로를 기독교인이라고 생각하고 있었다.

이걸 놓고 당시 미국인들이 교회에서는 예수님을 찬양하면서 인종 분리 정책과 성차별 정책을 옹호하는 영혼 없는 인조인간들이었던 것마냥 치부해서는 곤란하다. 남북전쟁의 와중에 1863년 링컨에 의해 노예 해방 선언이 이뤄진 후에도 짐 크로라는 악법은 미국 남부에서 오랜 기간 유지되었다. 또 성차별 정책은 사회 진출을 시도하는 여성들에게 큰 장애물이었다. 하지만 토마스 소웰[2]이 지적한 것처럼 1950년대와 1960년대는 흑인 중산층이 탄생한 시기이기도 했다. 소웰은 다음과 같이 말했다. "1954년부터 1964년까지 10년 동안 전문직, 기술직, 그리고 그와 비슷한 고연봉 직종에 종사하는 흑인의 숫자는 거의 두 배 가까이 늘어난다. 다른 직종을 살펴보자면 1940년대에 흑인들이 경험한 변화는 더욱 극적이었다. 흥미로운 건 당시는 흑인들을 위해 특별히 입안된 민권 정책이 거의 없던 시기였다는 사실이다. 그리고 1950년대 들어서 민권 혁명이 전성기를 맞이하게 된다." 직장에서 일하는 여성의 숫자는 수십 년 전부터 이미 꾸준하게 상승하고 있었다. 1950년만 하더라도 여성 3명 중 1명이 직장 생활을 하고 있었다. 이것은 노동 가능 인구 가운데 직장 생활을 하는 여성의 비율이 19퍼센트 정도에 머물렀던 1900년과 비교하면 엄청난 발전이었다고 할 수 있다. 미국이 국제 사회에서 리더십을 가지게 된 다음부터 사회 전반에 걸쳐 미국인들이 누리는 삶의 질은 급격하게

---

2 자유주의 성향의 미국 경제학자. 자유시장 원리에 입각해 인종 차별, 성차별 등 이슈에 관해 기존의 사회적 통념을 깨뜨리는 연구 업적을 남겼다. 『비전의 충돌』, 『베이직 이코노믹스』 등.

변화됐다.

게다가 미국이 문화의 불모지에 머무른 것도 아니었다. 아메리칸 드림을 미국의 악몽American nightmare으로 왜곡하려는 시도는 미국 좌파들에 의해서 만들어진 악의적 프레임이다. 1922년 싱클레어 루이스가 쓴 소설 『배빗Babitt』에서 평범한 직장인은 꿈을 이루지 못한 실패자로 묘사된다. 그 이후로 '배빗'은 평범한 삶을 살아가는 미국인에 대한 조롱의 대명사가 되었다. 하지만 2차 대전의 여파를 수습하는 과정에서도 아메리칸 드림은 여전히 생기 있게 약동하고 있었다. 사람들의 착각과 달리 아메리칸 드림은 단순히 도시 외곽에 흰색 울타리가 쳐진 평범한 집을 사서 강아지를 키우며 자녀 두 명 정도를 낳아 기르는 정도 수준에 머물렀던 적이 단 한 번도 없다. 맨해튼연구소의 프레드 지글이 조사한 바에 따르면 1940년에서 1955년 사이 미국 지방에 있는 심포니 오케스트라의 규모는 250퍼센트 성장했다. 1955년의 통계를 보면 연간 약 3,500만 명의 미국인들이 클래식 공연을 관람했는데 당시 야구장을 찾았던 미국인의 수가 1,500만 명이었던 걸 감안하면 굉장히 많은 사람들이 문화 생활에 비용을 지불했다는 걸 알 수 있다. 텔레비전이 처음 나왔을 때 사람들은 TV 프로그램을 통해 문화 교육을 받았다. NBC는 세 시간씩을 할애하여 셰익스피어의 역사극을 원작으로 한 로런스 올리비에 주연의 〈리처드 3세〉를 방영하기도 했다. 1951년만 하더라도 미국에서는 고전을 주제로 토론하는 북클럽이 2만 5천 개나 존재할 정도로 성황을 이뤘는데 당시 미국에서는 "매년 약 5만 명의 미국인들이 플라톤, 아리스토텔레스, 건국의 아버지들, 그리고 헤겔 등이 쓴 책을 전집으로 구입하고 있다"라는 기사를 심심찮게 찾아볼 수 있었다.

하지만 미국의 좌파는 자본주의적 미국이 도덕적 미국, 그리고 관용이 있는 미국을 만들 수 없다고 생각했다. 이들은 미국 중산층의 생활 수준과 문화 생활이 향상되는 것이 기득권들의 계략에 불과하다고 주장했다. 미국의 좌파 지식인들은 겉보기에는 평화롭고 행복해 보이는 미국의 일반인들도 막상 실상을 들여다보면 공허한 위선자들에 불과할 뿐이고, 미국의 여성들은 스텝포드 와이프Stepford wife,[3] 남성들은 배빗 같은 삶을 살아가고 있다고 신랄하게 비판했다. 이들의 눈에 일반적 미국인들은 부와 명예에 눈이 멀어 자본주의 사회의 그림자에서 발생하는 인간 고통의 문제를 외면하고 있는 속물에 불과했다. 평소에는 고상한 척하지만 집에서는 침대 밑에 포르노 잡지를 숨겨 놓고 있고 마음속은 질투심으로 불타오르는 그런 속물 말이다.

이대로는 안 될 일이었다. 뭔가 변화가 필요했다. 미국의 좌파는 시스템의 변화가 인간 본성의 변화를 가져올 수 있다고 믿었

---

[3] 1972년 미국 작가 아이라 레빈이 쓴 동명 소설에서. 소설은 여성들이 가부장적 전통 질서 가운데 억압받고 있다는 메시지를 풍자적으로 전달했고, 소설을 리메이크한 니콜 키드먼 주연의 영화 〈스텝포드 와이프〉가 2004년 개봉했다.

다. 보다 개선된 개인 및 공동체 차원의 목적이 부여된다면 인간은 갱생될 수 있다고 판단한 것이다. 이들은 사람들이 지금껏 유대 기독교에 기반한 계몽주의라는 거짓말에 철저히 속아 왔다고 생각했다. 그 잘못된 관점을 바로잡는 것을 자신들의 사명으로 받아들였다. 이들은 인간이 분명 개선될 수 있다고 믿었다. 다만 전제가 하나 있었다. 인류가 지금껏 쌓아 올린 모든 시스템이 먼저 잿더미가 되어야 했다.

그런데 그 사실을 알고 있는가? 이 같은 주장은 마르크스적 좌파 철학에 뿌리가 닿아 있다는 사실을 말이다. 이탈리아의 공산주의자 안토니오 그람시(1891~1937)는 1916년 쓴 『옥중 수고』에서 1차 세계 대전 동안 전 세계 노동자들이 국제공산주의 연대로 단결하지 못한 건 공산주의 혁명가들이 문화의 중요성을 간과했기 때문이라고 주장했다.[4] 너무나 많은 사람들이 억압적 자본주의의 틀 안에서 태어나고 자랐기 때문에 단번에 그 영향력에서 벗어나는 건 쉽지 않다는 점을 간파한 것이다. 그람시는 말했다. "인간을 구성하는 핵심 요소는 정신, 다시 말해서 의식이다. 그 말인

---

[4] 마르크스는 자본주의 체제에서 착취받는 전 세계의 노동자들은 프롤레타리아 혁명을 통해 부르주아 계급을 처단하고 사회주의 및 공산주의의 발달 단계로 진입한다고 주장했다. 하지만 정작 1차 대전이 발발하자 노동자들은 국제적 연대를 결성하지 않고 자국의 이익을 위해 서로에게 총부리를 겨누며 피를 흘렸다. 마르크스의 공산 혁명 이론이 현실에서는 적용되지 않은 것이다. 그람시는 이 실패의 원인을 '문화에 대한 이해의 부재'에서 찾고 '문화 전쟁'을 주장한다.

즉, 인간은 본성이 아니라 역사의 산물이라는 뜻이다. 이것 말고는 왜 사회주의가 아직 꽃을 피우지 못했는지를 달리 설명할 길이 없다."

그람시는 무솔리니 집권 당시 감옥에서 죽음을 맞이했다. 하지만 그람시의 사상은 프랑크푸르트학파로 불리는 독일 철학자들에게 전수되었다. 프랑크푸르트학파는 나치 집권기에 독일에서 추방된 학자들이 주를 이뤘다. 이 학파의 대표격인 **막스 호르크하이머**(1895~1973)는 사회적 변화라는 '복음'을 가르치고 다녔다. 그의 주장을 요약하자면 사회 변화를 위해 현행 시스템은 모두 해체되어야 한다는 것이었다. 호르크하이머의 대표 이론은 '비판이론'이다. 그는 이 이론을 설명하면서 "현재의 질서 속에서 인간의 삶을 개선시켜 줄 수 있다고 말하는 유용하고 적절하며 생산적이고 가치 있는 모든 범주의 것들에 대해 의심을 품으라"고 말했다. 호르크하이머에 따르면 현재의 질서는 변화되어야 한다. 왜냐하면 "우리 시대의 모든 비극은 사회적 구조와 연관이 있기 때문이다." 따라서 변화를 원한다면 먼저 사회의 구조를 무너뜨려야 한다. 오늘날 미국 캠퍼스에서 각종 피해자 집단에 관한 연구들, 예컨대 흑인 관련 연구, 유대인에 관한 연구, LGBT[5] 관련 연구 등이 우후죽순으로 등장하고 있는 건 결코 우연이 아니다.

---

5 '레즈비언, 게이, 양성애(bisexual), 트랜스젠더'. 성소수자(sexual minorities)의 범칭.

이 모든 연구들은 '비판 이론'이라는 종합적 맥락 가운데에서 이해될 수 있다.

호르크하이머와 프랑크푸르트학파 학자들은 나치 정권이 탄생하자 독일을 떠나야 했다. 하지만 그들은 에드워드 머로[6]를 비롯한 여러 사람들의 도움으로 미국에 정착할 수 있었다. 프랑크푸르트학파의 또 다른 대표 주자였던 테오도르 아도르노(1903~1969)는 미국 문화가 반혁명적 물질만능주의로 가득 차 있다고 혹평했다. **에리히 프롬**(1900~1980)은 미국의 물질만능주의 세태로부터 전체주의의 뿌리를 발견할 수 있다고 말하며 자본주의 때문에 미국에서는 파시즘이 득세하게 될 것이라는 주장을 펼쳤다. 프랑크푸르트학파 학자들은 서구 사회에 만연한 소비지상주의로 인해 개인은 도구로 전락해 버렸다고 말했다. 그들은 인간이 스스로 자유롭다고 **생각할** 뿐 실제로는 전혀 그렇지 않지만 서구 문명과 계몽주의에서 파생된 거짓말이 인간의 눈을 진실로부터 가리고 있다고 주장했다. "우리는 어떠한 외부적 권위로부터도 영향을 받지 않는다는 사실에 대해 자부심을 느낀다"고 말한 프롬은 "우리는 생각과 감정을 표현할 자유가 있는데 바로 이 자유가 자동적으로 인간의 개성을 보증해 준다는 걸 우리는 당연하게 받아들인

---

6   CBS 유럽 특파원으로 일한 저널리스트. 라디오와 텔레비전 뉴스를 최초로 개발해 '방송 저널리즘의 아버지'로 불린다. 미국인들에게 2차 대전의 참상을 생생하게 보도했다.

다"는 글을 썼다. 프롬은 "그럼에도 불구하고 우리의 생각을 표현한다는 건 오직 우리가 스스로 독자적 생각을 가지고 있을 때만 유의미하다"고 말했다. 프롬은 서구 문명 속에서 무기력하게 살아가는 인간은 "고립된 개인이 영혼 없는 로봇이 되어 버리는 과정에 강제적으로 순응"하거나 "독재적인 지도자"를 만날 때만이 마음에 평안을 얻을 수 있다고 결론 내린다. 프롬의 논리를 따르자면 마르크스적인 개조 과정을 거치지 않았을 때 인간은 나치가 되거나 미약한 한 명의 소비자로 전락할 수밖에 없는데, 결국 어떤 결과가 발생하든 개인은 원형적 파시스트가 되고 말 것이었다.

프롬은 유대 기독교적 가치와 그리스적 이성에 기반을 둔 미국적 개인주의를 완전히 잘못 이해했다. 물론 개인 및 공동체의 목적을 없애고 그 자리에 물질만능주의적 가치를 채워 넣는 건 심각한 문제라고 말한 프롬의 지적은 틀리지 않다. 하지만 그가 제시한 처방이 문제다. 프롬은 미국적 가치의 회복을 말한 것이 아니라 파괴를 주장했다. 이건 끔찍할 정도로 잘못된 접근이다. 독일의 나치는 소비지상주의 때문에 발생한 게 아니다. 공동체의 목적이 개인의 목적보다 우선되었고 국가를 위한다는 명분으로 공동체의 역량의 확대를 옹호하는 사람들이 개인의 역량을 침해하기 시작했는데 바로 이것이 나치가 탄생하게 된 원인이었다. 다른 말로 하자면 이념적 스펙트럼 상 자본주의보다 나치즘이 공산주의에 훨씬 더 가깝게 위치하고 있었다고 보면 된다.

하지만 프롬을 비롯한 문화마르크스주의 진영의 철학자들은 강력한 저항을 지속하는 것이, 소비지상주의적 세태에 대한 순응으로 시작해 극악무도한 파시즘으로 귀결될 수밖에 없는 미국의 사회적 흐름을 돌이키는 유일한 방법이라고 생각했다. 오직 저항 행위를 지속해 나가야만 시스템을 내부로부터 붕괴시킬 수 있다고 믿었다. 이런 맥락에서 성, 예술, 노동, 그리고 모든 분야에 걸쳐 저항의 문화가 꽃피우게 된다.

저항을 적극적으로 옹호한 대표 주자는 헤르베르트 마르쿠제(1898~1979)이다. 신좌파New Left[7]의 창시자 중 한 명인 마르쿠제는 현행 체제와 질서가 철저히 폐기되어야 한다고 주장했다. 우연의 일치인지 모르겠지만 킨제이가 본격적으로 활동을 시작한 1955년에 마르쿠제는 『에로스와 문명』이라는 책을 썼다. 책에서 마르쿠제는 억압적인 성 관념이 인류에게 피해를 끼쳐 왔으며 빅토리아식 엄숙한 정절 의식으로부터 인간을 해방시킴으로써 더 나은 세상을 만들 수 있다고 주장했다. 킨제이와 마찬가지로 마르쿠제 역시 프로이트의 이론을 거부했다. 그 대신 마르쿠제는 '해방된 에로스'가 중시되는 세상을 꿈꿨으며 인간 존재를 비롯해 사람과 자연, 그리고 실존적 관계 등에서 과거와 근본적으로 차이가 있

---

7   20세기 중반, 자유 진영의 서부 유럽에서 소련과 동유럽 위성국가들의 전제적 공산주의에 반대해 일어난 변형된 마르크스주의.

는 비억압적 문명을 만들어 나가길 원했다. 마르쿠제는 자본주의 체제가 개인들을 분업의 노예로 만들었다고 생각했다. 심지어 이 자본주의적 논리가 성의 영역까지 뻗어 나가서 특정 신체 부위가 특정 목직을 위해 착취되고 있나고 말했다. 마르쿠제는 이 흐름에 종지부를 찍어야 한다고 생각했다. 마르쿠제는 앞으로 "우리의 몸 일부가 아니라 전체가 몰입과 유희의 대상이 될 것이며, 쾌락의 도구가 될 것이다"라고 말했다. 인간이 마침내 완전한 자아실현의 단계에 진입하게 되면 모든 일은 행복하고 환상적일 것이라고 주장하면서 마르쿠제는 "특정 사람들의 이익을 위한 업무의 도구로 고용되는 상태에서 벗어나 완전한 만족감을 성취하는 데 장애물이 되었던 모든 장벽들은 무너질 것인데 여기서 발생하는 잔해물은 인간 자유를 건설하는 재료가 될 것이며, 육감적sensuous 합리성은 그 자체로 도덕 법칙을 내포하고 있다"고 말했다.

디오니소스[8]적 이교주의를 해방시키면 세상은 자유롭게 될 터였다. 마르쿠제가 외치고 다닌 대표적 슬로건이 '전쟁 말고 사랑을Make love, not war!'[9]이었던 건 결코 우연이 아니다. 1968년 파리에서 일어난 저항 운동(68혁명)에 참여한 학생들은 '마르크스, 마오, 마르쿠제MARX, MAO, MARCUSE'라고 적힌 깃발을 들고 다녔다.

---

8 그리스 신화의 포도주와 풍요의 신(로마 신화의 박쿠스Bacchus). 쾌락과 탐미, 즉흥성과 연관되어, 이성과 절제의 신인 아폴론(아폴로)과 대비된다.
9 'make love'는 본래 성관계라는 뜻.

쾌락주의에 바탕한 마르쿠제의 환락은 혁명적인 성 관념에 그
치지 않았다. 마르쿠제 이론의 핵심은 사실 오웰Owell적[10] 방법에
바탕한 검열에 있었는데 마르쿠제는 이것을 '억압적 관용repressive
tolerance'이라고 불렀다. 마르쿠제는 자신이 주장한 비판 이론을 무
력화시키지 못하도록 몇몇 형태의 발언에 대해선 제한을 가해야
한다고 주장했다. 마르쿠제에 따르면 "관용의 목적은 사회에서
주도적 지위를 가지는 정책, 태도, 의견을 관용하지 않는 것이고,
반대로 현행법상 금지되거나 억압받고 있는 정책, 태도, 의견 등
에 대한 관용을 확대 보장하는 것"이었다. 마르쿠제는 오늘날 "자
유가 탄압의 원인을 제공하고 있기에 탄압 역시 자유를 보장하는
하나의 방법이 될 수 있다"는 해괴한 논리를 내놓았다. 마르쿠제
는 "폭력의 문제를 비롯해서 폭력과 비폭력에 관한 전통적 구분
법을 다시 한번 점검해 봐야 한다"고 생각했다. 마르쿠제는 폭력
적인 언어 역시 폭력이 될 수 있다고 믿었다. 쉽게 말해서 마르쿠
제가 언급한 '해방적 관용liberating tolerance'[11]이란 우파 진영에서 나
타나는 운동에 대해선 불관용으로 맞서고 좌파 진영에서 발생하
는 운동에 대해선 관용을 베풀어야 한다는 것이 골자였는데 마르
쿠제는 이 관용의 범위가 운동을 넘어서 토론과 프로파간다, 말

---

10 영국 작가 조지 오웰의 소설 『1984』에 그려진 전체주의 사회.
11 마르쿠제는 '억압적 관용'과 '해방적 관용'을 같은 의미로 사용한다.

과 행위 등 모든 영역으로 확대되어야 한다고 생각했다. 마르쿠
제에 따르면 개인 간에 의견을 교환하는 장터marketplace는 없어져
야 했다. 그 장터는 "국가 및 사적 이해관계를 결정하는 사람들
에 의해 조직되고 세한뇌기 때문"이다. 이 같은 세계관 속에서는
소수자 집단이 특별한 대우를 받는 것이 마땅했고 이들은 상대방
의 의견을 묵살할 권한을 갖고 있었다. 마르쿠제는 "이 땅에서 저
주받았던 자들이 해방되면 그들의 옛 주인과 새 주인들은 억압을
받는 것이 당연하다"고 말하기도 했다. 성적 해방과 피해자 서사
에 기반한 정치victim politics, 그리고 정치적 올바름political correctness의
뿌리는 이미 사회 깊숙이 뻗어나가고 있었다.

　미국의 좌파는 1950년대 미국 사회에서 만연했던 인종 차별과
성차별의 문제를 적절하게 지적했다. 문제는 이 사회적 병폐를
해결하기 위한 방법으로 사회 시스템 전체를 파괴해야 한다는 처
방을 제시했다는 데 있다. 그 처방은 자기편향적self-serving이었다.
마르크스 이후로 좌익 진영은 서구 문명 그 자체를 문제라고 바
라봤고 재산을 소유하고 있는 기득권이 그들보다 사회적으로 취
약한 사람들을 억압하는 시스템이라고 생각했다. 이제 때가 되어
서 좌익 진영은 모든 사회적 병폐가 그들이 그토록 경멸해 마지
않던 시스템의 발 앞에 놓일 수 있다고 판단했다. 때마침 1960년
대 격변의 시기를 통과하고 있던 미국의 젊은이들은 그와 같은
메시지에 열광했다. 1960년대와 1970년대를 거치면서 반체제적

인사들이 언론과 학계, 그리고 문화계에서 헤게모니를 장악하게 된다. 이들은 미국이 고통과 악이 가득한 나라라는 인식을 가지고 있었다.

"나는 올바른 길을 가고 있어"[12]

만약 인간 문제에 대한 모든 책임을 시스템 탓으로 돌린다면 모든 문제에 대한 해답은 '각자의 진실your truth'을 알아가는 걸 통해 발견할 수 있었다. 이제 덕은 수천 년 동안 인간을 위계질서 가운데 묶어 놓기 위해 고안된 구닥다리 개념에 불과한 것으로 이해되었다. 덕은 필요없다. 사람들은 그저 '자기 자신을 발견'하면 될 일이었다. 새로운 모습으로 단장한 루소적 낭만주의는 신좌파 진영으로부터 열광적 반응을 이끌어 냈다. 양심의 영역은 사라져 버리고 자기만족이 삶을 개선하는 핵심 방편이라는 사고방식이 사람들의 지지를 얻게 되었다.

에이브러햄 매슬로(1908~1970)가 주장한 심리학 이론이 서구 문명 내부에서 새롭게 시작된 현상을 정당화하는 데 적극 활용되었

---

12 "I'm on the right track, baby." 미국 팝가수 레이디 가가의 〈Born This Way (이렇게 태어난 걸요)〉 가사.

다. 매슬로는 인간이 객관적 목적에 따라 행동하며 덕을 추구하는 것이 아니라 자기만족을 추구하는 존재라고 설명했다. 인간은 스스로가 **진정**으로 원하는 걸 성취하기 원하는 존재라는 뜻이었다. 문제는 어린 시기부터 이와 같은 인간의 욕구를 억압하는 요소들이 있다는 것인데 매슬로는 이러한 억압이 대부분 "부모의 양육 또는 문화적인 형태"로 발생한다고 주장했다. 매슬로는 우리 각자는 자신의 내면으로부터 들려오는 본성에 귀를 기울여야 한다고 말했다. 인간의 본성은 절대 악하지 않으며 성인들 간에 통용되는 범위 내에서 '좋다'와 '중립적이다' 둘 중 하나로 평가할 수 있을 뿐이라는 말을 덧붙였다. 억압을 제거함으로써 우리는 내면에 잠재되어 있는 선을 드러낼 수 있다는 주장이다.

소아과 의사인 벤저민 스포크(1903~1998) 박사가 쓴 『유아와 육아의 상식』(1946)은 출간 이후 스포크가 사망한 1998년까지 1,500만 권이나 판매된 메가베스트셀러다. 이 책에서 스포크 박사 역시 자존감의 중요성을 상당히 강조한다. 미국의 신좌파를 옹호한 스포크는 자녀에게 불안과 초조함을 주입시킬 수 있는 구시대의 양육법을 폐기처분해야 한다고 말했다. 그 대신 부모들은 자신의 본능을 따라야 하고 자녀들을 절대 꾸짖어선 안 된다고 강조한다. 스포크는 저서 초판에 쓴 내용 때문에 많은 부모들이 자녀들에게 저자세를 갖게 되었다는 점을 인정했다. 스포크는 책이 출판된 다음부터 "부모들이 어떤 방식으로든 자녀들에게 뭔가를 강요하는 것을 두려워하게 되었다"고 말하기도 했다. 사실 스포크는 나중 판들에서는 부모의 적극적인 훈육을 긍정하는 방향으로 책의 내용을 수정하려고 했다. 하지만 그렇다고 인간 본성 그 자체가 선하다고 굳게 믿은 스포크의 신념이 흔들린 건 아니었다. 1972년 미국 대통령선거에서 인민당People's Party 후보로 유세 도중 스포크는 "존 듀이와 프로이트는 아이들이 부모의 별다른 훈육 과정 없이 스스로의 의지를 통해 성인이 될 수 있다고 말했다"고 주장하기도 했다. 당시 스포크의 공약에는 전면 무상 의료 서비스, 해외 주둔 미군 전면 철수, 그리고 최저임금 지급 등의 급진적 정책들이 포함되어 있었다.

이런 주장은 1960년대와 1970년대에 뜨거운 논쟁거리였다. 아인 랜드[13]의 연인이자 객관주의 철학을 신봉한 너새니얼 브랜든 (1930~2014)은 베스트셀러 『자존감의 심리학』(1969)에서 "인간의 근원적 탐구 과제는 자존감이며 인간은 합리적 평가를 통해서만 자존감을 성취할 수 있다"고 말했다. 브랜든은 원죄의 교리[14]를 부정하면서 이해하려는 의지will to understand가 삶에 목적을 부여해 줄 수 있다고 주장했다. 훗날 브랜든은 "불안과 우울증으로부터 친

---

13 러시아 출신의 미국 보수주의 철학자, 소설가. 이성의 중요성을 강조하는 객관주의(objectivism)를 주장했다. 『아틀라스』 등.

14 인류의 조상인 아담과 이브(하와)의 죄 때문에 모든 인간은 태어날 때부터 죄인이라는 유대 기독교 교리.

밀감과 성공에 대한 두려움, 가정 폭력, 그리고 아동 학대에 이르기까지 낮은 자존감과 연관되지 않은 심리적 문제는 단 하나도 없었다"고 말하기도 했다.

그렇다면 매슬로와 스포크, 그리고 브랜든은 사람들에게 자존감을 '획득earn'해야 한다고 주장했어야 하지 않을까. 하지만 이들은 그런 주장을 하지 않고 신문 헤드라인에 나올 법한 간편한 철학을 옹호하기 시작한다. 인간은 어떤 비용을 치르더라도 자존감을 '높이기elevate' 위해 노력해야 한다는 것이다. 만약 인간이 자존감을 통해 성취감을 느낄 수 있다면 어린아이들은 자신들이 특별하다는 교육을 어릴 때부터 받아야 한다. 게다가 자존감을 성취하는 과정에서 가치와 기준이라는 요소가 방해를 놓는다면 진정한 자아실현을 위해서 그 장애물은 제거되어야 한다. 정치인들은 어린아이들이 자존감이 충만한 문화 가운데 살아갈 자격이 있다는 식의 메시지를 대중에게 전달하기 시작했다. 『더 컷The Cut』[15]의 제시 신갈이 기사에 쓴 것처럼, "자존감 열풍은 수없이 많은 기관들이 어떻게 운영되어야 하는지에 대한 지침과, 밀레니얼 세대라는 한 세대 전체가 어떻게 교육을 받는지, 그리고 어떻게 그 세대에 속한 사람들이 스스로를 인식하게 되었는지에 대한 방향을 완전히 뒤집어 놓았다." 또 신갈이 지적한 것처럼 자존감이 극

---

15 정치, 육아, 패션, 성 등을 다루는 미국 여성 잡지.

대화되면서 범죄와 고통이 최소화될 것이라는 사회과학자들의 주장은 완전히 허위인 것으로 드러났다. 오히려 현실은 정반대였다. 자존감이 사람들의 성취도를 높이는 것이 아니라 성취도가 높은 사람일수록 그들의 높은 성취도로 인해 더 나은 자존감을 갖게 되는 걸로 나타났기 때문이다.

자존감을 강조한 것의 실제 효과는 더 높은 성취감을 갖는 세대가 아니라 자기 자신에게 과몰입된 세대의 탄생으로 이어졌다. 사회에서는 '자존감 높이기' 운동이 빠르게 받아들여졌고 자존감의 상실을 경험하지 않으려면 개인의 느낌이 존중받아야 한다는 분위기가 팽배해졌다. 수없이 많은 아이들이 시청한 〈바니와 친구들Barney & Friends〉[16]에서 바니는 이렇게 노래한다. "오, 너는 특별해, 특별해, 우리 모두는 특별해 / 모두는 각자의 모습을 갖고 있지." 이 프로그램을 보면서 유년기를 보낸 아이들은 성장하면서 곧이어 나타난 레이디 가가의 노래를 듣게 된다. "그냥 너자신을 사랑해, 그럼 그걸로 된 거야 / 나는 올바른 길을 가고 있어 / 이렇게 태어났거든."[17] 한때 어린이들은 〈피노키오〉를 보면서 "언제나 양심이 우리의 지침이 돼야 해"라는 가사를 따라 불렀지만 요즘 아이들은 〈겨울 왕국〉을 보면서 "옳은 것도, 틀린 것도

---

16 미국에서 1992년부터 2010년까지 방송된 유아 TV 프로그램. 뒤의 가사 원문은 "Oh, you are special, special, everyone in special / Everyone in his or her own way."

없어 / 나한테는 내가 법이야 / 나는 자유로 / 그냥 내버려 둬"라는 메시지를 배우고 있다. 가장 심각한 건 지금 자라나는 세대들이 인간은 시편이나 베토벤을 감상할 능력이 있는 초월적 존재가 아니라 단지 디스커버리 채널에 나오는 포유류 정도에 불과하다는 인식을 받아들이고 있다는 사실이다. 자연법은 생물학적 자연 그 자체에 관한 것이 되었다. 자연 속에서 보편적 원리를 발견하는 것이 아니라 동물처럼 본능에 충실하게 살아간다면 인간은 마침내 궁극의 기쁨을 발견할 수 있다는 주장이 팽배하게 된다.

교차성의 탄생

프랑크푸르트학파를 옹호하는 사람들이 자존감을 강조한 건 결코 우연이 아니었다. 만약 프랑크푸르트학파 사람들이 물질적 번영에 초점을 맞췄다면 그들은 마르크시즘을 버리고 유대 기독교적 가치와 밀접하게 관련이 있는 자본주의를 적극 받아들였을 것이다. 인간의 자존감에 초점을 맞춘 신좌파의 전략은 주효했다. 이들은 세 마리 토끼를 한 번에 잡을 수 있었기 때문이다. 신좌파

---

17   "Just love yourself and you're set / I'm on the right track, baby / I was born this way."
      여기서 "이렇게 태어났거든"에는 친동성애적 메시지가 들어 있다. 그 정체성은 바꿀 수 없고 어떠한 변화를 강요받아서도 안 된다는 뜻.

는 자존감의 강조라는 지렛대를 통해 서구 문명에 속한 사람들이 유대 기독교적 종교, 그리스적 목적론, 그리고 자본주의로부터 등을 돌리도록 만들 수 있었다. 종교와 그리스적 목적론, 그리고 자본주의 사이에는 공통점이 있다. 이 세 개념 중 어떤 것도 '당신의 행복감'에 대해서 특별히 다루고 있지 않다는 사실이다. 종교적 가치관 안에서 인간의 자아실현은 신과 얼마나 조화로운 관계를 갖고 있느냐에 따라 결정되었고, 개인적으로 만들어진 작위적 기준을 통해서는 자아를 결코 만족시킬 수 없었다. 종교에서 '당신의 행복감'이란 존재하지 않는다. 오직 하나님이 우리에게 부여해 준 행복의 기준만 존재할 뿐이다. 그리스적 목적론은 우리가 개별적으로 정의하는 자아실현에 별 관심이 없다. 그리스 철학에서 의미가 있는 것은 인간이 이성의 요구에 따라 덕 있게 행동하느냐 여부다. 자본주의에서 중요한 건 우리가 다른 사람들이 원하는 제품과 서비스를 만들어 낼 능력이 있느냐다.

그런데 자아실현이 인간 지선의 목적이라고 말하는 사람들이 나타나기 시작했고, 신좌파 진영은 서구 문명을 지탱하는 뿌리 그 자체를 갈아엎은 후 그 자리를 일련의 행동 조치call to action들로 채워 넣게 된다. 그렇다면 여기서 말하는 행동 조치란 무엇일까? 시스템을 허물기 위한 연대 결성을 의미한다. 그 이론은 다음과 같다. 자존감은 그 자체로 좋은 것이지만, 자존감의 성취를 방해하는 구조적 장애물이 앞에 놓여 있을 때 사람들은 자존감을 얻을 수 없다는 것이다.

신좌파의 주장에 따르면 이 구조적 장애물들은 성차별, 인종 차별, 그리고 다른 종류의 편견의 형태를 띠고 있다. 이런 편견이 대놓고 표현된 것은 아니지만 사회 전체가 구조적으로 이런 편견을 조장하며 피해자 그룹을 차별하고 있다는 주장이다. 이 같은 논리 속에서 피해자 집단에 속한 사람들은 절대 자아실현을 이룰 수 없었다. 사회적 차별이 여전히 만연하고 있다면 말이다.

베티 프리단(1921~2006) 같은 2세대 페미니스트[18]들은 미국 여성들의 상황에 대해 "안락한 수용소"에 갇혀 있는 것과 마찬가지라고 꼬집었다. 신좌파 진영의 다른 사람들과 마찬가지로 프리단도 사회 내에 만연한 비공식적 기대치들 때문에 여성들은 진정한 행복을 성취하지 못하고 있다고 주장했다. 1963년 출판된 『여성의 신비』에서 프리단은 20세기에 미국 여성들이 고통을 당했다는 사실을 놓고 한탄을 한다. 무엇이 이 무언의 고통을 초래했다는 것일까? 매슬로를 인용하면서 프리단은 미국의 여성들이 사회적 억압 때문에 스스로를 걸어다니는 시체로 전락시켰다고 주장한다. 『제2의 성』의 저자이자 페미니스트 운동가, 그리고 사르트르와 '실존적 관계'였던 시몬 드 보부아르는 사회적 규제를 통해 여

---

18 여성 참정권이 주된 목표였던 1세대 페미니스트에 이어 여성의 사회적 평등과 해방을 촉구한 페미니스트 세대. 이후 3세대 페미니스트들은 계급, 인종 등 분야로 투쟁의 목표를 확대시켜 왔다.

성들이 어머니가 되는 걸 금지해야 한다고 말하면서 "어떤 여성에게도 자녀를 기른다는 이유로 집에 틀어박혀 있으라고 해선 안 된다. 우리 사회는 완전히 달라져야 한다. 여성들에게 그런 선택지가 있어서는 안 된다. 그런 선택지가 존재한다면 많은 여성들이 그 선택을 하게 될 것이기 때문이다. 그건 여성들을 특정한 방향으로 강요하는 제도다"라고 말했다.

그러는 동안 미국에서는 민권운동이 막바지에 접어들고 있었고 당시 사람들은 법적 구조 안에 제도화되어 있던 진짜 인종 차별과 의로운 싸움을 벌이고 있었다. 그런데 바로 이때 새로운 담론이 좌파 진영에서 등장하게 된다. 미국의 인종 차별은 너무 심각하기에 바로잡는 것이 애초에 불가능하다는 주장이었다. 미국의 대표적인 흑인 운동가 맬컴 엑스는 1963년 흑인의 인권을 보장하는 민권 법안을 통과시키는 것도 사실 별 의미가 없을 것이라고 말했다. 법안 통과가 문제를 해결해 주지 못할 것이라는 얘기다. 블랙팬서Black Panther[19]의 명예 총리였던 스토클리 카마이클은 찰스 해밀턴과 함께 1967년 『블랙 파워: 해방의 정치학』이라는 책을 썼다. 책에서 카마이클은 미국 사회 내에 구조적인 인종주의가 극에 달했기 때문에 근본적인 제도를 변화시키지 않고선 문제를 해결할 수 없다고 말했다. 카마이클은 미국에서 인종 차

---

19 미국의 극좌 흑인 과격 단체. '흑표단'이라고도 옮긴다.

별이 "노골적인 동시에 은밀하게" 이뤄진다고 주장했다. 이 같은 인종차별이 만연하는 데는 흑인을 차별하는 백인 개인의 언행뿐만 아니라 백인 집단 차원에서 이뤄지는 차별 역시 존재한다고 말하면서 이러한 행위를 각각 '개인적 인종 차별'과 '제도적 인종 차별'이라고 부르겠다고 천명했다. 제도적 인종 차별은 사실 모호하고 특정하기 어렵다. 하지만 흑인 인권운동에 참여하는 사람들은 미국 사회에 나타난 열매를 통해서 차별의 본질을 알 수 있다고 주장했다. 차이가 있는 곳에 분명히 차별은 존재한다는 논리였다. 찰스 해밀턴은 미국의 흑인들이 "적절한 음식과 주거지, 그리고 의료 시설을 갖고 있지 않으며 수천 명이 넘는 흑인들의 삶이 빈곤과 차별로 인해 육체적, 정서적으로 그리고 지적으로 파괴되고 있는데 바로 이것이 제도적 인종 차별의 결과"라고 주장했다. 또 해밀턴은 백인들이 흑인들의 교회를 파괴하거나 그들에게 돌을 던지는 건 아니지만, 그들은 제도적 인종 차별을 실시하는 정부 관료와 정치인들을 지지함으로써 차별을 영구화하고 있다고 했다. 이 같은 시각을 가진 사람들은 정치적 견해 차이가 노골적 인종 차별을 가리기 위한 방편에 지나지 않다고 생각한다.

피해받은 그룹들은 스스로의 자존감을 높일 수 있는 방법이 딱 하나밖에 없다고 판단했다. 자신들을 제도적으로 차별하는 그 시스템 자체를 허무는 것이다. 페미니스트 운동가 글로리아 스타이넘은 현행 시스템 속에서 여성을 포함해 부당한 피해를 경험하는 그룹들은 절대 자존감을 획득할 수 없다고 말했다. 스타이넘의 주장에 따르면 자존감을 성취하기 위해서 피해자들은 비슷한 경험을 공유하는 사람들끼리 힘을 합쳐 연대해서 권력을 만들어 내야 하고 진정한 자아로 이뤄진 공간 안에서 서로의 자리를 찾아가야만 한다.

컬럼비아 대학의 킴벌리 크렌쇼 교수는 피해자들의 연대를 묘사하는 신조어를 하나 생각해 냈다. 바로 **교차성**intersectionality이다. 크렌쇼는 인간은 다양한 집단에 소속되어 있다고 말했다. 예를 들면 인종, 젠더, 종교, 성적 지향 등에 따라 집단이 결정된다. 그리고 그들이 '살아가는 현실'은 이들 집단 사이의 교차성을 준거로 하여 설명할 수 있다고 한다. 따라서 '흑인 레즈비언 무슬림 여성'은 '백인 이성애자 크리스천 남성'에 비해 현실에서 전혀 다른 삶을 경험할 수밖에 없다. 여기서 더 나아가 크렌쇼는 우리가 특정인이 어떤 계층에 속하는지를 확인함으로써 그 사람이 어떤 어려움을 겪어 왔는지 이해할 수 있다고 한다. 소수자 집단에 속하면 할수록 당신은 더 많은 피해를 받았을 것이며, 더 많이 피해를 받았다면 당신이 지금껏 감당해 왔을 제도적 차별과 편견에 대해 더욱 큰 발언권을 얻게 된다는 얘기다.

크렌쇼도 인정한 것처럼 실제 이 이론은 소수자 교차성 집단에 속하지 않은 사람들에게 철퇴를 가하기 위한 목적으로 만들어졌다. 지금껏 자신의 정체성 덕분에 혜택을 누려 온 백인, 이성애자,

남성 등의 집단들에게 자신의 "특권을 내려놓으라"는 뜻이다. 크렌쇼는 말한다. "사회에서 차별 및 배제를 당하고 있는 사람들에 비해 자신이 특권을 갖고 있다고 인정하는 건 결코 쉽지 않다." 하지만 교차성 이론에 따르면 백인, 남성, 이성애자, 기독교인들은 자신이 특권을 누리고 있다는 사실을 반드시 인정해야 한다. 만약 그걸 인정하지 않는다면 그들 역시 구조적인 인종 차별에 가담하고 있는 공모자에 불과하다는 낙인이 찍히게 되어 있다.

백인들은 자신이 백인의 특권을 누리고 있다는 사실을 인정하거나 기득권으로부터 퇴출당해야 한다. 남성들은 반드시 자신들이 '유해한 남성성toxic masculinity'을 타고났다는 사실을 인정해야 한다. 정체성 정치야말로 진짜 정의를 위하는 길이라고 포장된다. 억압적 관용을 발휘해서 종족주의적 교차성 개념에 대항해 싸우는 사람들에게는 철퇴를 가해야 한다. 종족주의적 교차성의 원리를 인정하지 않는 사람들, 예를 들면 흑인이나 유색인종 중에서 피부색에 따른 차별에 별다른 관심이 없고 스스로를 미국 사회 내에서 피해자 집단에 속하지 않는다고 생각하는 사람들은 변절자 취급을 받는다. 교차성을 전가의 보도처럼 생각하는 사람들의 관점에서 클레어런스 토마스[20]는 진정한 흑인이 아니다. 민주당을 지지하지 않기 때문이다. 니키 헤일리도 진정한 여성이

---

20   미국 역사상 두 번째 흑인 연방대법관. 보수적인 법리 해석과 정치 성향을 가졌다.

아니었다. 낙태에 반대하는 공화당원이기 때문이다. 타네히시 코츠는 어떤 흑인이 전통적인 민주당 이념으로부터 벗어나는 개인주의적 사고를 언급하면 그 사람을 '백인의 자유'를 지지하고 있는 것이라고 몰아붙였다. 그리고 '백인의 자유'란 "결과에 대한 고려 없는 자유, 비판 없는 자유, 그리고 자신의 멍청함을 자랑스러워 할 수 있는 자유"라고 한다.

피해자 서사의 승리

교차성의 위계질서를 신봉하는 사람들은 그 담론을 확장시키고 싶어 했다. 그러려면 위계질서 내에 존재하는 억압적 시스템에 제약을 가해야 했다. 여기에는 타인의 표현도 포함된다. 대화는 끝났다. 이성은 창문 밖으로 내던져진다. 어차피 사람들은 교차성의 원리에 따라 태어날 때부터 다른 배경과 경험을 가지고 있기 때문에 절대 서로를 이해할 수 없을 것이기 때문이다. 이들은 자유를 백인 위주의 위계질서를 강화시키는 수단이라고 인식했다. 따라서 자유는 교차성의 구조 속에서 소외되었던 사람들의 자아실현을 보호하는 방향으로 재정의되어야 했다.

과학 역시 뒷자리로 밀려난다. 왜냐하면 과학은 이따금 이 세상에 존재하는 모든 종류의 고통이 구조적 차별에 의해 발생하는 것은 아니라는 점을 과학적 발견을 통해 증명해 냈기 때문이다. 예를 들면 이런 식이다. 미혼모와 범죄율은 유의미한 상관관계를 갖고 있고, 특별히 이 현상은 흑인 여성들 사이에서 더욱 두드러지게 나타난다는 사회과학 논문이 발표되었다고 하자. 또는 집단마다 평균 IQ가 서로 다르고 이러한 차이가 발생하는 데 유전적 요소가 어느 정도는 영향을 미친다는 과학적 연구 결과가 도출되었다고 하자. 아니면, 남성과 여성은 생물학적으로 다르며 이 차이에 따라 임금의 차이가 발생한다는 연구 결과가 발표됐다고 하자. 생물학적 요인에 따라 여성들은 남성과 다른 종류의 직업을 선택하고, 또 여성들은 근무 시간을 남성과 다르게 선택하기 때문에 평균 임금이 남성들보다 약간 적을 수 있다는 점도 생각해 볼 수 있다. 이건 어떨까. 젠더gender는 생물학적 성sex와 밀접한 관련이 있으며 자신이 여성이라고 믿는 남성이라고 할지라도 생물학적으로는 여전히 남성이라고 말이다.

오늘날에는 이런 기본적 사실들조차 엄청난 검열의 대상이 된다. 과학 자체가 기득권을 강화하려는 목적으로 만들어진 시스템의 구성물이라고 생각하는 사람들이 점점 많아지고 있기 때문이다. 도나 휴즈가 1995년 국제여성연구포럼에서 내놓은 것이 바로 이런 설명이었다. 휴즈는 다음과 같이 말했다. "과학적 방법은 남성 중심의 위계질서를 만들고 이를 정당화하기 위한 도구다. 남성은 우월하고 여성은 열등하다는 정치적 이데올로기를 신봉하는 남성들에 의해 개발된 새로운 방법론적 테크닉인 것이다."

정말 이상한 이야기다. 어떤 점에선 멍청해 보이기도 한다. 왜? 실제 그 주장이 이상하고 멍청하기 때문이다. 과학을 통해 수백만의 목숨을 살리는 백신이 개발됐다. 이건 사회적 구성물이 아니라 하나의 사실이다. 하지만 과학이 인종주의에 기반한 기득권 강화의 도구라는 포스트모던적 주장은 빠른 속도로 주류 담론으로 부상하게 된다. 2018년 부당 해고를 이유로 회사를 상대로 소송을 한 전직 구글 직원 제임스 다모어의 재판을 통해 알려진 바에 따르면 구글은 매니저급의 모든 직원들에게 공문을 발송했다고 한다. '포용inclusion'을 강조한 것으로 알려진 그 공문에는 앞으로 구글에서 "백인 중심적 문화"는 절대 환영받지 못할 것이라는 내용이 포함되어 있었다고 한다. 여기서 말하는 백인 중심 문화란 '개인의 성취', '능력 본위', '객관성 강조', 그리고 '피부색을 따지지 않는colorblind 인종 프레임' 등을 포괄하는 개념이다. 백인 중심적 문화의 대안으로 구글은 매니저들에게 '피부색이나 인종적 특징'을 비롯해 '주관성'에 각별히 신경 써 줄 것을 당부했다고 한다.

이런 흐름이 강화되는 가운데 과학적 논의를 했다는 이유만으로 입증 가능한 과학의 긍정적 기능을 언급하는 사람들이 공격을 받기도 한다. 2018년 1월 스티븐 핑커는 정치적 급진화를 주제로 토론을 하면서 최근 미국 대학가에서 새롭게 나타나고 있는 대안우파 운동을 다룬 적이 있다. 핑커는 최근 미국 대학가에서 극우파가 급부상하는 건 부분적으로 과학에 관한 토론 자체를 틀어막으려는 시도에 대한 반작용으로 이해할 수 있다고 말했다. 핑커는 이 부분을 언급하며 최근 대학가에 만연한 현상을 설명한다. 현재 미국 대학가에서 합리적인 사람들이 객관적 사실들, 예를 들면 '인종별로 강력범죄를 저지르는 비율이 다르다', 또는 '남성과 여성은 우선순위와 성적 특성, 기호, 관심사가 다르다' 같은 이야기를 꺼내는 즉시 인종주의자나 성차별주의자로 낙인찍히게 된다는 것이다. 좌파 진영은 이런 사실 자체가 특정 사람들의 자존감을 저하시킬 수 있다고 보기 때문에 이런 사실을 논의하는 것 자체를 탄압하기 시작했다. 그 결과 이런 사실을 논의하는 사람들은 공감 능력이 부족하거나 멍청하다고 치부되기 시작한다. 핑커는 "만약 이런 사실을 접해 보지 않은 상태에서 다른 사람들이 관련 이야기를 하는 걸 듣게 된다면 당신은 극단적인 결론을 갖게 될 수도 있다. 사실의 맥락을 고려하지 않으면 사실을 말하는 것 자체가 성차별, 또는 인종 차별이라는 인식을 가질 수도 있기 때문이다"라고 말했다. 여기에 덧붙여 핑커는 "만약 이런 사실을 접하게 되었을 때 그 사실이 발언된 맥락을 이해한다면 당신은 극단적인 반발을 경험하지 않을 것"이라고 말하기도 했다.

핑커는 사실 그 자체에 과민하게 반응하며 극단적인 결론을 도출하는 세태에 반대한다는 입장을 밝혔다. 또 그는 논란의 여지가 있는 사실이라고 할지라도 토론을 하는 것 자체는 문제가 되지 않는다는 자신의 지론을 분명히 했다. 그런데 이 발언을 하고 난 후 핑커는 제도적인 인종 차별과 성차별에 가담하고 있다는 비판을 받았다. 흥미로운 건 핑커는 한 강연에서 미국의 대안우파를 비판했는데 그걸 트집 잡아 핑커를 대안우파로 매도하는 사람들이 있었다는 사실이다. 뉴욕대학교 교수이면서 자칭 미국민주사회주의자Democratic Socialists of America 멤버인 조슈아 로프터스는 "핑커의 주장에는 조나단 하이트, 크리스티나 호프 소머스, 샘 해리스, 제임스 다모어 등 '과격 중도radical centrist'의 주장과 궤를 함께하는 치명적인 문제가 내포되어 있다"고 비판했다. '슬레이트Slate'의 기자인 자멜 부이는 핑커 교수가 "흑인들은 범죄를 일으킨다", "유대인들이 세상을 지배한다"는 식의 주장을 수용했다고 비판한다.

샘 해리스 역시 비슷한 이유로 비난을 받았다. 그는 왜 비난을 받았을까? 집단마다 평균 IQ가 다르다고 감히 주장했기 때문이다. 해리스는 그 차이가 전적으로 유전적 요인 때문이라고 말하지 않았다. 집단별로 IQ가 다르다는 주장을 기반으로 정책적 제안을 했던 것도 아니다(참고로 해리스는 트럼프가 아니라 힐러리 지지자였다). 그럼에도 불구하고 '복스Vox'의 에즈라 클라인은 에릭 투르크하이머, 캐스린 하든, 리처드 니스벳 등 진보 성향 심리학자들과 함께 샘 해리스가 "사이비 과학에 기반한 인종주의적 추측"을 하고 있다고 비난했다. 이에 대해 해리스가 논리적으로 반박하자 클라인은 정체성 정치라는 방어막 안으로 쏙 들어가 숨어 버렸다. 해리스의 연구에 대해 클라인은 "인종에 대한 생물학적 차이를 연구하는 이런 가설들은 과거에도 그랬지만 지금도 분명 그들의 정치적 목적을 이루기 위해 사용되고 있다"고 말했다. 클라인에 따르면 정체성 정치에 대한 감수성을 전혀 고려하지 않은 이런 가설들은 무슨 일이 있어도 절대 논의되어선 안 된다. 클라인은 심지어 이런 논의를 하는 것 자체가 정체성 정치의 연장이라고 말하면서 해리스의 연구와 비슷한 내용을 그대로 인용하거나 이에 대한 검열을 금지하려는 일각의 태도는 백인 과학자들의 종족주의적 기득권에 불과하다고 열변을 토했다.

이런 한심한 궤변은 과학 분야의 인력 채용에까지 영향을 미치고 있다. 과학 발전을 목적으로 연방정부 지원으로 운영되는 국립과학재단National Science Foundation은 최근 "다양성을 기반으로 스템STEM[21] 분야의 워크포스workforce를 만들어 나가겠다"고 발표했다. 이건 인종을 초월하여 최고의 과학자를 선발하겠다는 뜻이 아니라 특정 인종 집단에 노골적으로 특혜를 주겠다는 것과 다름없었다. 이 목적을 달성하기 위해 재단은 '암묵적인' 편견을 조사하는 프로젝트에 수백만 달러의 정부보조금을 쏟아부었다. 이는

---

21 과학(Science), 기술(Technology), 공학(Engineering), 수학(Mathematics), 즉 이공계 전반.

단일 기관으로서는 미국 역사상 드러나지 않은 인종 차별을 조사하기 위해 쓰여진 금액 중 가장 막대한 예산 편성이었다. 여기에 더해 교차성을 연구한다는 명목으로 약 500만 달러가량의 추가 지원금을 타내기도 했다. 과학 관련 정부 부처들은 가장 좋은 시험 성적이나 가장 탁월한 자격 요건을 갖춘 사람을 선발하는 것이 아니라 "다양성에 특별한 기여를 한 사람"들을 우선 채용하고 있다. 헤더 맥도널드가 지적했지만 미국천문학회는 최근 박사과정 지원자들에게 GRE 물리학 성적을 제출하지 말라고 공지하기도 했다. 여성 지원자들의 숫자가 너무 적다는 황당한 이유 때문이었다. 비슷한 현상이 의학계에서도 발생하고 있다. 다수의 미국 의대에서 소수인종 지원자의 경우에 한하여 MCAT[22] 시험성적 제출을 면제해 주고 있다. 그 결과는 다음과 같았다. 클레어몬트 대학 프레드릭 린치 교수에 따르면 2013년부터 2016년까지 미국 의대 평균 통계를 살펴보면 MCAT 성적 하위 24~26퍼센트에 해당하는 점수를 가진 흑인 학생 중 57퍼센트가 입학 허가를 받았다. 반면에 비슷한 성적으로 의대에 지원한 백인 및 아시아계 학생들은 각각 8퍼센트, 6퍼센트 비율로 합격했을 뿐이다. 인종적인 다양성은 충족시키지만 의사로서 실력을 갖추지 못한 심장외과 전문의를 많이 배출하는 것이 환자들에게 어떤 유익을 줄

---

22   Medical College Admission Test, 미국 의과대학원 입학자격고사.

수 있는지 상식적으로는 도무지 이해할 수 없다.

우리는 과학 정신에 반하는 이런 황당한 주장이 사회적 지지를 받는 시대를 살아가고 있다. 클린턴 행정부에서 재무장관을 역임한 로런스 서머스는 과거 발언 때문에 교수들의 불신임 투표 끝에 하버드 대학교 총장직에서 해임되었다. 시험 점수에서 다수의 남성들이 여성들보다 양극단에 치우쳐 분포하는 경우가 많은데 이로 인해 과학이나 수학 분야에서 남녀 성비 불균형이 발생한다는 연구 조사 결과를 인용한 게 화근이었다. 토론토 대학의 조던 피터슨 교수는 트랜스젠더 대명사를 사용해야 한다는 학교 행정처의 권고사항을 지키지 않았다는 이유로 학교로부터 서면 경고를 받았다. 트렌스젠더에게 기존의 'he'나 'she' 같은 대명사를 사용하는 건 "'젠더 정체성'이나 '젠더 감수성'에 따라 존중받아 마땅한 성전환자들의 권리에 대한 침해가 될 수 있다"는 것이 행정처의 주장이었다. 학교 행정처가 발송한 경고 서한에는 피터슨 교수가 생물학적 논리에 기반하여 기존의 대명사를 사용한 것으로 인해 몇몇 학생들이 "감정적인 혼란과 고통"을 호소했다는 내용이 담겨 있었다. 캐나다에 있는 윌프리드 로리에 대학의 대학원생 린제이 셰퍼드는 수업시간 토론 중 "트랜스젠더들의 기분을 달래기 위해 각종 대명사가 만들어지고 있다"고 지적한 조던 피터슨의 영상을 틀었다가 학교로부터 징계를 받기도 했다. 보이스 주립대학의 스콧 예노어 교수는 "젠더가 사회적 구성물이라는 페미니스트들의 주장 때문에 트렌스젠더 이론이 정당화되었다"는 발언을 했다는 이유로 엄청난 지탄을 받아야 했다. 에버그린 주립대학에서는 헤더 헤잉 교수가 "남성들은 여성들보다 키가 크다"고 말하자 학생들이 강의실을 떠나 버렸다. 백인 교수들은 특정 날짜에 강의를 하지 말라는 흑인 학생들의 요구를 수용하지 않은 헤잉의 남편 브렛 와인스타인 교수는 학생들로부터 인종주의자라는 비판을 받으며 학교에서 파면당했다. 찰스 머레이, 헤더 맥도널드, 그리고 크리스티나 호프 소머스 같은 대중강연자들은 객관적 통계를 인용했다는 이유로 폭력 시위대의 집중 타깃이 되고 있으며 대학 캠퍼스에서 점점 설 자리를 잃고 있다.

누군가의 자존감에 상처를 줄 바에는 차라리 거짓된 통계를 인용하고 왜곡된 사회과학 연구 결과를 제시하는 것이 더 바람직하다는 논리가 우리 사회에 팽배해 있는 것이다.

최근 서구 사회에서 나타나는 반과학적, 반지성적 흐름은 문명이 발달하기 전 원시 사회에 만연했던 원시종교적 혼돈 상황으로 회귀한 것이나 다름없다. 객관성보다 주관성이 중시되고, 삶을 스스로 개척할 수 있다는 생각보다 삶은 통제 불가능의 영역이라는 생각, 다시 말해 이성은 그 자체로 권력관계의 역학을 반영할 뿐이라는 생각이 만연해진 것이다. 인류에게 역사상 가장 막대한 부를 안겨준 과학적 방법, 이성에 대한 신뢰, 그리고 개인의 가치에 대한 믿음 등의 요소들은 현재 엄청난 도전에 직면하고 있다.

자아실현과 자아 존중을 추구한다는 미명 하에 말이다.

이 모든 현상은 사실 그 영향력으로부터 벗어나야 하는 사람들에게 치명적인 타격을 주고 있다. 교차성을 중시하는 사상은 사람들로 하여금 성취감이나 개인의 노력에 따른 성공이 아니라 피해자 멘탈리티에 집착하게 만든다. 만약 오랜 시간에 걸쳐 당신이 낮은 자존감을 갖는 이유는 시스템과 구조에 따른 착취 때문이라는 이야기를 반복적으로 듣는다면, 그리고 통계와 과학조차 당신의 기분을 상하게 만들어선 안 된다는 말을 듣는다면, 만약 당신의 행복이 객관적 사실보다 더 중요하다는 논리를 주입받는다면, 결국 그 사람은 허술한 마음가짐을 가질 수밖에 없고 현실의 세계를 헤쳐 나가지 못할 정도로 연약해지고 만다. 뉴욕대학교의의 사회심리학자 조나단 하이트는 왜곡된 생각을 가지고 있는 사람들에게 줄 수 있는 최선의 처방은 인지행동치료cognitive-behavioral therapy이라고 강조한다. 현대 사회에는 모든 부정적인 영향이 구조적으로 사슬처럼 연결되어 있다는 인식이 팽배해 있다. 이성과 객관적 평가에 기반한 인지행동치료를 받으면서 사람들은 이런 잘못된 사고의 연결고리를 끊을 수 있게 된다. 하이트 교수는 말한다. "소위 말하는 인종 차별과 성차별, 계급적 기타 미묘한 차별microaggression[23]을 적극적으로 고발하는 최근 미국 대학가의 트렌드는 작고 사소한 실수를 지적하는 데 초점이 맞춰진 것이 아니다. 이 같은 트렌드의 진짜 **목적**은 사소한 언행의 실수를 통해 그런 실수를 범한 사람들을 공격성 있는 사람aggressor으로 낙인찍는 데 있다고 생각한다." 하이트는 다음과 같이 결론짓는다. "이러한 사회적 분위기는 사람들이 더욱더 서로서로 검열하도록 하고 학생들의 정서를 더욱 불안하게 만든다. 개인을 과도하게 보호하는 분위기는 학생들이 점점 비정상적인 생각을 하도록 만들고 있는지도 모를 일이다."

　보다 심각한 문제는 스스로를 피해자라고 인식하는 사람들일수록 타인에 대해 공격적 성향을 띨 가능성이 높다는 사실이다. 사회심리학자 로이 바우마이스터가 설명한 것처럼 "폭력적인 사람들 중 상당수는 그들의 행동이 자신의 폭력의 피해자가 된 사람들의 도발로 인해 정당화될 수 있다고 생각하는 경향이 있다." 실제 이런 현상이 캠퍼스 폭동을 주도하는 사람들이나 소셜미디어 상에서 불만 가득한 콘텐츠를 쏟아 내는 사람들에게서 발견되고 있다. 이들은 정부 공권력을 통해 자신들이 동의하지 않는 특정 형태의 표현을 하는 사람들을 강제적으로 묵살하려고 시도하고 있다.

23　의도하지 않은 언행을 통해 이뤄지는 차별. 예를 들면 "너는 어디 출신이니?" 같은 질문도, 질문자의 의도가 전혀 차별이 아니었더라도 질문을 받는 사람의 기분에 따라 미묘한 차별로 받아들여질 수 있다는 것이다. 따라서 미묘한 차별의 기준은 대부분 주관적이다. 문제는, 미묘한 차별을 없앤다는 명목으로 전면적 처벌(macro-punishment)이 정당화될 수 있다는 사실이다.

상황이 이럼에도 불구하고 여전히 우리 주변에는 교차성이 강조되면 우리는 타인의 고통을 좀 더 이해하게 될 것이고 그 결과 더 의식 있는 세상을 맞이하게 될 것이라고 생각하는 사람들이 있다. 절대 그렇지 않다. 바보삽을 수 있는 문제를 놓고 고민하는 건 괜찮다. 하지만 아직 발생하지조차 않은 모든 종류의 차이와 차별을 비난하게 된다면 결국 정치적 양극화가 초래되고 개인은 설 자리를 잃고 말 것이다. 연구 결과에 따르면 학생들은 낮은 점수, 학업 동기 결여, 끈기 부족 등을 이유로 박탈감을 느끼는 것으로 나타났다. 실제 학생들이 느끼는 차별감은 미묘한 차별이 아니라 이런 부분에 근거하고 있을 가능성이 높다. 또한 우리는 사실을 과장해선 안 된다. 사람들의 감정에 영합하기 위해 대화를 묵살해서도 안 된다.

진보의 종언

그렇다면 문화적 좌파의 비전은 우리에게 성취감을 안겨주었나? 아니다. 유아론唯我論, solipsism[24]만 남겨지게 되었을 뿐이다. 좌익

---

24 실재하는 것은 자아뿐이고 나머지는 모두 자아의 관념이나 현상에 지나지 않는다는 철학.

진영이 제시한 세계관은 양극화를 초래했다. 교차성은 단순히 개인들을 인종 집단 정도로 분리시키고 서로 싸우게 만드는 데 그치지 않았다. 동일한 교차성 집단에 속한 멤버들 사이에서는 급진적인 연대감이 형성되었고 이 연대감은 일종의 반작용을 일으켜 또 다른 극단에 속한 백인 인종주의 연대인 이른바 대안우파 세력을 만들어 내게 되었다. 대안우파 인물들로는 끔찍한 생각을 갖고 있는 리처드 스펜서를 비롯해 재러드 테일러, 복스 데이 등이 있다. 이들은 모두 인종 간에 존재하는 차이를 설명할 때 IQ 데이터를 인용하며 서구 문명은 가치관ideas에 근거한 것이 아니라 인종에 관한 것이라는 주장을 펼친다. 물론 현재 미국에서 대안우파는 분명 주류가 아니다. 하지만 정치적 올바름에 울렁증을 느끼는 사람이라면 누구든 포용하려는 미국 우파 내부의 반동적 흐름에 따라 이들은 미국 사회에서 점점 세를 확장해 나가는 중이다.

문화적 좌파의 현실 인식은 사람들로 하여금 분노와 증오를 갖도록 만들었다. 여론조사에 따르면 미국은 과거 그 어느 때보다 더 분열되어 있다. 세상이 점점 우리의 통제를 벗어나고 있다는 인식이 확대되면서 교차성에 기반한 위계질서를 신봉하는 사람들은 현 상황을 명분으로 개인에 대한 탄압을 진행하고 있다. 이 같은 세계관 속에서 개인의 역량은 설 자리가 없다. 개인은 단지 태어나고 자란 시스템에서 파생된 존재일 뿐이다. 집단의 목적 역시 버림받게 된다. 왜냐하면 그 목적은 우리를 억압하는 시스템에 불과하기 때문이다.

그런 가운데 종족적 정체성이 활성화되어 기세를 떨치게 된다. 종속적 성체성은 물질직 번영을 기저다줄 수 없지만 개인에게 의미는 부여해 줄 수 있기 때문이다.

물론 문제는 이 종족적 정체성으로 인해 우리가 누려 온 문명이 붕괴될 수도 있다는 사실이다. 우리는 그동안 이 문명을 통해 자유와 권리, 번영, 그리고 복리를 누려 왔다. 하지만 결국 이 모든 것들이 무의미해지는 순간이 찾아오게 된다. 예루살렘에 있는 히브리 대학의 교수이자 『사피엔스』(2014)의 저자인 유발 하라리가 주장한 것처럼 말이다. 교차성을 통해 만들어지는 위계질서를 신봉하는 좌익 진영과 달리 유발 하라리는 서구 문명이 유대 기독교적 가치와 그리스적 이성으로부터 단절되면 끔찍한 실존적 위기를 맞이할 것이라는 사실을 솔직하게 인정한다. 하라리는 인간은 석기시대 때 오히려 더 행복했을지도 모른다고 말한다. 삶에서 의미를 찾으려는 시도는 우리가 죽음을 향한 여정을 진행해 나가는 과정에서 인간의 뇌가 우리 자신을 더욱 즐겁게 만들기 위해 개발된 방법에 불과하다고 하라리는 주장했다. 하라리에 따르면 역사는 진보하지 않는다. 역사는 그저 영화 〈사랑의 블랙홀Groundhog Day〉 같은 것이고 단지 날마다 우리 잠을 깨워 주는 좀 더 괜찮은 얼람시계가 있을 뿐이라는 이야기다. 하라리의 말이 맞다면 우리는 진실과 현실을 버림으로써 더 행복해질 수 있을지도 모른다. "당신은 진정 수십억의 사람들이 판타지에 빠져 망상적 꿈을 좇으며 환상에 기반한 법을 따르는 세상에 살기 원하는가? 당신이 좋아하든 싫어하든 바로 그 세상이 인류가 지금껏 수천 년 동안 살아온 세상이다"라고 하라리는 주장한다. 어쩌면 인류는 기술을 통해 인식의 한계를 뛰어넘어 변화할 수 있을지 모른다. 지금껏 살아온 판에 박힌 생활에서 벗어날 수 있을지도 모른다. 하지만 그런 일은 일어나지 않을 것 같다.

그래도 하라리의 말에서 한 가지는 분명 옳다. 역사를 통해 살펴본 결과 자본주의가 우리의 물질적 환경을 개선시키는 건 분명하지만 그것만으로 인간의 삶에 의미를 부여할 수는 없다는 사실이다. 그렇기 때문에 좌익 진영에 의해 만들어진 신인류new humanity라는 허구적 개념이 끊임없이 우리를 유혹하고 있는지도 모른다. 인간은 신인류를 만들겠다는 꿈을 성취하기 위해 시도하지만, 그 시도를 통해 좌절하고, 시도 자체를 포기했다가, 다시 꿈을 향해 나아가는, 이런 일련의 과정을 반복한다. 여기에 대한 유일한 대안은, 미국 건국의 기반을 놓았던 유대 기독교적 가치와 그리스적 이성으로 다시 돌아가는 것이다. 계몽주의의 효용을 강조하는 것만으로는 충분하지 않다. 계몽주의조차도 전체 건물로 치자면 바닥 부분에 불과하다. 그리고 그 건물은 어떤 근원적인 가치관과 기본적 전제 위에 세워졌다. 만약 이미 흔들거리고 있는 상부구조에 무게를 더하는 것이 아니라 하늘을 향해 뻗어 나가는 더 높은 건축물을 짓기 원한다면 우리는 바로 이 가치관과 기본 전제들을 다시 돌아보고 강화해야 한다.

자, 이제 마지막으로 우리에게 맡겨진 과업이 무엇인지 살펴보도록 하자.

어떻게 다시 세울까

현재 미국은 많은 부분에서 고전하고 있다. 그중 가장 심각한 문제는 국민을 단결시켜 줄 국가 정신이 점점 희미해지고 있다는 것이다. 미국인들은 지금 서로에게 화가 나 있다. 그 분노는 노골적이다. 이 분노는 어디로부터 비롯된 것일까? 공통된 비전이 파괴된 결과라고 할 수 있다. 미국인들은 과거 미국을 건국한 이념을 서로 공유했다. 유대 기독교적 도덕으로부터 파생된 개인의 덕을 강조했다. 미국인들은 과거 '1퍼센트 대 99퍼센트'나 '기득권 대 피해자' 같은 프레임으로가 아니라 서로를 형제자매로 바라봤다. 우리는 적이 아니었다. 미국은 불로 연단된 가치 공동체였다. 그리고 그 가치의 기원은 에덴동산에까지 잇닿아 있었다. 하나님의 형상으로 만들어진 개인들은 서로의 가치를 이해했으며 이 공동체 속에서 개인들은 스스로를, 그리고 나아가 세상을 변화시킬 수 있다는 믿음으로 충만해 있었다.

우리는 그 정신을 되찾을 수 있다. 반드시 되찾아야 한다. 우리 개인과 공동체의 행복은 이 가치관을 회복할 수 있느냐에 달려 있다. 우리가 그토록 빠른 시간 안에 잃고 있는 그 가치관 말이다.

그러려면 우리는 담대함을 가져야 한다. 희생할 각오를 해야 한다.

아마 성경에서 가장 이해하기 힘든 이야기는 아브라함이 아들 이삭을 번제물로 바치는 구절(창세기 22장)일 것이다. 사실 이건 믿을 수 없을 정도로 간단한 스토리다. 하나님은 아브라함에게 아들 이삭을 번제물로 바치라고 말씀한다. 아브라함은 군말 없이 그 명령을 따른다. 이삭을 모리아산 정상으로 데려가 죽이려는 찰나 천사가 개입하여 아브라함을 가로막는다. 아브라함은 숫양을 잡아 이삭 대신으로 번제물로 바친다. 하지만 이 이야기 안에는 심각한 질문이 내포되어 있다. 하나님은 야만적인 분이신가? 이 질문에 리처드 도킨스는 그렇다고 대답하며 다음과 같이 말했다. "근대 도덕의 기준으로 봤을 때 이 부끄러운 이야기는 아동 학대의 예시에 불과하다. 이 이야기 안에는 아이와 성인의 비대칭적 권력관계가 나타나 있다. 아브라함과 이삭 스토리는 뉘른베르크 재판에서 나치 부역자들이 내세운 '나는 단지 상부의 명령에 따랐을 뿐이다'라는 변명의 논리를 기록한 역사상 최초의 문서라고 생각한다." 도킨스는 아브라함이 이삭을 제물로 바치는 스토리에서 그 어떤 긍정적 교훈도 도출할 수 없다고 단언한다. 그 안에 도덕적 요소가 전혀 없다는 것이다. 도킨스는 묻는다. "이 잔인한 이야기를 읽으면서 도대체 무슨 도덕적 교훈을 얻을 수 있단 말인가?"

실제 종교철학자들은 지난 수 세기 동안 이 구절의 해석을 놓고 치열한 논쟁을 벌였다. 키르케고르는 아브라함이 이삭을 결박한 건 개인의 종교적 신앙이 윤리보다 우선됨을 상징하고 있다고 주장했다. 아퀴나스는 이삭에서 예수 그리스도의 원형prototype을 보았다.

하지만 이 이야기에서 하나님이 옳으냐 그르냐에 대한 논쟁, 또는 아브라함이 옳으냐 그르냐는 논쟁은 잠깐 접어 두자. 그리고 하나님이 아브라함에게 하셨던 요청 그 자체에 초점을 맞춰 보도록 하자. 아이를 번제로 바치라는 그 요청 말이다. 성경을 조금이라도 읽어 본 사람이라면 아브라함은 하나님을 경외하기 위해 매사에 자신을 희생해 왔다는 것을 알 수 있을 것이다. 아브라함은 하나님의 명령을 따라 자신의 고향 땅을 버려두고 하나님이 그에게 보여 주신 이름도 알 수 없는 곳을 향해 여정을 떠났다. 그는 하나님의 뜻에 따라 자신의 아내 중 한 명인 하갈과 그 아들 이스마엘을 내쫓아야 했다. 아브라함은 왕들과 전쟁을 했으며 스스로에게 할례[1]를 행했다. 하지만 이 모든 것들은 하나님으로부터 자신에게 부여된 이상을 추구하는 과정에서 발생한 헌신의 표현이었다.

그리고 이제 하나님은 아브라함에게 그 이상을 이루기 위해 자녀들까지도 포기하라고 말씀하신다. 보다 높은 목적을 위해 자신의 아들까지도 위험에 빠뜨릴 준비가 되어 있는지 시험하시는 것이다.

나 스스로가 두 자녀를 둔 아버지로서, 이 명령이 떨어졌을 때 아브라함이 얼마나 큰 충격을 받았을지 상상해 보는 건 결코 어렵지 않다. 자녀를 위험으로부터 안전하게 지키고 보호하는 것이 모든 부모의 당연한 의무 아니던가?

하지만 현실 가운데 우리 모두는 매일 이러한 도전에 직면한다. 우리는 자녀들이 악에 맞서 선을 지키고 어두움에 맞서 빛을 지킬 수 있게 교육하도록 요청받는다. 매일 우리는 자녀들을 위험한 상황에 놓이게 만들어 그들이 더 높은 이상을 성취할 수 있게 하도록 요청받는다. 우리는 스스로가 이 세상의 일들에 중립적 입장으로 참여하고 있다고 생각할지 모른다. 우리는 부모님과

---

1 유대인 남자들이 받는 포경수술. 아브라함은 기원전 2000년경 사람으로 당시는 의술이 발달하지 않았고 특별히 할례 후 상처가 아물기 전에는 갑작스런 공격이나 침략에 대처하기 힘들었을 것이다. 따라서 아브라함처럼 성인이 되어 할례를 받는다는 것은 매우 큰 리스크를 각오하는 결단이다. 다만, 아브라함 이후 유대인 가정에서 태어나는 남자아이들은 8일째에 할례를 행한다.

조부모님의 희생 덕분에 목적 있는 삶을 살아가기 위해 감내해야 하는 비용이 엄청나게 줄어들었다는 사실을 기억해야 한다. 하지만 착각해선 안 된다. 우리는 여전히 개인의 자유와 서구적 가치를 사랑하는 사람들을 집중적으로 공격하는 이들에 둘러싸여 있다. 우리는 까다로운 세상에 살아가고 있다는 사실을 잊으면 안 된다. 이 사실이 극명하게 드러난 건 지난 9·11테러 때였다. 많은 경우 우리는 이 사실을 너무나 쉽게 잊고 살아간다.

하나님께서 우리에게 요구하는 것, 우리의 조상들이 우리에게 당부하는 것, 그리고 우리가 누리는 문명이 우리에게 요청하는 것은 단순히 영원한 가치를 담고 있는 진리를 지켜 달라는 정도에서 그치는 게 아니다. 우리는 우리 자녀들이 이 영원한 진리를 지키고 보호하도록 그들을 철저히 훈련시킬 의무를 가지고 있다. 역사적으로 봤을 때 이 훈련을 통과하려면 자녀들은 위험 가운데 노출되어야 했다. 실제로 내 가족의 역사는 유럽에서 유대교 신앙을 지키다가 목숨을 잃은 분들의 이야기로 가득 차 있다.

우리에게 부과된 책임을 회피하는 가장 쉬운 방법은 우리가 믿는 가치를 자녀들에게 가르치지 않는 것이다. 만약 우리가 자녀들이 가치 체계를 직접 선택하도록 방치한다면, 그래서 자녀 교육에서 그저 중립적인 중재자에 머무르려 한다면, 우리는 자녀들을 굳이 위험에 노출시키지 않아도 된다. 그냥 자녀들이 케케묵은 관용을 학습하게 하고(그 관용의 대상이 무엇인지는 잘 모르겠지만) 무난하게 살아가도록 해 준다면 우리의 자녀들은 특별한 위험에 노출되지 않을 것이다. 그러면 우리와 우리 자녀들은 스스로가 선택된 자들이라는 사실을 점차 망각해 버리게 된다. 영화 〈지붕 위의 바이올린〉[2]에서 테비에는 불평한다. "저도 알아요, 안다고요. 우리가 당신의 선택받은 민족이라는 사실을요. 하지만 때때로 가끔은, 좀 다른 사람을 선택해 주실 순 없나요?"

답은 명확하다. 우리는 언제든 원한다면 벗어날 수 있다. 그냥 자녀들을 교육시키지 않으면 되기 때문이다.

하지만 만약 우리의 문명이 지속되길 원한다면, 우리는 반드시 자녀들을 교육시켜야 한다. 우리의 먼 후손들을 보호하는 유일한 방법은 우리의 자녀들을 전사로 길러 내는 것이다. 우리는 자녀들을 진리의 메신저로 만들어야 한다. 물론 위험이 따를 수도 있다. 하지만 이것은 우리가 반드시 감당해야 하는 위험이다. 미국 제40대 대통령 로널드 레이건이 말한 것처럼 "자유는 언제나 한 세대 이내에 소멸될 수 있다. 우리는 DNA를 통해 자녀들에게 자유를 전수하는 것이 아니다. 자유는 반드시 싸워 얻어야 하고, 보호되어야 하며, 우리 자녀들 역시 동일한 과정을 거쳐 이 자유를 획득해야 한다. 그렇지 않다면 어느 날 인생의 황혼기에 접어들

---

2 1900년대 초 러시아에 거주하는 유대인 가정의 이야기. 테비에는 비극을 겪는 유대인 가정의 가장이다.

었을 때 우리는 우리의 자녀들, 또는 손주들에게 과거 한때 미국에서는 사람들이 자유를 누렸었다는 이야기를 쓸쓸하게 전달해야 할지도 모른다."

나의 아버지는 이런 이야기를 즐겨 해 주셨다. 인생에는 동서남북과 위아래 여섯 가지 방향이 존재하는 것이 아니라 오직 두 방향, 앞으로 가는 것과 뒤로 가는 것만 존재한다고 말이다. 우리는 지금 무엇인가를 향해 나아가고 있는가 아니면 뒷걸음질 치고 있는가? 우리는 자녀들에게 문명의 깃발을 손에 높이 들고 앞을 향해 당당히 전진하도록 가르치고 있는가 아니면 그들이 저 멀리 보이는 언덕 위의 빛나는 도성shining city on the hill[3]에서 점차 멀어지도록 만들고 있는가?

그렇다면 우리는 자녀들에게 무엇을 가르쳐야 할까? 네 살인 내 딸과 두 살인 아들을 바라볼 때 나는 이들에게 무엇을 가르쳐야 할지 고민하게 된다. 어떻게 하면 이들을 우리 문명을 보호하는 전사로 키워 낼 수 있을까?

나와 아내는 먼저 다음 네 가지 기본적인 사실을 아이들에게 교육시키려고 한다.

---

3 신약성경 「마태복음」 5장 14절에 나오는 말. 어둠 속의 빛처럼 많은 사람들에게 모범이 되는 기독교 신앙을 뜻한다. 미국의 초기 청교도 존 윈스롭(John Winthrop)이 처음 응용했다. 레이건은 이 구절을 자신의 연설에서 종종 인용하며 미국이 세계의 모범이 되는 '언덕 위의 도성'이 되어야 한다고 강조했다.

첫째, 너의 삶에는 목적이 있단다.

삶은 당황스럽고 혼란으로 가득 찬 문제 덩어리가 아니야. 삶은 투쟁이고, 이 투쟁은 고차원적인 의미에 의해 결정이 되지. 너는 이성과 너에게 부여된 재능을 사용하도록 만들어졌어. 이런 자산들을 잘 가꿔서 보다 가치 있는 목적을 성취하도록 만들어졌지. 이 세상의 본질을 탐구함으로써, 그리고 우리 문명의 역사를 공부함으로써, 우리는 그 목적을 발견할 수 있단다. 그 목적 안에는 개인의 권리를 지켜야 한다는 것과 우리 각자의 생명이 소중하다는 사실이 포함되어 있어. 또 공정과 사랑의 마음을 가지고 인간답게 행동해야 한다는 메시지도 포함되어 있고. 다시 말해, 우리 문명의 기반을 회복해야 하고, 그 기반 위에서 새롭고 보다 아름다운 구조물들을 함께 만들어 가야 한다는 뜻이지. 너의 역할은 중요하단다. 오래전에 돌아가신 우리의 조상들도 네가 하는 일에 주목하고 있어. 훗날 너의 자녀들도 지금 네가 하고 있는 일에 관심을 가질 거야. 하나님께서도 너에게 주목하고 계시지.

둘째, 너는 할 수 있어.

앞으로 전진하며 이겨 나가자. 건설하고 또 가꿔야 해. 인생에서 어떤 길을 선택할지 너는 스스로 결정할 수 있어. 너는 인류 역사상 가장 자유로운 문명 가운데 태어났단다. 너는 피해자가 아니야. 사회로 나가게 되면 너는 반드시 네 행동에 대한 책임을 져야 해. 너의 성공은 너의 성취가 될 것이지만 그 성취를 이루는 데 있어서 너보다 앞서 인생을 살아가며 함께했던 사람들의 도움을 잊어선 안 돼. 너의 실패는 오롯이 너의 몫이다. 문제가 생겼을 때 사회에 책임을 전가하기보다는 너 스스로를 돌아볼 수 있기를 바란다. 만약 사회 차원에서 개인의 권리에 대한 침해가 이뤄지고 있다면 그때는 용감하게 일어서서 변화를 위한 목소리를 내야 해. 그게 네가 해야 할 일이야. 너는 하나님의 형상으로 만들어진 귀중한 존재란다. 이 땅에 발을 디디며 살아가고 있지만 너의 영혼은 언제나 영원한 것들을 꿈꾸고 있어야 해. 이보다 더 위험천만한 삶도 존재하지 않겠지만, 이보다 더 멋진 기회 역시 존재하지 않는다고 생각한다.

셋째, 네가 누리는 문명은 특별하단다.

너에게 주어진 환경이 인류 역사를 통틀어서 굉장히 예외적이라는 사실을 기억해 주길 바란다. 역사상 대부분의 사람들은 빈곤과 불결함 가운데 살아가면서 죽음과 질병으로부터 심각한 위협에 시달려 왔지. 과거 대부분의 사람들은 태어난 후 몇 년 동안 네가 평생 동안 겪을 만큼의 고통에 시달리곤 했단다. 대부분의 사람들은 타인의 통제 아래 있었고 독재와 억압에 시달려 왔어. 하지만 너는 그렇지 않잖아. 네가 오늘날 누리는 자유, 또 네가 믿는 도덕적 가치관은 특별한 문명에 따른 결과물이라는 사실을 기억해야 해. 이 문명은 단테와 셰익스피어의 문명이고, 바흐와 베토벤의 문명인 동시에, 또 성경과 아리스토텔레스의 문명이기도 하지. 네가 누리는 자유는 네가 만들어 낸 것이 아니야. 도덕의 정의 역시 마찬가지지. 이건 어느 날 하늘에서 뚝 떨어진 개념들이 아니란다. 역사를 공부하렴. 네가 믿고 있는 가치관의 뿌리가 어디와 맞닿아 있는지를 배울 수 있기를 바란다. 예루살렘과 아테네를 이해할 수 있기를 바라. 이런 뿌리가 존재한다는 사실에 대해 감사하자. 그리고 네가 성장하며 새로운 도약을 이룰지라도 항상 이 뿌리를 지키고 보호할 수 있었으면 좋겠다.

넷째, 우리는 모두 형제자매야.

만약 공통의 대의를 공유한다면 우리는 서로 적이 아니야. 우리가 함께 공유하는 대의란 공동체와 개인의 목적으로 충만한 문명 그 자체지. 또 이 문명 안에서 우리는 공동체와 개인의 역량을 높이 평가한단다. 만약 우리가 서로를 헐뜯는 것이 아니라 힘을 합쳐 이 문명을 파괴하는 세력들과 싸움을 해 나간다면 우리는 보다 강력해질 수 있을 거야. 이걸 기억해야 해. 우리가 같은 방향을 향해 있어야 한다는 것과 같은 비전을 공유해야 한다는 사실 말이야. 우리는 정치의 영역에서 자유의 의미가 무엇인지 동일한 정의를 공유해야 하고, 좀 더 광범위하게 말하자면, 사회적 자본을 만들고 또 그걸 유지하는 데 있어서 합의된 도덕의 정의를 공유하고 있어야 해. 에이브러햄 링컨은 그의 첫 번째 대통령 취임 연설에서 다음과 같이 말했지. "우리는 적이 아니라 친구입니다. 서로 적이 되어서는 안 됩니다. 비록 감정이 뒤틀렸다고 하더라도 애정에 대한 우리의 끈을 절대 놓으면 안 됩니다. 신비로운 기억의 화음은 모든 전장과 애국자들의 무덤으로부터 이 넓은 땅의 모든 살아 있는 사람들의 마음과 벽난로의 바닥돌까지 뻗어나가 우리 연방 전체에 울려 퍼지는 아름다운 합창이 될 것입니다. 그렇게 된다면 우리의 기억에 대한 신비한 감정은 반드시 다시금 부활해 인간의 선함을 지켜줄 것입니다."

　　바로 여기서 우리가 감당해야 할 과업이 시작된다. 과업이 시작될 뿐이지 그것으로 끝이라는 뜻은 아니다. 나의 딸과 아들이 한 살씩 나이를 먹어 갈수록 그들의 질문은 보다 더 날카로워질 것이다. 괜찮다. 우리의 이성은 그렇게 발달하도록 디자인되었다. 매사에 의문을 품으라고 말이다. 우리가 해야 할 일은 그 질문들에 대한 답을 찾으려고 노력하는 것이다. 비록 우리가 모든 질문에 대한 답을 알고 있진 않다 하더라도 함께 노력한다면 우리는 답을 찾을 수 있고 새로운 지평을 탐색해 가며 우리의 역사와 전통을 유지할 수 있다는 확신을 우리 자녀들에게 심어 줘야 한다.

우리는 자녀들에게 그들이 스스로의 노력으로 만들지 않은 강력하고 생명력 있는 기반 위에 서 있다는 것과 자신들이 건설하지 않았지만 반드시 그들의 손으로 지켜 내야 하는 장벽에 의해 보호받고 있다는 사실을 상기시켜야 한다. 우리는 자녀들에게 당장 눈앞의 벽을 허물기 전에 그 벽이 왜 생겨나게 되었는지를 반드시 알아봐야 한다고 말해 줘야 한다. G. K. 체스터튼이 말한 것처럼 우리는 아이들에게 다음과 같이 이야기해 줄 수 있다. "만약 그 벽이 어디에 쓸모가 있는지 모른다면 일단은 그 벽을 곧바로 없애 버리지 않는 게 좋아. 잠깐 뒤로 물러나서 생각해 보렴. 그런 다음 다시 돌아와 그 벽의 용도가 무엇인지 확실하게 깨닫게 된다면, 그때는 나도 네가 그 벽을 허무는 것에 대해 동의를 해 줄 수도 있겠지." 우리는 어떻게 서구 문명이 위대한 문명이 되었는지 자녀들에게 알려줘야 한다. 그리고 어떻게 하면 그 문명을 위대하게 지키고 간직할 수 있는지를 가르쳐야 한다. 우리의 임무는 성경의 메시지와 이성에 기반한 철학을 개인의 자유와 다시 연결시키는 것이다. 실제 이 두 개념은 서로 떼려야 뗄 수 없는 관계이기도 하다.

사실 나는 그렇게 감정적인 사람이 아니다. 하지만 자식들이 생기면 개인의 성품도 변화하는 것 같다. 최근에 있었던 일이다. 아이들이 잠자리에 들기 전 저녁 시간, 딸이 나에게 고개를 돌려 다음과 같은 질문을 했다.

"아빠, 아빠는 항상 내 아빠가 돼 줄 거야?"

갑작스러운 질문에 당황한 나는 이렇게 대답했다.

"그럼, 물론이지."

"하지만." 딸은 말했다. "언젠가 나도 나이가 들 테고, **진짜** 나이를 많이 먹으면 사람은 죽게 되잖아. 그런데 아빠는 그때도 내 옆에 있어 줄 수 있어?"

순간 나는 울컥함을 느꼈다. 왜냐하면, 자연법칙으로는 내 딸이 하는 말이 맞기 때문이다. 나는 우리 부모님을 생각할 때 죽음을 떠올리지 않으려고 노력한다. 나의 자녀들을 생각할 때 역시 마찬가지다. 나는 사후 세계가 존재한다고 믿는 사람이지만 사실 죽음 이후에 어떤 세상이 펼쳐질지를 알 수 있는 길은 없다. 이 땅에서의 삶이 끝나면 무슨 일이 벌어질지 나는 잘 모르겠다. 그걸 아는 사람은 아무도 없다.

나는 딸의 머리를 쓰다듬으며 말했다. "그래, 맞아." 그리고 답변을 이어갔다.

"아빠랑 엄마는 항상 너와 함께 있을 거야. 우리는 언제나 너의 아빠와 엄마로 남아 있을 거야."

그렇게 말해 준 다음 불을 끄고 딸의 방에서 나왔다. 그리고 딸의 방 앞에 앉아서 내가 얼마나 딸을 사랑하는지 생각해 봤다. 그리고 딸도 언젠가는 내가 홀로 맞이해야 했던 모든 힘겨운 문제들을 스스로 맞이할 날이 있을 것이라고 생각했다. 그리고 이런 데까지 생각이 미쳤다. 우리는 모두 고아인 것일까? 우리는 사랑하는 사람들을 결국 잃어야 하고 홀로 태어나 홀로 죽어야 하는 존재일까? 우리는 존재 너머로 깜빡거리다가 흔적도 없이 사라지는 먼지에 불과한 것일까?

나는 우리가 그런 존재는 아니라고 생각한다. 서구 문명의 역사라는 관점에서 살펴보면 우리의 부모님은 여전히 우리 안에서 살아가고 계신다고 나는 믿는다. 우리가 과거를 받아들일 때, 부모님이 우리에게 말씀해 주신 교훈을 이해하게 될 때, 우리의 지혜를 개발하는 한편 부모님께서 전수해 주신 지혜가 여전히 의미 있다는 걸 깨달을 때, 우리는 역사라는 사슬의 한 고리가 될 수 있다. 우리가 부모님이 가지셨던 이상의 불꽃을 그대로 간직한다면, 그리고 그 불꽃을 자녀들에게 물려줄 수 있다면, 우리의 부모님은 영원히 죽지 않으신다.

딸이 잠든 걸 확인한 후 나는 조용히 방으로 들어가 딸의 이마에 다시 키스를 했다. 딸은 잠들어 있었다. 내가 다시 방에 들어와 무얼 했는지 딸은 알아차리지 못했을 것이다. 아니, 어쩌면 인기척을 느꼈을 수도 있다. 아마 이런 것이 우리가 기대할 수 있는 전부일 것이다. 우리가 노력할 수 있는 전부일 것이다.

우리의 임무는 이 전통을 계속 이어 나가는 것이다. 우리에게 맡겨진 과업을 추진해 나가는 것이다.

만약 그렇게 한다면 우리는 진정으로 하나님의 축복을 누릴 수 있고 이 땅에 살아가는 모든 사람들에게 자유를 선포하는 적임자들이 될 수 있을 것이다. 우리와 우리 자녀들이 살아나갈 수 있게 하기 위해, 우리는 생명을 선택할 것이다.

감사의 말

이 책은 여러 해에 걸친 고민과 심도 있는 주제들에 대해 오랜 기간 대화를 거친 끝에 만들어진 결과물이다. 이 기간 동안 이루어진 모든 대화와 토론, 그리고 논쟁은 내가 글을 쓰는 데 중요한 자양분이 되었다. 그래서 나는 내 사고를 발전시켜 준 데 대해 나의 친구들과 토론에 응해 준 당사자들에게 이 자리를 빌려 감사의 인사를 드리고 싶다. 항상 그러하듯 모든 실수와 오류는 온전히 나의 몫이다.

　나의 절친한 친구인 제러미 보링에게 고마움을 표하고 싶다. 보링은 미국 보수주의 운동의 이름 없는 영웅unsung hero이다. 보링은 정치를 다루는 이 참혹한 전쟁터에서 비즈니스 파트너로서 나의 곁을 지켜 주었다. 이념과 철학을 토론하는 일에 관한 한 보링은 최고의 파트너이다. 보링과 함께 이런 토론을 매일 즐길 수 있다는 건 나에게 엄청난 기쁨이고 또 특권이라고 생각한다.

　포워드 퍼블리싱의 CEO 케일럽 로빈슨 씨에게 감사를 드린다.

로빈슨 씨는 품위와 실용주의를 기반으로 사업을 운영하고 있다. 로빈슨 씨처럼 원칙을 지키는 사람들은 결코 많지 않다. 나는 로빈슨 씨와 함께 작업하게 된 데 대해 자부심을 가지고 있다.

책을 편집해 준 에릭 넬슨 씨에게 감사를 드린다. 넬슨 씨는 몇 번에 걸쳐 이 책을 반복해서 읽으면서 쉽지 않은 편집 업무를 묵묵히 맡아 주었다. 나는 이 책에서 할 수 있는 한 최선을 다해 별이 빛나는 하늘을 이 땅으로 끌어내리기 위해 노력했다. 그 과정에서 큰 도움을 준 넬슨 씨에게 감사를 표한다.

나의 에이전트인 프랭크 브리던에게 감사를 드린다. 브리던은 이 작업이 열정 넘치는 프로젝트라는 걸 이해했고 이 프로젝트가 잘 마무리될 수 있도록 도움을 주었다.

원고를 읽고 다방면에서 개선될 수 있도록 피드백을 제공해 준 존경하는 동료들, 그리고 학자들에게 감사를 표하고 싶다. 요람 하조니, 유발 레빈, 매튜 콘티네티, 존 파드호레츠, 앤드류 클레이브, '끔찍한' 마이클 놀스, 데이비드 올페 랍비님, 에릭 와인스타인, 데이비드 프렌치, 다나 페리노, 그리고 내 친구이자 탈무드 스터디 파트너인 모시 새뮤얼스 랍비님께 감사를 드린다. 이들의 너그러움은 한이 없었다.

데일리와이어에서 매일 함께 일하는 멋진 동료들에게 감사를 드린다. 우리 기자들로부터 편집자들, 그리고 프로듀서들 모두에게 감사를 드린다. 이들의 놀라운 도움 없이는 내가 현재 하고 있는 일들을 절대 할 수 없었을 것이다. 나는 이들에게 고마움을 느낀다.

우리의 방송 파트너인 웨스트우드 원에게 감사를 드린다. 원 씨는 우리가 팟캐스트와 라디오쇼를 진행하는 데 획기적인 도움을 제공해 주었다.

우리의 파트너인 영아메리카재단에 감사를 드린다. 이들의 도움을 통해 우리는 미국 전역에 걸쳐 캠퍼스에서 수십만의 대학생들에게 메시지를 전할 수 있었다.

나의 방송을 전국으로 송출해 주는 크리에이터스 신디케이트 그룹, 『내셔널 리뷰』의 편집진, 그리고 『뉴스위크』의 편집진에게 모두 감사를 표하고 싶다. 이들은 다양한 정치, 문화적 스펙트럼에 있는 독자들에게 나의 글을 전달할 수 있도록 도움을 주었다.

무엇보다 나의 팟캐스트를 들어 주고, 방송을 봐 주고, 또 내가 쓰는 기사와 책을 읽어 주는 분들, 또 내 소셜미디어 계정을 팔로하는 분들에게 감사를 드린다. 나는 여러분들로부터 매일 새로운 영감을 얻으며 여러분들의 신뢰에 부응할 수 있도록 노력하고 있다.

마지막으로, 천지의 창조주이신 하나님께 감사를 드린다. 하나님은 의미와 목적의 주관자이시며 인간에게 자유를 주시는 자애로운 아버지이시다. 그분께 감사를 드린다.

나는 벤 샤피로가 진행하는 팟캐스트 〈벤 샤피로 쇼The Ben Shapiro Show〉를 즐겨 듣는다. 복잡한 국내 정치 상황을 보며 스트레스를 받을 때 간혹 비슷하게 다이내믹한 일들이 발생하는 미국의 소식을 들으며 '한국만 그런 건 아니구나' 하는 생각에 소소한 위안을 얻기도 한다.

어느 날 방송을 듣다가 샤피로가 '서구 문명Western civilization'에 관한 책을 쓰고 있다는 소식을 접했다. 샤피로는 그 책이 이제껏 자신이 출판한 책들 가운데 대표작magnum opus이 될 것이라고 말했다(1984년생인 샤피로는 지금껏 17권의 책을 썼다). 순간 이 책은 내가 꼭 번역해야겠다는 결심을 했다. 서구 문명의 본질을 한국에도 소개하고 싶다는 생각이 들었기 때문이다.

그렇게 나온 책, 『역사의 오른편 옳은편』에서 샤피로가 말하는 바는 명백하다. 서구 문명은 '유대 기독교적 가치'와 '그리스적 이성'이라는 두 기둥 위에 설립되었다는 것이다. 샤피로는 이

두 기둥이 상호작용하며 서로 지탱하는 과정에서 서구 문명이 파생되었다고 말한다. 이성과 철학이 부재한 상황에서 유대 기독교적 가치만이 강조된다면 그건 종교적 맹신과 폐쇄적 사회로 귀결된다. 반대로 유대 기독교적 가치를 배제하고 이성과 합리성만을 강조한다면 과학적 유물론이 초래될 수 있다. 문제는 유물론에 기반한 물질 중심적 사고만을 통해선 인간의 존엄성과 자유에 대한 근본 전제를 설립할 수 없다는 점이다. 샤피로는 이 양극단 모두가 바람직하지 않다는 점을 설득력 있는 방식으로 논증한다.

번역을 하면서 새삼 느낀 것은 '서구The West'라는 개념이 가치관ideas의 집합체라는 사실이다. 우리는 흔히 서구를 생각할 때 인종과 피부색을 기반으로 한 '우리와 이질적인' 이미지를 떠올리는 경우가 많다. 서구를 백인들의 독점적 전유물로 생각하는 것이다. 많은 경우 '서구'라고 하면 생물학적으로 백인인 사람들이 누리는 문명과 그들의 문화 정도로 이해하기 십상이다. 하지만 샤피로는 이 책에서 그와 같은 이해가 철저히 잘못된 개념이라는 것을 역사와 철학을 넘나들며 설명한다. 왜냐하면 서구는 본질적으로 인종race and ethnicity 또는 지리geography가 아니라 가치관에 관한 것이기 때문이다. 그 말인즉, 누구든지 서구가 제시하는 가치관을 받아들이는 사람은 서구의 당당한 일원이 될 수 있다는 뜻이다. 서구 그 자체가 될 수 있다는 의미다. 따라서 샤피로가 말하는 서구는 본질적으로 배타적exclusive이지 않고 포용적inclusive이다.

만약 서구가 인종과 지리에 관한 것이라면 엄밀하게 말해서 유럽과 미국 역시 정통적 의미의 '서구'로 치부되기 힘들다. 왜냐하면 '예루살렘'과 '아테네'로 각각 상징되는 유대 기독교적 가치와 그리스적 이성은 미국과 유럽이 아니라 지리적으로는 지중해 연안, 또 인종적으로는 고대 유대인과 그리스인들에 의해 파생되었기 때문이다. 미국과 유럽은 자신들의 토양에서 그 가치관을 적극적으로 수용하고 가꿔서 꽃을 피운 것에 불과하다. 만약 서구의 의미를 인종 및 지리의 영역에 한정한다면 미국 및 유럽인들도 서구적 가치에 대한 오리지널리티를 갖고 있지 않다는 결론을 도출하게 된다. 하지만 그건 어불성설이다.

이 책의 원제는 *The Right Side of History*다. 영어에서 'right'는 오른쪽이라는 뜻도 있지만 '올바르다'는 의미도 가지고 있다. 샤피로가 책 제목에서 'right'를 사용한 의미는 후자에 가깝다. 사실 이 표현을 처음 사용한 건 샤피로가 아니라 오바마 전 미국 대통령이었다. 오바마는 2016년 4월 독일 하노버에서 열린 국제무역박람회에서 당시 수십만의 난민을 독일에 받아들이기로 한 메르켈 독일 총리의 결정을 극찬하며 "메르켈 총리는 역사의 옳은 편에 서 있다She is on the *right* side of history"라고 언급했다. 오바마의 발언은 다소 논란의 여지가 있었다. 유럽이나 미국에서 난민 수용 문제는 낙태, 동성 결혼, 기후 변화 등과 더불어 진영에 따라 첨예한 입장의 차이를 보이는 사안이기 때문이다. 오바마는 난민을 적극적으로 수용하는 것이 역사의 '옳은 편'이라고 말하면서 그 반대의 경우, 다시 말해 난민 수용을 옹호하지 않는 사람들이 역사의 '그른 편wrong side'에 서 있음을 은연중에 암시했다. 하지만 역사의 옳은 편은 그런 식의 편향을 통해 결정될 문제가 아니었다. 오바마의 발언이 있고 난 후 샤피로는 진정한 의미의 '역사의 옳은 편'이 무엇인지 설명하는 책을 쓰게 되었다.

샤피로는 보수주의와 자유주의를 표방하는 언론인이다(그는 언론인일 뿐만 아니라 팟캐스트 진행자, 변호사, 정치평론가, 강연자, 작가이기도 하다). 따라서 정치적인 스펙트럼을 놓고 본다면 '우파right'로 분류될 수 있다. 하지만 이 책에서 샤피로가 말하는 'the right side'는 단순히 좌파, 우파 할 때의 우파를 넘어서 서구 문명 그 자체를 의미한다. 엄밀하게 말해 좌파와 우파 사이의 대립과 논쟁 역시 서구 문명이라는 큰 틀 안에서 존재할 수 있는 것이다.

샤피로는 서구 문명이 제시한 길이 곧 역사의 '옳은' 편이라고 주장한다. 실제로 서구 문명은 우리에게 막대한 혜택을 안겨주었다. 서구 문명은 인류에게 자유와 인권을 보장해 주었고, 과학과 기술의 진보를 선물해 주었으며, 궁극적으로 개인과 공동체에게 의미와 목적을 부여해 주었다.

한국에서는 '서구'라고 하면 본능적으로 거부감을 느끼는 사람들이 있다. 벤 샤피로가 이 책에서 서구적 가치를 강조하는 이유는 그것이 미국과 유럽의 가치관이어서가 아니다. 샤피로는 그 가치가 인류 역사상 제시된 가치관 가운데 가장 탁월하고 보편적이기 때문에 그것을 긍정해야 한다고 말한다. 실제 우리 주위를 한번 둘러보자. 우리는 자동차, 카메라, 텔레비전, 핸드폰, 안경, 세탁기, 비행기, 컴퓨터, 노트북, 냉장고, 에어컨 등 '서구'에서 개발되어 도입된 물품들에 둘러싸여 있다. 하지만 이 제품들이 '서구'에 의해 만들어졌기 때문에 이를 사용하지 않겠다고 말하는 사람은 없다. 왜냐하면 이 제품들은 우리가 필요를 충족시키기 위해 구할 수 있는 물품 중 가장 보편적이고 탁월하기 때문이다. 사상과 가치관의 영역 역시 마찬가지라고 생각한다. 무엇이 '서구적'인지가 중요한 것이 아니라, 무엇이 '인간을 가장 인간답게' 살 수 있도록 만들어 주는지가 중요하다.

책의 초반부에서 샤피로는 종교 이야기에 상당 부분을 할애한다. 종교, 특별히 유대 기독교적 가치에 익숙하지 않은 독자들은 그 글을 읽으며 혹시 샤피로가 지나치게 종교 편향적이지 않은가 하는 의구심을 가졌을 수도 있다. 하지만 샤피로는 특정 종교에 편향한 것이 아니다. 단지 인류 역사를 이끌어 온 핵심 동력 중 하나를 설명하며 유대 기독교 전통의 중요성을 객관적으로 서술했을 뿐이다.

사실 한국에서 '종교'라고 하면 의지가 부족하고 심약한 사람들이 추구하는 것, 또는 무당 푸닥거리와 비슷한 기복祈福적 샤머니즘의 이미지와 연관되는 경우가 많다. 하지만 종교의 진정한 기능은 초월성과 선악의 구분을 바탕으로 한 도덕의 설립이다. 실제 우리가 오늘날 늘상 언급하는 개인의 자유, 인권, 기본권 등 개념은 구약성경 「창세기」에 쓰여진 "인간은 하나님의 형상imago Dei대로 지음 받았다"는 한 구절로부터 파생되었다. 그래서 샤피로는 이 구절이 "인류 역사상 쓰여진 문장 가운데 가장 위대하다"고 책 속에서 평가하기도 했다. 이렇게 예루살렘이 도덕을 탄생시켰고, 아테네는 이성을 탄생시켰다.

1948년 8월 15일 대한민국이 건국되었을 때 이승만 초대 대통령은 자유민주주의, 자유시장경제와 더불어 '기독교 입국론'을 바탕으로 이 나라를 세웠다. 여기서 이승만이 염두에 둔 기독교 입국론은 대한민국을 기독교 국가theocracy로 만들겠다는 뜻이 아니었다. 만약 그것이 이승만의 의도였다면 제헌헌법 제12조 "모든 국민은 신앙과 양심의 자유를 가진다"라는 구절이 명기되지 않았을 것이다. 신정神政국가와 종교의 자유는 서로 양립할 수 없는 개념이기 때문이다.

이승만이 기독교 입국론을 말했을 때 그는 유대 기독교적Judeo-Christian '가치'를 적극 받아들임으로써 대한민국을 동아시아 문명권에서 분리시키고 인류 역사를 선도하는 서구 문명 가운데로 편입시키기 원했다고 해석하는 것이 옳은 방향이라고 생각한다. 이 승만은 일찍이 20대 초반의 나이에 선교사들을 통해 서구 문물을 접하며 서구 문명이 역사의 '옳은 편'에 있음을 깨달았다. 혹시 이 사실이 잘 믿어지지 않는다면 1904년 이승만이 29살의 나이에 한성감옥에서 저술한 『독립정신』을 한번 읽어 보길 바란다. 오랜 준비 작업을 거친 끝에 해방 후인 1948년 이승만은 서구 문명이 제시하는 가치관을 기반으로 대한민국을 건국했다. 따라서 한국에서 서구적 가치관을 추구하는 것은 국가 정체성을 잃어버리는 것이 아니라 오히려 정체성을 회복하는 길이고, 대한민국의 본질에 더욱 가깝게 다가가는 것이라고 할 수 있다. 모쪼록 이 책을 통해 한국에서도 서구 the West가 무엇인지 그 진정한 의미를 이해하는 분들이 더욱 많아질 수 있기를 기대해 본다.

원저에서 샤피로는 출전을 밝히는 미주 외에 주석을 따로 달지 않았다. 번역판의 각주는 모두 내가 단 것이다. 샤피로는 주로 미국 독자들을 염두에 두고 글을 썼다. 대부분의 미국인들은 별다른 설명 없이도 샤피로 글의 맥락을 자연스럽게 파악할 수 있었을 것이다. 하지만 미국의 인물, 배경, 역사, 문화, 법 등에 대한 배경지식을 가지고 있지 않은 우리나라 독자들은 맥락을 이해하는 데 다소 어려움이 따를 것이라고 생각했다. 그래서 필요하다고 생각되는 부분에 각주를 포함시켰다.

이 책을 번역 출판하는 데 도움을 준 분들이 계신다. 샤피로의 책을 번역하고 싶다는 제안을 드렸을 때 나의 일천한 번역 경력에도 불구하고 흔쾌히 승낙해 주신 기파랑 출판사의 안병훈 사장님과 박정자 주간님께 감사를 드린다. 또 원고의 교정 및 편집을 위해 수고해 주신 김세중 선생님께도 감사를 드린다. 김세중 선생님의 친절함과 정교한 작업 덕에 이 책이 더욱 밝게 빛날 수 있었다. 혹시 번역 가운데 오류가 있다면 그건 전적으로 나의 몫이다. 그리고 무엇보다 만물의 주관자가 되시고, 우리를 사랑하사 하나밖에 없는 아들을 이 땅에 보내주신 살아 계신 하나님께 감사를 드린다. 그분만이 내 삶의 의미와 목적이 되신다.

2020년 3월

노태정

역사의 오른편 옳은편

이성과 도덕적 목적은
어떻게 서구를 위대하게 만들었는가

초판 1쇄 발행   2020년 3월 30일
초판 8쇄 인쇄   2025년 1월 13일

지은이   벤 샤피로(Ben Shapiro)
옮긴이   노태정
펴낸이   안병훈
펴낸곳   도서출판 기파랑
등 록   2004. 12. 27 제300-2004-204호
주 소   서울시 종로구 대학로8가길 56 동숭빌딩 301호   우편번호 03086
전 화   02-763-8996(편집부) 02-3288-0077(영업마케팅부)
팩 스   02-763-8936
이메일   guiparang_b@naver.com
홈페이지   www.guiparang.com

ISBN 978-89-6523-607-8   03300